ANA MARIA JUNQUEIRA FABRINO

CB034719

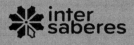

SÉRIE LITERATURA EM FOCO

História da literatura universal

2ª edição, revista e atualizada

Dados Internacionais de Catalogação na Publicação (CIP)
(Câmara Brasileira do Livro, SP, Brasil)

Fabrino, Ana Maria Junqueira
História da literatura universal/Ana Maria Junqueira
Fabrino. – 2. ed. rev. e atual. Curitiba: InterSaberes, 2017.
(Série Literatura em Foco).

Bibliografia.
ISBN 978-85-5972-496-7

1. Literatura – História 2. Livros – História
3. Livros e leitura I. Título. II. Série.

17-07079   CDD-028

Índices para catálogo sistemático:
1. Livros e leitura: História   028

Rua Clara Vendramin, 58 ♦ Mossunguê ♦ CEP 81200-170 ♦ Curitiba ♦ PR ♦ Brasil
Fone: (41) 2106-4170 ♦ www.intersaberes.com ♦ editora@intersaberes.com

Dr. Alexandre Coutinho Pagliarini;	Daniela Viroli Pereira Pinto ♦
Dr.ª Elena Godoy; Dr. Neri dos Santos;	assistente editorial
Dr. Ulf Gregor Baranow ♦ conselho editorial	Denis Kaio Tanaami ♦ design de capa
Lindsay Azambuja ♦ editora-chefe	Ingram ♦ imagem de capa
Ariadne Nunes Wenger ♦ gerente editorial	Raphael Bernadelli ♦ projeto gráfico
	Regina Claudia Cruz Prestes♦ iconografia

1ª edição, 2014.
2ª edição, revista e atualizada, 2017.

Foi feito o depósito legal.

Informamos que é de inteira responsabilidade da autora a emissão de conceitos.

Nenhuma parte desta publicação poderá ser reproduzida por qualquer meio ou forma sem a prévia autorização da Editora InterSaberes.

A violação dos direitos autorais é crime estabelecido na Lei n. 9.610/1998 e punido pelo art. 184 do Código Penal.

sumário

agradecimentos, ix

epígrafe, xi

apresentação, xiii

organização didático-pedagógica, xx

- **um** — o início da literatura universal: da oralidade aos primeiros textos, 25
- **dois** — literatura e religiosidade: período medieval, 79
- **três** — os movimentos estéticos: barroco, Iluminismo e neoclassicismo, 137
- **quatro** — romantismo, 181
- **cinco** — realismo, simbolismo, parnasianismo e modernismo, 225
- **seis** — mudança de foco no mundo contemporâneo: a queda das certezas, 283

considerações finais, 339

glossário, 343

referências, 345

bibliografia comentada, 351

apêndice 1, 355

apêndice 2, 361

respostas, 371

sobre a autora, 375

Este livro é dedicado a todas as pessoas que amam ler.

agradecimentos

Agradeço à minha família, pelo apoio e compreensão em meus momentos de ausência, e aos mestres que me ensinaram a não só analisar as obras literárias, como também extrair maior prazer da leitura.

epígrafe

a arte literária não se reduz (ou não deve reduzir-se) a uma forma banal de entretenimento. Quando é entretenimento, espera-se que o seja de maneira superior, visto que o jogo e a arte nunca se dissociam. Entretanto, mais do que recreação de alto nível, a Literatura constitui uma forma de conhecer o mundo e os seres humanos: convicta de ser acionada por uma "missão", ela colabora para o desvendamento daquilo que todos nós, conscientemente ou não, perseguimos durante a existência. E, portanto, se a vida de cada um corresponde a um esforço persistente de conhecimento, superação e libertação, à Literatura cabe um lugar de relevo, como ficção expressa por meio de vocábulos polivalentes.

(Moisés, 2012, p. 28)

apresentação

Um diálogo no tempo

❰ QUANDO OUVIMOS FALAR sobre literatura universal, geralmente nos lembramos de livros clássicos ou de escritores famosos, que viveram e escreveram suas obras há muito tempo. O que faz com que essas obras e esses autores não sejam esquecidos?

Tentaremos responder essa questão partindo da seguinte definição de *literatura*: "1. Arte de escrever trabalhos artísticos em prosa ou verso. 2. Coleção de obras, consideradas do ponto de vista do país, da época, do meio em que se inscrevem, do gênero ao qual pertencem [...]. 8. Sonho, fantasia, irrealidade" (Grande Enciclopédia..., 1998, p. 3626).

Assim, considerando-se a literatura como arte ou representação do belo, pode-se perceber que sua beleza reside na recriação da linguagem por meio do uso de efeitos estéticos e propostas reflexivas na expressão dos ideais e da cultura relativa a um país e a uma época, abrangendo suas questões sociais, históricas e políticas. Ao se conceber a literatura como forma de arte que exprime sentimentos, ideias, sonhos e fantasias por meio de palavras, é possível compreender que essa manifestação humana se perpetua pelo fato de tratar de valores universais que transcendem o momento em que foram expressos e permanecem ao longo do tempo. Ao se ler uma obra literária, retomam-se esses valores, situando-os no tempo presente, revivendo-os e travando com eles um diálogo atemporal, no qual os questionamentos acerca da natureza das coisas e do homem encontram respostas que trazem conforto e prazer, inserindo o leitor em um mundo no qual ele percebe que o sentido da vida tem sido buscado há muito tempo, por outras pessoas que vieram antes dele.

Conhecer a literatura como coleção de obras que perduram ao longo do tempo contribui para a formação cultural de modo geral e para nos informar sobre os aspectos que constroem a cultura e os valores de um povo ou de uma época, além de colaborar para a compreensão de nosso lugar no mundo e para o autoconhecimento, pois é por meio de narrativas que reconhecemos experiências e pensamentos com os quais nos identificamos ou rejeitamos, fazendo assim com que firmemos nosso posicionamento no mundo e construamos nossa identidade não apenas de forma crítica, mas também prazerosa, uma vez que a leitura é também um tipo de entretenimento. Assim, a literatura é uma atividade que reúne despertar e deleite, mostra-nos faces e fatos que podem nos revelar aquilo que perseguimos durante toda nossa existência e pode nos ajudar a melhor conduzir nossas escolhas e opiniões, além de ser considerada "recreação de alto nível".

O prazer que a literatura desperta está relacionado ao efeito de beleza gerado pelo emprego magistral da linguagem e pela oferta de um espaço de reflexão sobre a experiências de vida em vários níveis (social, político, cultural, ideológico...), que culminam na epifania e na catarse. A epifania, em literatura (do grego *epipháneia*, que significa "aparição", "manifestação"), é uma "percepção da natureza ou do significado essencial de alguma coisa" (Houaiss; Villar; Franco, 2001, p. 1178). Esse termo ficou consagrado na literatura por ter sido empregado por James Joyce em seu romance *Retrato do artista quando jovem* para tentar explicar os efeitos da linguagem. É também usado em sentido filosófico para indicar que alguém finalmente conseguiu compreender todos os indícios e atingiu o conceito completo; é quando um pensamento único, inspirado e iluminado surge, parecendo ter uma força divina, quase sobrenatural. Já a **catarse** tem um poder purificador e arrebatador. Ela será abordada com maior profundidade na Seção 1.3.2 do Capítulo 1.

Quando se analisa a história da literatura, pode-se verificar que vários temas são recorrentes e têm como objetivo responder a inquietações próprias de cada período, mas que, de forma HEGELIANA, se repetem ao longo do tempo, estabelecendo um diálogo atemporal, pois os próprios autores não preveem, no momento em que escrevem, a dimensão que sua obra pode alcançar. Mikhail Bakhtin (2003, p. 362, grifo do original), filósofo e linguista russo, afirma que as "obras dissolvem as fronteiras da sua época, vivem nos séculos, isto é, no *grande tempo*, e além disso levam frequentemente (as grandes obras, sempre) uma vida mais intensiva e plena que em sua atualidade". Por exemplo: nem Shakespeare sabia, em seu tempo, que se tornaria o que é hoje e que as leituras e interpretações de sua obra se renovariam ao longo dos séculos.

Ao se tratar de literatura, é imediata a associação com os gêneros literários, ou seja, os "formatos concretos" nos quais o texto literário surge. Assim, inspirados nas ideias de Bakhtin, escolhemos sua definição de gênero para traçarmos um percurso no qual o diálogo entre as grandes obras no grande tempo possa ser percebido e desfrutado.

Assim, trataremos da história da literatura como um grande diálogo no tempo, desde as primeiras narrativas encontradas até os autores contemporâneos. Para tanto, apresentaremos no **Capítulo 1** o início da literatura universal – da oralidade aos primeiros textos – e abordaremos a origem da literatura, aproximadamente em 2500 a.C. Também discorreremos sobre as primeiras narrativas, as escolhas que fizemos para organizar a obra, a literatura ocidental e a ênfase no antropocentrismo próprio da Grécia, onde a literatura europeia começou, aproximadamente em 600 a.C., com Homero, Hesíodo, entre outros poetas gregos e dramaturgos, além de Esopo. Trataremos brevemente sobre Platão e Aristóteles e a respeito da perspectiva desses pensadores sobre a literatura.

No **Capítulo 2**, discutiremos sobre a associação entre literatura e religiosidade, a tônica do período medieval. Começaremos com o cristianismo e a literatura da Roma Antiga para, na sequência, abordarmos outras expressões literárias do período, principalmente no mundo árabe, com o Alcorão e a literatura hiperbólica. Trataremos também da literatura nórdica e da primeira novela de cavalaria, assim como da primeira canção de gesta, e apresentaremos a dinâmica da consolidação da literatura, aproximadamente entre 1200 e 1400, com o surgimento dos primeiros movimentos literários, como o trovadorismo e sua expressão em Portugal, o humanismo, por volta de 1400 a 1600, e, no período de 1600, o classicismo.

A demarcação temporal é sempre aproximada, pois várias possibilidades de expressão literária surgiram simultaneamente. Nossa intenção é destacar a que prevalece em cada período; por isso, no **Capítulo 3**, trataremos do surgimento do barroco, aproximadamente no período de 1600, e a tensão entre a racionalidade dos movimentos anteriores e a religiosidade, principalmente por conta do poder opressivo da Igreja. Também discutiremos nesse capítulo sobre a incipiente literatura brasileira do fim do século XVII, bem como a respeito da influência do Iluminismo e do neoclassicismo nas manifestações literárias portuguesas e brasileiras da época.

No **Capítulo 4**, analisaremos o movimento mais intenso na literatura, o romantismo, fenômeno que surgiu entre 1800 e 1850. Trataremos desse gênero literário especificamente em Portugal e no Brasil, bem como das expressões literárias realmente significativas do nosso país à época. Visto que a literatura desse período foi profícua e intensa, priorizamos alguns autores em detrimento de outros, escolha que também orientou o elenco de autores tratados nos capítulos seguintes. No **Capítulo 5**, trataremos do realismo, no quinquênio de 1850 a 1900 – sempre aproximadamente, ora um pouco antes, ora um pouco depois –, e também do simbolismo, em Portugal e no Brasil. Ainda nesse capítulo, apresentaremos as especificidades do modernismo, entre as décadas de 1910 a 1930.

Você notará, no **Capítulo 6**, uma mudança de foco: saem as esperanças que a Revolução Industrial e as ideias de progresso prometeram e entram as consequências nefastas das grandes guerras e do mal interpretado sistema capitalista. Assim, na década de 1940, essa fase pessimista foi refletida na literatura. O polêmico e ainda mal digerido pós-modernismo trouxe consigo uma dose de criticismo próprio da década de 1950 e abriu o caminho para a literatura contemporânea, desde a fase de contestação política, recorrente nas décadas de 1960 e 1970, a um certo desencantamento próprio dos anos 1980 e 1990. Encerraremos esse capítulo especulando sobre a literatura do século XXI, cujo rumo ainda é imprevisível, graças às recentes transformações sociais e às contribuições da internet. Faremos também uma breve análise do papel do Brasil no cenário literário atual.

As palavras DESTACADAS COM VERSALETE ao longo do texto estão explicadas no "Glossário". Na seção "Para saber mais", ofereceremos algumas sugestões de leitura de fácil acesso, que servem de aperitivo para o grande banquete literário a ser apreciado ao longo de sua existência. Algumas obras de referência ganham atenção especial na seção "Bibliografia comentada". Além disso, no "Apêndice", há uma lista com alguns dos maiores clássicos de todos os tempos, em ordem cronológica, com o objetivo de colaborar para abrir seu apetite literário e incentivá-lo a muitas outras leituras.

organização didático-pedagógica

Esta seção tem a finalidade de apresentar os recursos de aprendizagem utilizados no decorrer da obra, de modo a evidenciar os aspectos didático-pedagógicos que nortearam o planejamento do material e como o leitor pode tirar o melhor proveito dos conteúdos para seu aprendizado.

Logo na abertura do capítulo, você é informado a respeito dos conteúdos que nele serão abordados, bem como dos objetivos que a autora pretende alcançar.

Nesta seção, você é informado sobre os fatos que ocorreram no contexto histórico a ser trabalhado no capítulo.

Você pode consultar as obras indicadas nesta seção para aprofundar sua aprendizagem.

Você conta, nesta seção, com um recurso que o instigará a fazer uma reflexão sobre os conteúdos estudados, de modo a contribuir para que as conclusões a que você chegou sejam reafirmadas ou redefinidas.

Com estas questões objetivas, você tem a oportunidade de verificar o grau de assimilação dos conceitos examinados, motivando-se a progredir em seus estudos e a se preparar para outras atividades avaliativas.

Aqui você dispõe de questões cujo objetivo é levá-lo a analisar criticamente determinado assunto e aproximar conhecimentos teóricos e práticos.

Ao final do capítulo, a autora oferece algumas indicações de livros, filmes ou sites que podem ajudá-lo a refletir sobre os conteúdos estudados e permitir o aprofundamento em seu processo de aprendizagem.

Nesta seção, você encontra comentários acerca de algumas obras de referência para o estudo dos temas examinados.

um	o início da literatura universal: da oralidade aos primeiros textos
dois	literatura e religiosidade: período medieval
três	os movimentos estéticos: barroco, Iluminismo e neoclassicismo
quatro	romantismo
cinco	realismo, simbolismo, parnasianismo e modernismo
seis	mudança de foco no mundo contemporâneo: a queda das certezas

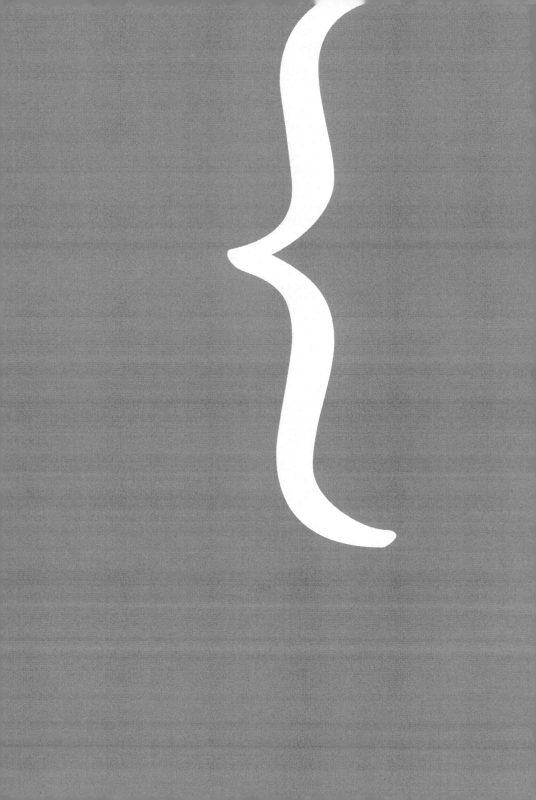

❰ A HISTÓRIA DA literatura não tem um percurso simples ou linear. Embora tenhamos optado por uma tentativa de situá-la no tempo cronológico, muitas manifestações literárias ocorrem antes ou depois do tempo delimitado, em sociedades que apresentam idiossincrasias muitas vezes não condizentes com a generalização. Porém, para viabilizar nosso intento de travar um diálogo no grande tempo, partiremos de aspectos cronológicos. Assim, neste capítulo apresentaremos o início da literatura universal – da oralidade aos primeiros textos – e trataremos das primeiras manifestações literárias, ocorridas aproximadamente em 2500 a.C. Também abordaremos a temática religiosa presente nas primeiras narrativas, a mudança de enfoque nas produções (com ênfase no antropocentrismo, próprio da Grécia) e a tentativa de filósofos como Platão e Aristóteles de compreender o fenômeno que deu início ao que hoje conhecemos como *literatura ocidental*.

umpontoum
O grande tempo

O estudo da história da literatura permite a visualização de um panorama de ideias que já foram pensadas e de fatos que já ocorreram, bem como a identificação de personagens ímpares que afirmam a peculiaridade de cada ser humano. A experiência literária torna-se arte e prazer porque os elementos citados – ideias, fatos e personagens – são narrados em uma linguagem única, que explora sons e sentidos por meio de palavras que cantam, contam e encantam.

 A literatura que resiste ao tempo é a que está registrada na forma escrita. Entretanto, as primeiras histórias foram repassadas oralmente e assim permaneceram durante muito tempo, tornando mais clara a dimensão e a abstração do que é o grande tempo na perspectiva bakhtiniana. Não sabemos exatamente quando elas surgiram, mas estudos arqueológicos têm ajudado a reconstruir esse percurso. Nos próprios materiais descobertos (tabuletas em argila, ÓSTRACOS, PAPIROS e PERGAMINHOS) com inscrições em línguas primitivas, como a escrita CUNEIFORME ou os **hieróglifos egípcios**, há indícios de que as histórias narradas são muito mais antigas que os objetos encontrados. Essas descobertas indicam que as primeiras histórias já eram contadas/cantadas – havia rimas e ritmo para facilitar a memorização – há muito tempo, desde o Período Neolítico, bem antes do surgimento da escrita, que ocorreu na Idade do Bronze. Possivelmente, mais anteriormente ainda, no Período Paleolítico, os primeiros registros de narrativas seriam as inscrições em pintura RUPESTRE*, que reproduziam, nas paredes das cavernas, histórias de caçadas ou outras aventuras, além de representações de manifestações religiosas.

Pintura rupestre nos Abrigos na Rocha de Bhimbetka, Índia

Nosso percurso pelo grande tempo está prestes a se iniciar. As primeiras narrativas têm muitos aspectos em comum – temas recorrentes (mitos sobre a criação do mundo e dos seres humanos, medo da morte e desejo de viver eternamente, entre outros); meios para auxiliar a memória (frases repetidas, "fórmulas", rimas); tradição oral transmitida de geração a geração ao longo de séculos etc. A seguir, apresentaremos algumas dessas primeiras produções textuais da humanidade.

---

* Para informações mais aprofundadas sobre a arte rupestre, leia Hauser (1972, p. 14-34).

HISTÓRIA DA LITERATURA UNIVERSAL   29

> **Para lembrar**
> - **Pré-História** – Período que se divide em: Paleolítico ou Período da Pedra Lascada (2 milhões de anos atrás); Mesolítico (10 mil a.C.), transição do Paleolítico para o Neolítico ou Período da Pedra Polida (8 mil a.C.); e Idade dos Metais (por volta de 5000 a.C.), com destaque para a Idade do Bronze, próxima a 4000 a.C., quando surgiram as primeiras civilizações e a escrita.
> - **Idade Antiga** – Aproximadamente de 4000 a.C. a 476 d.C., ano da queda do Império Romano do Ocidente.
> - **Idade Média** – Entre o ano de 476 d.C. até 1453, quando Constantinopla é conquistada pelos turcos otomanos.
> - **Idade Moderna** – De 1453 até 1789, quando eclode a Revolução Francesa.
> - **Idade Contemporânea** – De 1789 até os dias atuais.

1.1.1 As primeiras narrativas [ca. 2500 a.C.–1000 a.C.]

A narrativa, ponto de partida da literatura, já era empregada no início do que podemos chamar de *humanidade*, quando o homem primitivo vivia em tribos nômades, à mercê das forças da natureza, as quais ele tentava compreender e controlar. Suas primeiras formas de compreensão baseavam-se no mito e na religiosidade, no clamor pelos deuses para obter deles favores e proteção. Para se aproximar das divindades, o ser humano primevo criou rituais sagrados e os executava por meio de rezas ou evocações, lendas e cantigas, que eram transmitidas oralmente ao longo das gerações. Assim, as primeiras narrativas conhecidas são os registros escritos tardiamente de composições que vieram da antiga tradição oral. Retomaremos essas primeiras obras em ordem cronológica, embora as datas de composição dos textos sejam aproximadas por não haver meios de comprová-las.

Ainda que a maior parte das primeiras narrativas tenha sido perdida, algumas culturas deixaram rastros de suas "produções textuais", como as gravações em tábuas de argila da civilização assírio-babilônica, os rolos de papiro da cultura egípcia e as cascas e folhas que se perderam da herança cultural indiana.

Na Babilônia, produziu-se o primeiro compêndio de leis do qual se tem conhecimento (o *Código de Hamurabi*) e dois poemas épicos – *A epopeia de Gilgamesh* e o *Enuma Elish*, que reverberaram em locais e tempos muito remotos, especialmente entre os judeus, na época em que foram exilados de Judá, deportados pelo Rei Nabucodonosor; é por isso que são encontradas intersecções entre as narrativas dessas civilizações. A Índia herdou o *Rigveda*, uma longa coleção de hinos curtos dedicada principalmente a louvar os deuses. O Egito, por sua vez, inspirou gregos e romanos e deixou como primeiro legado o *Livro dos mortos*. Da cultura hebraica, com os primeiros manuscritos, veio uma importante herança literária para o Ocidente – o Pentateuco, que faz parte do Antigo Testamento da Bíblia. Essa obra influenciou profundamente a consciência ocidental ao ser traduzida para as línguas VERNÁCULAS e para o latim. Analisaremos brevemente cada um desses textos, considerando sua estrutura, linguagem e conteúdo temático.

Pensando nessas obras tidas como inaugurais, uma das questões centrais, que inquietava os primeiros pensadores e artistas, era a de compreender a criação do mundo ou saber quem somos nós e de onde viemos. Assim, as primeiras narrativas tinham como tema a criação do mundo, perfazendo longos textos, provavelmente em versos – como mencionamos anteriormente – para facilitar a memorização, em uma época anterior à criação da escrita, em que se reproduziam histórias orais e misturavam homens e deuses. Muitas dessas histórias tinham a função de estabelecer o contato com o sagrado por meio de rituais, cânticos e hinos, reforçando uma visão mítica do mundo, ou uma cosmogonia, pois os deuses eram os responsáveis por toda criação e a eles os seres humanos deveriam respeitar, temer e implorar por proteção.

Essas narrativas também eram perpassadas por outros temas arquetípicos, fundados nos quatro elementos da natureza tidos como primordiais: o fogo (luz, representada pelo sol), a terra (fertilidade), a água (purificação) e o ar (vento que traz as mudanças). Havia também relatos de aventuras, como a separação da figura humana da divina, tornando a primeira mais autônoma, mas ainda dependente da segunda, que propiciava o momento de construção do herói (salvador, messias etc.), cujo dever era superar obstáculos e passar pelos processos de purificação e ascensão, vencendo até a morte. Outro tema recorrente era a capacidade do homem de dar nomes às coisas, que confirma, no contexto literário, o **poder criador da palavra**.

Tradicionalmente, atribui-se a *A epopeia de Gilgamesh* o marco inicial da literatura mundial por esse ser o mais antigo "texto" encontrado. Na verdade, trata-se de uma inscrição em tabuletas de argila com escrita cuneiforme, escrito aproximadamente no ano de 2750 a.C., composta por 12 cantos com cerca de 300 versos cada. Narra as aventuras de Gilgamesh (cujo nome significa "o velho que rejuvenesce"), o mais ilustre rei da Suméria, responsável pela manutenção de seu reino e, graças às suas conquistas materiais e espirituais, considerado um herói e um deus. Ele era o quinto rei da primeira dinastia de Uruk e seu reinado teria durado 126 anos. É apresentado como filho do Rei Lugalbanda e de uma deusa, Ninsuna. Gilgamesh era, assim, um semideus, descrito como dois terços divino e um terço humano, dotado, portanto, de força sobre-humana, o que explicaria sua grandeza. Viveu muitas experiências até encontrar o sábio Ut-napishtim, que sobreviveu a um dilúvio enviado pelos deuses para exterminar a humanidade e recebeu o dom da imortalidade, também desejado por ele.

O sábio disse a Gilgamesh que a morte era uma realidade incontornável, a menos que passasse em um teste, o qual consistia em ficar acordado durante seis dias e sete noites. O herói falha e retorna para o seu lar, como um mortal. Já de partida, ouve de Ut-napishtim uma história de uma planta nas profundezas do oceano que restituía a juventude a quem se ferisse nos seus espinhos. O herói encontrou a planta, mas, desconfiado de seus efeitos, decidiu que a ofereceria a um senhor de sua cidade, para se certificar dos poderes do vegetal; entretanto, uma serpente roubou-lhe a planta (Gilgamesh..., 2012). Cansado, finalmente chegou a Uruk e reviu as grandes muralhas que construiu, sua maior obra. As ruínas de Uruk situam-se ao sul do atual Iraque.

Tabuleta de *A epopeia de Gilgamesh*

É possível perceber no conteúdo temático de *A epopeia de Gilgamesh* muitas semelhanças com o texto da Bíblia judaico-cristã, não só pela referência ao dilúvio e pela menção arquetípica à água, mas também por outras passagens, como o número de dias do teste a que foi submetido Gilgamesh, que coincide com os sete dias utilizados por Deus, de acordo com o Livro de Gênesis, para a criação do mundo, e a citação à serpente, o mesmo animal que iludiu Adão e Eva e fez com que o casal fosse expulso do paraíso em desgraça. Esses são exemplos do primeiro diálogo no grande tempo do qual falava Bakhtin. Veja, por exemplo, a passagem de *A epopeia de Gilgamesh* que trata da história do dilúvio:

> *Oh, homem de Shuruppak, filho de Ubara-Tutu, põe abaixo tua casa e constrói um barco. Abandona tuas posses e busca tua vida preservar; despreza os bens materiais e busca tua alma salvar. Põe abaixo tua casa, eu te digo, e constrói um barco. Eis as medidas da embarcação que deverás construir: que a boca extrema da nave tenha o mesmo tamanho que seu comprimento, que seu convés seja coberto, tal como a abóbada celeste cobre o abismo; leva então para o barco a semente de todas as criaturas vivas. (A epopeia..., 2001)*

Nesse trecho é bastante evidente a semelhança com o texto bíblico que, no livro do Gênesis, assim relata:

> *Deus disse a Noé:*
> *— Resolvi acabar com todos os seres humanos. Eu os destruirei completamente e destruirei também a terra, pois está cheia de violência. Pegue madeira boa e construa para você uma grande barca. Faça divisões nela e tape todos os buracos com piche, por dentro e por fora. As medidas serão as seguintes: cento e trinta e três metros de comprimento por vinte e dois de largura por treze de altura. Faça uma cobertura para a barca e deixe um espaço de meio metro entre os lados e a cobertura. Construa três andares na barca e ponha uma porta num dos lados. Vou mandar um dilúvio para cobrir a terra, a fim de destruir tudo o que tem vida; tudo o que há na terra morrerá. [...] Também leve para dentro da barca um macho e uma fêmea de todas as espécies de aves, de todas as espécies de animais e de todas as espécies de seres que se arrastam pelo chão, a fim de conservá-los vivos. (Bíblia. Gênesis, 2005, 6: 13-20)*

O **vedismo**, denominação da mais antiga religião da Índia, reunia seus hinos em quatro coleções sagradas, ou Vedas (*Rigveda, Yajurveda, Samaveda* e *Atharvaveda*), dos quais o primeiro é o mais importante. Segundo *O livro das religiões* (2014, p. 99), fazem parte do *Rigveda* os "Brâmanas", com instruções sobre os rituais védicos, os "*Aranyakas*", com discussões sobre meditação, e os "*Upanishads*", com interpretações filosóficas. Os hinos sagrados fazem parte da literatura hindu, ouvida por sacerdotes e estudiosos no processo de revelação da verdade canônica, transmitida pela tradição oral durante cerca de mil anos – desde o tempo da sua criação até sua redação, que ocorreu entre 1700 a.C. e 1100 a.C.

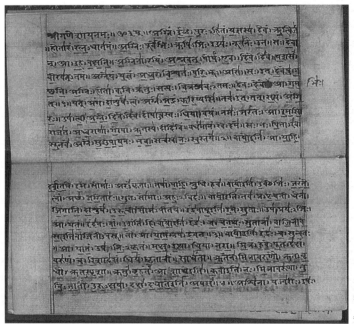

Reprodução em sânscrito do *Rigveda*

Alguns deuses e deusas citados no *Rigveda* são arquetípicos e podem ser encontrados em outras crenças fundamentadas na religião protoindo-europeia, como Dyaus Pita, que seria o "deus pai", semelhante ao Zeus grego, ao Júpiter latino e ao nórdico Tyr;

Ushas, a deusa do amanhecer, análoga à Eos grega e à Aurora latina; Agni, o fogo sacrifical, associado ao *ignis* latino e ao *ogon* russo, ambos significando "fogo". Como você pode observar, há novamente um diálogo no grande tempo.

O *Livro dos mortos*, cujo objetivo era guiar os mortos para o além por meio de orações e rituais, é uma obra da antiguidade egípcia. O texto, elaborado em rolos de papiro, era colocado nos sarcófagos, para que assim as almas pudessem consultá-lo nos momentos de dificuldades diante dos deuses. Seu nome original era "Livro de sair para a luz" e foi escrito aproximadamente em 1600 a.C. As versões mais sofisticadas do *Livro dos mortos* contavam com ricos ornamentos tipográficos, conhecidos como *vinhetas*.

As edições modernas do *Livro dos mortos* contêm cerca 200 "capítulos", nome que os egiptólogos dão às fórmulas encontradas nos papiros preservados ao longo dos séculos. O Papiro de Ani (imagem a seguir) é o mais conhecido; esse fragmento tem 24 metros e encontra-se atualmente no British Museum, em Londres. Na verdade, não se trata de um "livro" de acordo com o conceito atual que temos do objeto, que prevê a existência de um autor que intencionalmente escreve um texto com um começo, meio e fim. Em vez disso, os escritos que integram o que hoje se denomina por *Livro dos mortos* não foram elaborados por um único autor nem são todos da mesma época histórica; provavelmente foram todos compilados.

Secção do Livro dos mortos no Papiro de Ani

De acordo com *O livro das religiões* (2014, p. 59), o *Livro dos mortos* era composto por "encantos ensinando a 'não morrer de novo no reino dos mortos' e havia instruções sobre como falar, respirar e beber no Além; e também relatos sobre as vidas dos mortos, principalmente seus grandes feitos, que lhes permitiriam obter um bom julgamento de Osíris, o senhor dos mortos".

Conta a lenda que Osíris foi morto pelo seu irmão invejoso, Seth, que partiu seu corpo em pedaços e o espalhou pelo Egito. Néftis e sua irmã Ísis, esposa de Osíris, recolheram os pedaços e o deus Anúbis o embalsamou, tornando-o a primeira múmia da história. Durante o processo de embalsamento, Anúbis entoava encantos que ressuscitaram Osíris e tornaram-no o senhor dos mortos, incumbido do julgamento das almas e da permissão ou proibição de entrada dos espíritos no *Aaru*, o paraíso.

Assim, os homens egípcios, acreditando e temendo o veredito de Osíris, preocupavam-se com seu comportamento enquanto vivos e, pela primeira vez na história da humanidade, procuravam pautar sua existência por um viés moral, respeitando valores como verdade e justiça e tendo uma existência digna, que os faria merecer adentrar no paraíso.

Continuando nosso diálogo no grande tempo, podemos apontar indícios do julgamento final em várias passagens da Bíblia, principalmente no Livro de Apocalipse, que compõe o Novo Testamento, texto que narra os acontecimentos depois da vinda de Jesus Cristo:

> *Depois vi um grande trono branco e aquele que está sentado nele. A terra e o céu fugiram da sua presença e não foram vistos mais. Vi também os mortos, tanto os importantes quanto os humildes, que estavam de pé diante do trono. Foram abertos livros, e também foi aberto outro livro, o* **Livro da Vida**. *Os mortos foram julgados de acordo com o que cada um havia feito, conforme estava escrito nos livros.* (Bíblia. Apocalipse, 2011, 20: 11-13, grifo nosso)

O *Enuma Elish* ("canto do alto"), mito babilônico da criação do mundo, é composto por sete cantos gravados em sete tábuas de argila com cerca de 1.100 versos. Embora a composição do texto remonte, provavelmente, a Idade do Bronze, nos tempos de Hamurabi [ca. 1810 a.C.-1750 a.C.], convencionou-se a data de 1100 a.C. como a de seu surgimento, fruto de compilações sacerdóticas babilônicas que ofereceram a Marduque (deus protetor da Babilônia) o papel de protagonista e levantaram a ideia de que os homens foram criados para servirem aos deuses.

O texto é constituído por cinco temas: a origem dos deuses; o mito de Ea e Apsu; a história de Tiamat; a narrativa sobre a criação humana; e o hino a Marduque. Na primeira tábua, é narrada a criação dos deuses feita por Apsu, o deus primevo das águas doces, e Tiamat, a deusa do mar. Ambos se arrependeram desse ato, mas os novos deuses, liderados por Ea (que posteriormente se tornou o deus das águas doces), defenderam-se, matando Apsu e atacando Tiamat, que criou um exército de monstros para contra-atacar. Nas tábuas seguintes, há o relato do nascimento de Marduque, filho de Ea, que passou por provações para poder convencer o conselho dos deuses de sua capacidade de luta. Ao ser nomeado rei, Marduque recebeu a permissão para lutar e então matou Tiamat, dividindo o corpo da deusa: uma metade foi utilizada para criar a terra e a outra, para criar o céu. Marduque foi responsável por determinar as funções a serem desempenhadas pelos outros deuses e criar os dias, os meses e as estações do ano. A divindade também criou os homens a partir do sangue de Kingu, principal ajudante de Tiamat, e ofereceu-os como criados aos deuses. Em retribuição, as deidades construíram um palácio para Marduque na Babilônia e consagraram-no como rei, dando-lhe o poder sobre todas as coisas.

Há várias semelhanças entre a **história da criação** contada pelo *Enuma Elish* e pela Bíblia no livro de Gênesis, como a ordem em que ocorreu a criação de todas as coisas, começando na luz e terminando no homem; a força da palavra e sua capacidade criadora; e a divisão do mundo entre o céu e a terra. Também há diferenças, evidentemente, mas são as semelhanças que inquietam os estudiosos, fazendo-os concluir que ambos os relatos tiveram a mesma origem – ou que talvez um seja derivado do outro. Estabeleceremos, a seguir, outro diálogo no grande tempo entre a sexta tábua da *Enuma Elish*, que relata a criação do homem, e o livro de Gênesis:

> *Quando Marduque ouviu a palavra dos deuses,*
> *O seu coração despertou-o e ele estabeleceu um plano desenvolto.*
> *Abriu a sua boca e falou para Ea*
> *Aquilo que ele tinha concebido no seu coração lho concedeu:*
> *"O meu sangue eu tomarei e com o osso eu formarei*
> *Farei o homem, para que o homem possa...*
> *Criarei o homem que habitará a terra,*
> *Para que o serviço dos deuses possa ser estabelecido e para que os*
> *seus santuários possam ser construídos [...]".*
> (Enuma..., 1999, p. 24)

> *Aí Ele disse: — Agora vamos fazer os seres humanos, que serão como nós, que se parecerão conosco. Eles terão poder sobre os peixes do mar, sobre as aves, sobre os animais domésticos e selvagens e sobre os animais que se arrastam pelo chão.*
> *Assim Deus criou os seres humanos; ele os criou parecidos com Deus.*
> (Bíblia. Gênesis, 2011, 2: 26-27)

Supõe-se que o Pentateuco teria sido escrito por Moisés por volta de 1250 a.C. Outras teorias sustentam que o texto tem origem na tradição oral e foi escrito durante seis séculos, período no qual tradições foram reformuladas, adaptadas, atualizadas e, inclusive, criadas.

Pentateuco, do grego *pentáteukhos*, significa "os cinco rolos"; é assim chamado por conter os cinco primeiros livros da Bíblia. É o mesmo texto da Torá, que traz os ensinamentos da tradição judaica. O primeiro livro do Pentateuco – e, portanto, da Bíblia – é o Gênesis, que relata a criação do mundo, as origens da humanidade (de Adão a Abraão), a vida de Noé e o dilúvio e a história dos patriarcas hebreus (Abraão, Isaac e Jacó). Já citamos aqui dois fragmentos desse livro. *Gênesis* significa "geração", "origem", e corresponde ao princípio da criação dos céus, da terra, da humanidade e de todos os seres.

O segundo livro do Pentateuco é o Êxodo, que narra a fuga do povo de Israel do jugo egípcio e de uma escravidão de mais de 400 anos. O terceiro livro é o Levítico, basicamente um texto legislativo. O quarto livro, Números, descreve com detalhes a rota dos hebreus pelo deserto, assim como os principais grupos que realizaram a jornada. Por fim, o quinto livro que compõe o Pentateuco é o Deuteronômio, que contém as palavras de Moisés aos seus pares, no deserto, durante a peregrinação dos judeus. O conteúdo desse livro defende a ideia de que a servidão a Deus vai além da mera obediência aos Seus ditames.

Como explicamos anteriormente, é no Livro do Gênesis que se encontram as maiores semelhanças com as outras narrativas da criação, mas também é possível ver, principalmente no Deuteronômio, a necessidade do estabelecimento de leis e regras para orientar a conduta do homem a serviço de Deus. Assim, embora esses textos não sejam propriamente literários na concepção atual, eles abordam aspectos prototípicos da literatura, isto é, modos de utilizar a palavra para exprimir o inefável, aquilo que não pode ser dito, mas que é expresso por meio de metáforas e símbolos. O texto lido, ou mesmo repetido oralmente, tem a função de preparar o homem para uma transformação e, nos tempos primitivos, a transformação mais evidente era a que preparava a passagem da vida para a morte; isso talvez explique o compromisso humano com o divino.

Antes de passarmos ao estudo dos textos propriamente literários, desvinculados da religião e com formatos mais bem definidos – os gêneros literários –, retomaremos este e outros conceitos correlatos a fim de explicar as escolhas feitas para esta obra.

umpontodois
Os gêneros literários

Nos estudos literários, várias tentativas de classificação dos gêneros surgiram ao longo do tempo. O professor Massaud Moisés (2012, p. 41) explica que "gênero é uma palavra que vem do latim clássico *genus*, passando pelo latim vulgar *generus*. E significa 'linhagem', 'família', 'raça'. Neste [sic] sentido, é empregada em história natural. Na esfera literária, designa famílias de obras dotadas de atributos semelhantes". Na cultura ocidental, as primeiras classificações dos gêneros literários vieram de Platão (1972) no livro III de *A república*. Lá encontramos que "em poesia e em prosa há uma espécie que é toda de imitação, como [...] a tragédia e a comédia; outra, de narração pelo próprio poeta – é nos DITIRAMBOS que pode-se encontrar de preferência; e outra ainda constituída por ambas, que se usa na composição da EPOPEIA e de muitos outros gêneros" (Platão, 1972, p. 118, grifo nosso). Como você pode perceber, nessa época já estava surgindo a primeira noção de gêneros com distinção entre poesia e prosa.

Aristóteles (1973, p. 443, grifo nosso) propõe que toda poesia é *mimesis*, ou seja, uma imitação da realidade – "A epopeia, a tragédia, assim como a poesia ditirâmbica e a maior parte da AULÉTICA e da CITARÍSTICA, todas são, em geral, imitações" –, podendo ser narrativa, como a épica e a dramática. Apesar de anunciá-la no início da *Poética*, a poesia ditirâmbica propriamente dita não é objeto de estudo do filósofo macedônico, pelo fato de ele não considerá-la uma forma de imitação narrativa ou dramática (dividida, até então, em tragédia e comédia). Portanto, a poesia – *poiesis* para os gregos – tinha também o sentido de imaginar e relatar, além de versificar.

Embora reducionista, a classificação aristotélica, por oferecer aspectos normativos sobre a constituição dos gêneros, perdurou por séculos. A partir do romantismo, graças ao apelo dos ideais de liberdade, esse viés pradonizador foi perdendo forças, e novos gêneros, híbridos, como a tragicomédia e o próprio romance, foram surgindo.

A questão da classificação dos gêneros tornou-se cada vez mais complexa, sendo debatida por críticos literários e filósofos. Na atualidade, existem **gêneros literários** (romance, conto, teatro, poesia etc.) e **gêneros não literários** (receita de bolo, bula de remédio, notícia, reportagem etc.), e a fronteira entre eles nem sempre é clara: em qual categoria situaríamos a crônica? E os minicontos, escritos em menos de 140 caracteres, seriam meros *tweets*? As formas básicas, prosa e poesia, sempre são distintas? Não é possível a existência de uma prosa poética ou uma poesia em prosa? Assim, as fronteiras entre os gêneros literários e não literários tornaram-se cada vez mais estreitas, a ponto de se imiscuírem. Fabrino (2001, p. 52-53) lembra que, atualmente,

> *por mais que o imediatismo imponha a permanência das distinções literatura × não literatura, prosa × poesia, fala × escrita,*

é inevitável esbarrarmos em fronteiras meramente imaginárias, pois a quantidade de manifestações é tão grande que espaços intermediários foram sendo criados e uma nova abordagem foi adotada – hoje não se trata mais de atitudes estanques, formas sistematizadas de acordo com a estrutura ou função. O que passa a vigorar é uma permissão para que novas modalidades sejam criadas. O fato de os espaços literários se multiplicarem não implica a aceitação de que toda produção daí advinda seja literária, mas há uma possibilidade de que isso ocorra.

No intento de delimitar a discussão, partiremos do princípio que é improdutivo refutar as definições clássicas de prosa – escrita contínua, em linha que segue seu curso – e poema – escrita em versos, caracterizada por recursos sonoros e imagens evocativas. Dos gêneros literários em prosa, abordaremos com maior destaque o conto, o romance e, de forma mais breve, a dramaturgia (teatro). Em princípio, toda produção em verso será considerada poesia.

Ao buscar uma fundamentação teórica que justifique nossas escolhas e sustente as análises literárias aqui expostas, optamos pela **conceituação e classificação bakhtiniana dos gêneros** para trilharmos a história da literatura como um diálogo no tempo, que colabora para o enriquecimento cultural no momento em que várias culturas dialogam e buscam respostas para questões que se sobrepõem, nesse "encontro dialógico de duas culturas que não se fundem nem se confundem; cada uma mantém a sua unidade e a sua integridade *aberta*, mas [...] [que] se enriquecem mutuamente" (Bakhtin, 2003, p. 366, grifo do original).

Gêneros, para Bakhtin (2003, p. 262), são "tipos relativamente estáveis de enunciados", compostos por três elementos: 1) **conteúdo temático**, ou seja, o que é ou pode tornar-se dizível por meio de gêneros; 2) **construção composicional**, isto é, a estrutura particular dos textos pertencentes ao gênero; e 3) **estilo**, fruto das configurações específicas das unidades de linguagem derivadas, sobretudo, da posição enunciativa do locutor e dos conjuntos particulares de sequências que compõem o texto.

Assim, analisaremos os primeiros textos literários em seus vários gêneros segundo o tema, a estrutura e a linguagem de cada um e, sempre que possível, tentaremos estabelecer o diálogo com outros textos que compartilham os mesmos tópicos. Os textos iniciais travam um diálogo quase aberto com seus antecessores; nos textos mais modernos, esse diálogo passou a ser chamado de *intertextualidade*, com a metáfora do diálogo no grande tempo sempre presente, por exemplo, em romances contemporâneos como *Ulisses*, de James Joyce (1882-1941), que estabelece o diálogo por meio da menção intertextual a Ulisses (ou Odisseu), personagem da epopeia *Odisseia*, de Homero.

umpontotrês
A literatura ocidental e o antropocentrismo

Demonstramos anteriormente que as primeiras manifestações literárias tinham um vínculo muito estreito com a temática religiosa. A partir do momento em que o homem passou a buscar respostas para suas questões existenciais não mais nos deuses, mas em si mesmo, houve o florescimento de um novo tipo de cultura, que passou a destacar aspectos mais humanos, como os sentimentos, o conhecimento científico e o cotidiano.

1.3.1 Os séculos milagrosos (entre 600 a.C. e 300 a.C.)

O período dos **séculos milagrosos** refere-se ao momento em que houve grandes avanços nas áreas da filosofia e das artes, em várias regiões do planeta.

Antes de abordarmos a elaboração textual que deu origem à literatura ocidental e que a influencia até hoje, analisaremos uma prestigiada obra chinesa produzida nos anos de 400 a.C., aproximadamente. Na cultura chinesa da época, o pensamento estava voltado para as batalhas que deveriam ser vencidas com o objetivo de perpetuar o poder das grandes famílias, as chamadas *dinastias*. Assim, na produção textual daquela grande nação, havia uma visão mais terrena, desvinculada do caráter religioso predominante nas outras culturas.

Nesse contexto, foi elaborada a primeira obra chinesa, não exatamente literária, mas que permanece atual e merece ser revista em razão de sua grande influência em várias áreas do conhecimento. Trata-se de *A arte da guerra*, um tratado militar escrito no século IV a.C. pelo estrategista conhecido como Sun Tzu (544 a.C.-496 a.C.) durante um período de guerra na Antiga China. Composto por 13 capítulos, cada qual abordando um aspecto das estratégias de guerra, o texto foi confeccionado com tiras de bambu amarradas em barbantes. Mais tarde, passou-se a utilizar a seda para reproduzi-la. Acredita-se que o livro tenha sido usado por diversos estrategistas militares ao longo da história, como Napoleão Bonaparte e Mao Tsé-tung.

Sun Tzu sugere aos leitores que contemplem a devastação provocada pela guerra, desde as fases iniciais de traição até as formas extremas de ataque, com incêndios e assédio, pois assim é possível analisar as consequências dos conflitos e perceber a necessidade da paz. Ao demonstrar esse panorama, o autor destaca o significado das virtudes individuais e sociais defendidas pelos pacifistas humanitários e propaga a filosofia prática taoísta, que prega a destruição pela sua antítese, ou seja, pelo paradoxo guerra × paz: ao se fazer a guerra, defende-se a paz; trata-se, portanto, de guerrear contra a guerra. Esse tratado é muito utilizado atualmente no ambiente empresarial, o que colaborou para sua popularização.

Ao lado de Sun Tzu, outra figura marcante na cultura chinesa foi o grande educador e filósofo humanista Confúcio (551 a.C.-479 a.C.), que dedicou sua vida à preservação dos valores humanos. Sua obra *Os analectos*, também conhecida como *Diálogos de Confúcio*, é uma coletânea de aforismos feita por seus discípulos. Entre as várias possíveis versões, há três que são mais estudadas, compostas por 20, 21 e 22 livros, os quais aparentemente não têm conexão e abordam temas como os ensinamentos morais e as virtudes, entre elas a benevolência, que Confúcio considerava a mais importante. A interpretação dos aforismos é uma tarefa árdua, seja pela linguagem chinesa pictórica e simbólica, seja pelas várias traduções feitas ao longo do tempo, que alteraram alguns significados.

> ## Para saber mais
>
> Há versões das obras de Sun Tzu e Confúcio acessíveis em português:
>
> CONFÚCIO. **Os analectos**. São Paulo: Ed. da Unesp, 2012.
> SUN TZU. **A arte da guerra**. São Paulo: Jardim dos Livros, 2006.

Diferentemente do pensamento ocidental, o oriental não se caracteriza pela exposição discursiva de ideias, mas sim pela prática desses pensamentos. Por isso, as passagens desses livros são simples e diretas, abordando maneiras de agir adequadamente. Essa perspectiva filosófica que levanta aspectos morais, com a distinção entre o bem e o mal, já existia entre os egípcios – que procuravam viver voltados para o bem e assim obter um julgamento favorável à sua entrada no paraíso, depois de mortos – e ecoou na produção literária grega, que, em seu apogeu, coincidiu com o surgimento da filosofia.

Outra personalidade extremamente importante desse período foi Sidarta Gautama [ca. 560 a.C.-480 a.C., nascido na Índia, mais precisamente no atual Nepal], o Buda, difusor da filosofia budista, que ensina a vencer o sofrimento por meio da ascese – austeridade e disciplina que levam à purificação – e da ataraxia – busca pela serenidade e equilíbrio – para alcançar o nirvana. Esses princípios também foram contemplados, posteriormente, pelas escolas filosóficas gregas denominadas *helenistas*, como a EPICURISTA e a ESTOICA. O ser humano foi, assim, ganhando uma complexidade cada vez maior.

É da Grécia que partiremos para entender o surgimento dos primeiros textos que começaram a diferenciar fatos reais de dados imaginários, misturando história, mitologia, imaginação e crítica social, aproximando-se, assim, do atual conceito de literatura.

1.3.2 Grécia [ca. 600 a.C.]: o início da literatura europeia

Para lembrar

- Entre 2000 e 1400 a.C. – Florescimento da civilização cretense.
- Por volta de 1200 a.C. – Conquista de Troia.
- Por volta de 590 a.C. – Criação da democracia ateniense com as reformas de Sólon.
- Por volta de 470 a.C. – Nascimento de Sócrates, "pai" da filosofia.
- Ano de 338 a.C. – Vitória de Filipe II, rei da Macedônia, sobre os gregos na batalha de Queroneia e tomada das cidades-Estado gregas.
- Séculos II e I a.C. – Divisão do reino de Alexandre, o Grande (filho de Filipe II) após sua morte e conquista do território pelo Império Romano.

Os mitos religiosos da Mesopotâmia, da Anatólia e do Egito provavelmente influenciaram a cultura grega, que, por ter se destacado a ponto de parecer um acontecimento espontâneo e único, passou a ser vista como um fenômeno natural – ideia corroborada pelo fato de o povo grego ter sido excepcional ao criar a filosofia e as ciências e elevar a arte. Em decorrência da união desses fatores, fala-se do chamado "milagre grego".

Apesar de a visão religiosa ou mítica estar presente na literatura grega, os deuses eram retratados com paixões quase humanas. Essa perspectiva gerava, portanto, uma humanização das deidades e uma divinização dos homens, como pode ser visto na figura dos heróis. Nesse período surgiu uma preocupação com o ser humano e sua capacidade de conduzir seu próprio destino, sem estar permanentemente à mercê dos deuses, embora a religiosidade fosse ainda muito marcante e muitos textos literários tenham surgido como forma de louvar as divindades. Talvez a grande peculiaridade da cultura grega resida nessa capacidade de conciliar homens e deuses, *mithos* e *lógos*, criação e razão.

A literatura grega surgiu como resultado do bom momento pelo qual passavam as cidades-Estado gregas, que cultivavam as vitórias nas guerras, o esplendor do "século de Péricles" e as glórias que momentos de paz e fartura poderiam oferecer. As viagens pelo Mediterrâneo, que permitiam o contato com novos povos e culturas, colaboraram para os avanços na área do conhecimento, que culminou com a transformação da sabedoria prática em "ciência", fenômeno que resultou na invenção do calendário, da moeda e da escrita alfabética e na criação da política – atividade que valorizava muito a palavra e o domínio da retórica, presentes também em outra importante atividade estimulada no período, a **filosofia**, cujo apogeu foi marcado pelas contribuições de Sócrates [ca. 469 a.C.-399 a.C.], Platão [ca. 428 a.C.-348 a.C.] e Aristóteles [384 a.C.-322 a.C.], os primeiros a teorizar, de forma mais sistemática, sobre a arte que conhecemos hoje como literatura.

Enquanto Platão expulsa o poeta d'*A república* por ele ser um imitador, uma vez que produz, no mundo sensível, a cópia do homem, que já é cópia do verdadeiro homem pertencente ao mundo das ideias – ou seja, faz cópia da cópia e se afasta da verdade –, Aristóteles trata a imitação (*mimesis*) como simulação e encontra nela uma finalidade. O pensador macedônico analisa, na *Poética*, os poemas e textos teatrais e extrai deles a forma ideal, a técnica (*poiesis*) a ser empregada para se obter o efeito do belo e do bom, aliando arte e ética e conferindo uma função quase pedagógica à arte, parecida com a que demonstramos nos autores chineses.

Para Aristóteles (1973), a finalidade da arte é levar ao bem, ensiná-lo às pessoas; por isso, a figura do herói deve ser louvada por suas virtudes e suas atitudes devem ser imitadas. Quando o público se depara com as ações incorretas do vilão e o vê sendo castigado, ao se identificar com esse personagem, teme ser punido como ele, sente alívio por não estar em seu lugar e passa por um processo de purificação, que o faz querer imitar apenas as ações virtuosas do herói para também ser recompensado – esse é o **efeito catártico** ou a **catarse**, conceito empregado até hoje para qualificar uma obra literária (e outras manifestações artísticas) por permitir esse processo de identificação, arrebatamento e purificação próprio da arte.

A literatura grega exerceu grande influência em toda a produção vindoura, tanto que a chamada *literatura clássica* remete a essa produção, inspirando desde a literatura romana a toda a produção ocidental, inclusive em tempos recentes. Os gêneros literários mais expressivos – épica, lírica, drama, sátira, fábula e prosa narrativa – foram criados pelos gregos, e as formas que surgiram posteriormente são, em sua maioria, adaptações dessas criações. Era um momento de efervescência cultural e de predomínio da **visão antropocêntrica**, muito adequado para o florescimento da produção literária grega. De lá vieram os primeiros poetas, como Homero, Hesíodo, Píndaro, Safo e Anacreonte, além dos primeiros teatrólogos, como Ésquilo, Sófocles, Eurípedes e Aristófanes, além de Esopo, com suas fábulas. Apresentaremos cada um deles a seguir.

1.3.2.1 Os primeiros poetas e os primeiros teatrólogos gregos

As primeiras obras literárias ocidentais são dois poemas atribuídos ao grande poeta **Homero**, que, de acordo com especulações, viveu por volta do século VIII a.C. na Jônia (cuja região faz hoje parte da Turquia); até hoje se discute se ele realmente existiu. Para Carpeaux (2011, p. 54), "Homero – ou como quer que se tenha chamado o poeta, não importa – consegue o milagre de dar vida verdadeira em fórmulas fixas, em clichês. Não importa se isso é resultado das capacidades inatas de um povo genial ou do trabalho de um gênio poético". O teórico completa que "a questão homérica, que tanto apaixona os filólogos e arqueólogos, é de importância bem menor. Antes, tratar-se-ia de saber se a *Ilíada* e a *Odisseia* são monumentos veneráveis ou forças vivas. Mas não pode haver dúvidas: embora imensamente remotos de nós, os dois poemas continuaram sinônimos de Poesia" (Carpeaux, 2011, p. 53, grifo do original). Esses dois poemas, a *Ilíada* e a *Odisseia*, são modelos de poesia épica, imitados por muitos autores clássicos, como Virgílio (70 a.C.-19 a.C), em *Eneida*, e Camões [ca. 1524-1580], em *Os lusíadas*.

O tema da *Ilíada* é a Guerra de Troia, motivada pelo rapto de Helena, esposa de Menelau, rei de Esparta, por Páris, príncipe de Troia. Na verdade, essa transgressão foi causada por influência da deusa Afrodite (como você pode perceber, os deuses ainda conduziam o destino dos homens). Páris e Helena fugiram para Troia, desencadeando a desgraça e a queda da cidade, pois o Rei Menelau pediu de volta sua esposa aos troianos, mas não foi atendido. Ele uniu-se então ao seu irmão Agamenon e a Aquiles e declararam a guerra.

Aquiles era filho da ninfa Tétis com um frágil mortal. Os deuses Zeus e Poseidon desejavam Tétis, mas uma profecia previa que seu filho seria mais forte que seu pai. Temerosos, os deuses a entregaram ao frágil mortal para que seu filho nascesse fraco. Porém, intencionando fortalecê-lo, Tétis mergulhou o bebê no rio Estige, que era mágico, segurando-o pelo calcanhar, parte que se tornou seu único ponto fraco (o famoso "calcanhar de Aquiles"). Quando o garoto cresceu, tornou-se um grande guerreiro, cuja vida seria guiada pela seguinte profecia: ou viveria feliz e sem glórias, ou lutaria e seria famoso, mas morreria em combate. Sedento de glória, Aquiles partiu para Troia, onde lutou por dez anos, até o célebre episódio do Cavalo de Troia, que pôs fim ao combate. Para que o conflito finalmente acabasse, Ulisses propôs a construção de um grande cavalo de madeira que seria presenteado aos troianos, no qual foram colocados os guerreiros que, ao entrarem na cidade, destruíram-na e incendiaram-na.

A *Odisseia* pode ser considerada uma sequência da *Ilíada* por ambas terem estrutura e estilo semelhantes (versos em hexâmetro datílico, forma tradicional da poesia épica grega e vários dialetos gregos misturados, o que confirmaria sua tradição oral) e pela recorrência temática – a Guerra de Troia, agora com as consequências de seu término.

Em português, a palavra *odisseia* passou a significar qualquer viagem longa e atribulada. Isso porque, na obra de Homero, é contada a história do regresso de Ulisses – Odisseu, em grego (por isso *Odisseia*) – de Troia a Ítaca, onde ficava sua casa.

A narrativa começa 10 anos após o fim da Guerra de Troia. Telêmaco, filho de Ulisses, tem 20 anos e mora com sua mãe Penélope na casa de seu pai ausente, localizada na ilha de Ítaca. Há uma multidão de pretendentes que disputam Penélope e tentam convencê-la de que seu marido está morto. A deusa Atena encoraja Telêmaco a procurar Ulisses e o rapaz então parte para a Grécia continental, onde encontra as personagens da *Ilíada* e tem notícias de seu pai.

Mosaico retratando um episódio da *Odisseia*

Ulisses está preso na ilha de Calipso, porém consegue escapar e encontra Nausícaa, filha de Alcínoo, rei dos Feácios. A princesa oferece abrigo ao herói e a seus conterrâneos, ajudando-os em sua viagem de volta para casa, cheia de turbulências, inimigos, traições, monstros e mulheres sedutoras, até a chegada do herói a Ítaca. Ulisses se disfarça como um mendigo para descobrir como estão as coisas em sua casa e, após encontrar seu filho Telêmaco, identifica-se e retorna ao seu lar, onde, ainda disfarçado, testa Penélope. Uma antiga criada, ao lavar seus pés, reconhece uma cicatriz* e o identifica. Penélope faz os pretendentes competirem por sua mão, numa disputa de arco e flecha. Ulisses participa, disfarçado, e vence a competição. Após matar os pretendentes e

---

* Há um estudo maravilhoso a respeito desse tema e da relação entre Homero e o Antigo Testamento chamado *A cicatriz de Ulisses* (1987a), de Erich Auerbach.

todos que zombaram dele, o herói finalmente se identifica para sua esposa, que o aceita após reconhecê-lo pela descrição que ele faz da cama construída pelo marido para a noite de núpcias do casal. A deusa Atena ajuda-o a ficar em paz com seu povo e finalmente o guerreiro encontra seu repouso.

> **Para saber mais**
>
> Há várias versões e traduções da *Ilíada* e da *Odisseia*. Uma sugestão é a tradução da *Odisseia* feita por Frederico Lourenço, com uma introdução bastante esclarecedora de Bernard Knox. Sugerimos também uma versão da *Ilíada* feita pelo mesmo tradutor:
>
> HOMERO. **Ilíada**. São Paulo: Penguin Classics; Companhia das Letras, 2013.
>
> _____. **Odisseia**. São Paulo: Penguin Classics; Companhia das Letras, 2011.

Hesíodo foi, provavelmente, contemporâneo de Homero. É autor de dois poemas consagrados, que foram conservados completos: a *Teogonia* e *Os trabalhos e os dias*. Seus textos têm função quase didática e se voltam para as camadas mais humildes da população grega da época. Segundo Carpeaux (2011, p. 60-61, grifo do original), ele é o "Homero dos proletariados", um poeta

> de uma época histórica, se bem que primitiva. A *Teogonia* revela crenças religiosas pré-homéricas: a narração das cinco idades da Humanidade, da idade áurea até a idade de ferro, está imbuída de um pessimismo pouco homérico, e os mitos do

caos, da luta dos deuses, dos gigantes, de Prometeu e Pandora, [sic] cheiram ao terror cósmico, próprio dos povos primitivos. Ao leitor de Hesíodo, vem-lhe à mente a tenacidade com que as camadas incultas da população guardam as tradições religiosas, já esquecidas pelos "intelectuais". O pessimismo é o da gente simples, laboriosa, sem esperanças de melhorar as suas condições de vida. Os Trabalhos e os Dias, a outra obra de Hesíodo, é uma espécie de poema didático, que estabelece normas de agricultura, de educação dos filhos, de práticas supersticiosas na vida cotidiana. É uma poesia cinzenta, prosaica. Não tem nada com Homero. Não se trata de guerras, e sim de trabalho, não de reis, e sim de camponeses; camponeses que se queixam da miséria e da opressão, e cujo ideal é a honestidade, cuja esperança é a justiça.

Em sua poesia, o poeta se coloca pela primeira vez como um indivíduo que tem o papel de relatar e participa do fato relatado, estilo bem diferente da objetividade de Homero. É possível que Hesíodo tenha escrito seus poemas no lugar de apresentá-los oralmente, prática dos rapsodos, pois seu estilo acentuadamente pessoal teria sido diluído por meio da transmissão oral de um recitador a outro (Carpeaux, 2011, p. 61). Escrever, naquele momento, não significava guardar para a posteridade; era apenas um artifício para ajudar a memorização ou evitar o improviso – e, na verdade, era uma atividade relativamente malvista, pois permitia que o poeta não mais decorasse seus textos. O estilo pessoal não era adequado ao esperado distanciamento que o rapsodo deveria apresentar; por isso Hesíodo se aproxima mais do público humilde, formado pelos oprimidos camponeses.

Seus poemas são considerados algumas das principais fontes para entender a religião, as técnicas agrícolas, o pensamento econômico, a astronomia e o estudo do tempo na Grécia Arcaica. A *Teogonia* trata da origem do mundo (cosmogonia) e dos deuses (teogonia), desde seu início com Caos, Gaia e Eros; por esse motivo, demonstra um interesse especial por parte do poeta pela genealogia. Essa concepção do mundo de Hesíodo pode ter recebido influências de narrativas orientais como o *Enuma Elish* babilônico. Veja essas semelhanças em um diálogo entre a primeira tábua do *Enuma Elish* com os versos que tratam da criação dos deuses primordiais na *Teogonia*:

> Quando nos altos céus não era mencionado,
> E a terra em baixo ainda não tinha nome,
> E o primevo (primitivo) Apsu, que os criou,
> E o Caos, Tiamat, a mãe de ambos
> As suas águas foram misturadas umas com as outras,
> E nenhum campo fora formado, e não se via nenhum pântano;
> Quando nenhum dos deuses havia sido chamado à existência,
> E nenhum alcançado um nome, e os destinos tinham sido ordenados;
> Então foram criados os deuses no meio dos céus,
> Lahmu e Lahamu foram chamados à existência...
> As idades (eras ou épocas) aumentaram...
> Então Ansar e Kisar foram criados, e dominaram-nos...
> Passaram-se muitos dias, então eles trouxeram à existência...
> Anu, o seu filho... [...]
> (Enuma..., 1999, p. 3)

> *Sim bem pelo primeiro nasceu Caos, depois também*
> *Terra de amplo seio, de todos sede irresvalável sempre,*
> *dos imortais que têm a cabeça do Olimpo nevado,*
> *e Tártaro nevoento no fundo do chão de amplas vias,*
> *e Eros: o mais belo entre os deuses imortais,*
> *solta-membros, dos deuses todos e dos homens todos*
> *ele doma no peito o espírito e a prudente vontade.*
> (Hesíodo, 1984, p. 132)

A leitura do fragmento da *Teogonia* é mais fluente porque o texto está preservado, mas, além da clareza, há a preocupação racional de estabelecer a genealogia completa dos deuses e, ao mesmo tempo, instaurar o sagrado.

O poeta **Píndaro** é autor de *Epinícios* ou *Odes triunfais*, canções de vitórias em jogos esportivos, comuns nas festas helênicas (de Hellas, região da Grécia). Várias odes epinicianas louvavam os eventos olímpicos. Seu estilo é aristocrático, nobre e solene. Segundo Carpeaux (2011, p. 169-171), o segredo de Píndaro

> *reside na mistura inimitável de nobreza e religiosidade; este poeta parece mais perto dos deuses que dos homens, separando-se do vulgo pelo estilo arcaico e obscuro, que na imitação moderna se torna artifício insuportável. [...] Os seus hinos costumam referir-se à cidade na qual o vencedor nasceu ou à família à qual pertence, e os mitos particulares da cidade ou da família constituem o conteúdo do poema. Não existe, porém, relação inteligível entre o mito e o feito esportivo, de modo que o poema se transforma em rapsódia incoerente; pelo menos para nós. O estilo não ajuda a compreensão. A linguagem de*

> Píndaro é densa, rica em comparações estranhas, diz tudo por metáforas singulares, complica as frases pela ordem arbitrária das palavras. A admiração convencional nunca admitiu defeitos em Píndaro; responsabilizou pelas dificuldades da leitura os próprios leitores, que seriam incapazes de acompanhar a elevação do poeta inspirado; Píndaro tornou-se paradigma da inspiração divina na poesia, quase exemplo de profeta-poeta.

Seu estilo pomposo e por vezes obscuro divide a crítica, que ora o louva como poeta visionário, dotado de originalidade estética, ora o critica por parecer incoerente.

Safo viveu na ilha de Lesbos, em aproximadamente 630 a.C. Sobre ela pairam muitas lendas, talvez em virtude da tentativa de explicar a força de seus versos, refinados e elegantes. Era sedutora, não propriamente bela na concepção grega da época, por ser baixa e magra, mas era admirada a ponto de ser chamada de "a décima musa" (as nove musas eram Calíope, da eloquência; Clio, da história; Erato, da poesia lírica; Euterpe, da música; Tália, da comédia; Melpômene, da tragédia; Terpsícore, da dança; Polímnia, da música sacra; e Urânia, da astronomia). Por conta de seu teor erótico, a poesia de Safo foi censurada e alterada pelos monges copistas da Idade Média, restando dela apenas alguns fragmentos. Segundo Carpeaux (2011, p. 169),

> para explicar o poder de expressão da maior das poetisas, Safo, inventaram uma coroa de lendas: Safo como centro de um círculo de mulheres dadas ao amor lésbico, ou Safo que se suicida por amor a uma jovem que não compreendeu a paixão da

poetisa envelhecida. Os versos que os gramáticos conservaram – para o fim exclusivo de dar exemplo do dialeto eólico – não confirmam nada com respeito àquelas lendas; mas bastam para revelar um grande poeta. [...] depois de Safo, será preciso esperar vinte e dois séculos até se encontrar outra vez, em Louise Labé, a psicofisiologia erótica de um verso como "Eros soltando os membros – ó tormento amargo e dolce!".

Anacreonte [ca. 565 a.C.-480 a.C.], considerado um dos mais importantes poetas do dialeto jônico, foi também conselheiro de Polícrates, tirano da ilha de Samos. Versava sobre as musas, o deus Dionísio e o amor. Poeta muito celebrado pelos gregos, teve seu estilo reproduzido no decorrer da Antiguidade e do período bizantino. Diversos fragmentos de suas odes, bem como as imitações de seu trabalho, foram-nos legados devidamente preservados. As *Odes*, supostamente a ele atribuídas, são 62 poemas compostos por diversos imitadores em diferentes épocas (bizantina e pós-clássica). Essa falsa poesia anacreôntica exerceu grande influência no renascimento francês. Em Portugal, as *Odes* influenciaram Bocage (1765-1805).

Enquanto a poesia grega parece distante, salvo pelas obras de Homero, o **teatro** é bastante atual. São comuns encenações das peças clássicas gregas, mas a visão do público atual é bem diferente da compreensão do grego antigo, que via no teatro uma manifestação mais religiosa que artística. Como explica Carpeaux (2011, p. 68-69, grifo do original),

Ésquilo, Sófocles e Eurípides são, para nós, figuras familiares. O teatro moderno criou-se com esses modelos antigos. Os enredos fazem parte da cultura geral de todos nós. Orestes e Prometeu, Édipo e Antígona, Ifigênia e Medeia são personagens do nosso próprio teatro; e quando no século XIX se fizeram as primeiras tentativas de representar tragédias gregas no palco moderno, o sucesso foi completo. [...] Sobretudo Sófocles e Eurípides são hoje forças das mais vivas do teatro moderno, influências permanentes. Contudo, trata-se, pelo menos em parte, de uma ilusão. O que emociona o espectador moderno, assistindo a uma representação da Oréstia *ou do* Édipo, *difere essencialmente do que comoveu o espectador grego. O teatro grego, com as suas máscaras impessoais e o coro, tem pouco em comum com o nosso teatro, de conflitos de caracteres individuais. E há outras diferenças importantes.*

O teatro grego tinha origem religiosa, não era um entretenimento como o é prioritariamente hoje. O filósofo Friedrich Nietzsche (1844-1900) se ocupou da tragédia grega e de sua ligação com o divino em sua obra *O nascimento da tragédia no espírito da música*, na qual enxerga a arte como o equilíbrio entre a paixão dionisíaca e a disciplina apolínea e deixa clara a ligação entre o homem grego e o sagrado: havia um Deus (ou vários) que olhava as atitudes do homem e julgava-as imediatamente, ajudando-o ou punindo-o; assim, o homem "representava" diretamente para Deus, não para um público. Hoje, geralmente o ser humano não busca mais a aprovação ou o temor do divino, mas sim da sociedade marcada pelo consumismo e pela violência, e é para ela que ele representa: é o amigo que precisa saber que tenho o melhor carro, que vai ser cobiçado pelo ladrão, de quem preciso me defender. A presença autêntica do sagrado, quando surge, ou se surge, fica reservada apenas para a velhice ou para os momentos de necessidade. Essa é uma crítica ao processo de desumanização do homem moderno. Voltemos às claras explicações de Carpeaux (2011, p. 70-71):

> *O teatro grego [...] é de origem religiosa; nunca houve dúvidas a esse respeito. As tragédias – e, em certo sentido, também as comédias – foram representadas assim como se realizam festas litúrgicas. Mas quanto à liturgia que teria sido a base histórica do teatro grego, ainda não se chegou a teses definitivamente estabelecidas. [...] Podemos continuar adotando a genial intuição de Nietzsche: a tragédia grega é a transformação apolínea de ritos dionisíacos. Por isso, o único conteúdo possível da tragédia grega era o mito, fornecido pela tradição; os enredos inventados pela imaginação do dramaturgo, que enchem os nossos repertórios, estavam excluídos. Tratava-se de interpretações e reinterpretações dramáticas de enredos dados. [...] O grego, ao que parece, frequentava o teatro para se deixar convencer da justeza de uma causa, como se estivesse assistindo à audiência do tribunal ou à sessão da Assembleia. E os requintes da retórica, superiores em muito aos pobres recursos da eloquência moderna, não bastaram para esse fim: acrescentaram-se, por isso, aos argumentos do raciocínio as emoções da poesia lírica, acompanhada, como sempre, de música, de modo que a*

representação de uma tragédia grega se assemelhou, por assim dizer, às nossas grandes óperas.

A partir deste ponto, iremos nos aprofundar nas figuras dos mestres do teatro anteriormente citados. **Ésquilo** é reconhecido frequentemente como o pai da tragédia e é o mais antigo dos três trágicos gregos – os outros dois são Sófocles e Eurípedes, que abordaremos na sequência – cujas peças ainda existem. Sua obra era tão respeitada pelos atenienses que, após sua morte, suas tragédias passaram a ser as únicas a poderem ser reencenadas nas edições seguintes das competições teatrais da cidade. Como demonstramos na citação de Carpeaux, a arte dramática grega teve suas raízes nos festivais religiosos dedicados aos deuses da mitologia grega, especialmente a Dionísio, deus do vinho (Carpeaux, 2011, p. 71). Na época de Ésquilo, esses festivais contavam com uma procissão de abertura; em seguida, havia uma disputa entre rapazes que cantavam ditirambos e, no final, eram realizadas as competições dramáticas.

De sua vasta produção, sobreviveram intactas apenas sete peças: *Os persas, Os sete contra Tebas, As suplicantes, Oresteia* (trilogia que engloba três tragédias: *Agamenon, As coéforas* e *As eumênides*), além de *Prometeu acorrentado*, cuja autoria é questionada. Uma peculiaridade da dramaturgia esquiliana é sua tendência de escrever trilogias conectadas, sendo cada peça parte de uma narrativa maior, como a *Oresteia*, que é a única que permaneceu completa. Sua contribuição para a dramarturgia, segundo Aristóteles, na *Poética*, foi o aumento do número de personagens utilizados nas peças, o que permitiu a existência de conflitos entre eles (antes os personagens contracenavam apenas com o coro).

Os persas é sua peça mais antiga legada à contemporaneidade. Estreada em 472 a.C., tem como tema as vivências de Ésquilo no exército. É uma peça ímpar, pois trata de eventos históricos em vez de mitos heroicos ou divinos.

Em *Os sete contra Tebas*, o dramaturgo contrasta a emergência de uma nova consciência com os ditames da tradição. Essa obra apresenta o que viria a ser uma marca registrada das peças esquilianas: a *pólis* (cidade) como vetor do desenvolvimento da civilização humana. A obra narra o embate entre Etéocles e Polinice, os filhos de Édipo, rei condenado de Tebas. A despeito de um acordo de alternância no trono da cidade, Etéocles deseja reter o poder para si, o que força Polinice a lhe declarar guerra. Segundo Carpeaux (2011, p. 173),

> *na época de Ésquilo, as leis primitivas da família, do clã, chocam-se com a consciência humana; daí a força trágica de Os Sete contra Tebas, talvez a peça mais trágica do teatro grego: Etéocles e Polinice acreditavam-se envolvidos na luta das tribos, não sabendo que serviam de instrumentos à guerra santa contra a lei antiquada e bárbara da raça. O teatro de Ésquilo trata, desse modo, de destinos coletivos, não de indivíduos.*

Estava em jogo a consolidação do novo Estado, que somente ocorreria se o mito fosse reinterpretado e concordasse com essa novidade, pois o mito continuava sendo o elo entre o humano e o divino.

A *Oresteia*, de 458 a.C., é a trilogia que narra a sangrenta história da família de Agamenon, rei de Argos, assassinado por sua esposa, Clitemnestra, e a vingança promovida por seus filhos, Orestes (daí o título, à semelhança de *Odisseia*) e Electra (a versão feminina do "complexo de Édipo"). Segundo Carpeaux (2011, p. 174), é

> *simultaneamente tragédia familiar, política e religiosa: na família de Agamêmnon e Clitemnestra, a lei bárbara da vingança leva ao assassínio e à loucura; mas no julgamento de Orestes pelo Areópago, o tribunal do Estado, vencem os novos deuses da Cidade sobre as divindades noturnas. [...] A Oréstia [ou Oresteia] é a maior tragédia política de todos os tempos".*

É possível ver claramente na peça de Ésquilo a permissão dos deuses para que haja uma nova ordem política.

As peças de **Sófocles** retratam personagens nobres e da realeza. O dramaturgo deixou cerca de 120 peças, mas apenas 7 resistiram completas. Em suas tragédias, dois tipos de sofrimento são explorados: o que decorre do excesso de paixão e o que é consequência de um acontecimento acidental (destino). Sófocles reduziu a importância do coro no teatro grego, relegando-o ao papel de observador do drama que se desenrola à sua frente. Também aperfeiçoou a cenografia.

Conta-se que Sófocles faleceu aos 90 anos, recitando versos de uma de suas mais belas tragédias, *Antígona*. Suas outras peças "sobreviventes" são: *Ájax, As traquínias, Édipo rei, Electra, Filoctetes* e *Édipo em Colono*. Como em Ésquilo e Eurípedes, a temática abordada por Sófocles contempla os mitos, que são simultaneamente divinos e heroicos, nos quais os heróis representam o elo entre o mundo dos homens e o dos deuses. Aristóteles, na *Poética*, cita o *Édipo rei* de Sófocles com muita frequência como modelo de tragédia. Por exemplo: ao tratar do reconhecimento como uma das partes qualitativas do mito trágico, afirma que, de "todos os reconhecimentos, melhores são os que derivam da própria intriga, quando a surpresa resulta de modo natural, como é o caso do Édipo de Sófocles" (Aristóteles, 1973, p. 58). Essa cena do reconhecimento, a passagem do ignorar ao conhecer, em que Édipo descobre ser o culpado pelas tragédias em Tebas, por ter matado, de acordo com a profecia, o próprio pai e se casado com a própria mãe, é, segundo Aristóteles, uma das mais belas. Reproduzimos a seguir essa cena, que conta com o diálogo entre Édipo e o Pastor, que recebeu o príncipe ainda bebê para matá-lo e, assim, não permitir que a profecia se cumprisse, mas, com pena da criança, entregou-o ao rei de Corinto, que o criou como filho, verdade que, finalmente, lhe é revelada:

> Édipo
> *Que profecia?*
> Pastor
> *O menino matar o próprio pai.*
> Édipo
> *Então, por que o entregaste a ele?*
> Pastor
> *Senhor, eu tive pena!*
> *Pedi àquele homem que o levasse*
> *para a cidade dele... Agora vejo*
> *que o reservou para a pior das sinas:*

> *pois se tu és em verdade aquela criança,*
> *nasceste para ser muito infeliz!*
> Édipo
> *Horror! Horror! Horror!*
> *Tudo verdade!*
> *Luz do dia, eu não quero mais te ver!*
> *Filho maldito... marido maldito...*
> *Maldito assassino do próprio pai!*
> (Ésquilo; Sófocles; Eurípedes, 1982, p. 125, grifo nosso)

A origem de **Eurípedes** é objeto de controvérsias, mas sabe-se que foi bem educado, tendo como professores o filósofo Anaxágoras e o sofista Protágoras, dos quais sofreu influências. Tratou em suas obras das agitações da alma humana – em especial, da feminina – e da realidade da guerra – e abordou a dinâmica cotidiana do povo ateniense. Suas peças trazem pessoas reais e falam dos excluídos da sociedade: as mulheres, os escravos e os idosos. Segundo Carpeaux (2011, p. 177, grifo do original), na tragédia de Eurípedes

> *aparecem personagens que a tragédia anterior não conhecera: o mendigo que se queixa da sua condição social, e sobretudo a mulher, envolvida em conflitos sexuais. As personagens femininas são as maiores criações de Eurípides: Fedra, Ifigênia, Electra, Alceste; Medeia é a primeira grande personagem de mãe no palco; Hipólito é a primeira tragédia de amor na literatura universal.*

Escreveu por volta de 100 peças, tornou-se mais popular que Ésquilo e Sófocles e teve os enredos de suas tragédias aproveitados por dramaturgos posteriores, como Racine (1639-1699), Goethe

(1749-1832), Eugene O'Neill (1888-1953) e até nossos Chico Buarque (1944-) e José Celso Martinez Corrêa (1937-). Suas tragédias completas que "sobreviveram" foram *Alceste, Medeia, Os heráclidas, Hipólito, Andrômaca, Hécuba, As suplicantes, Electra, Hércules, As troianas, Ifigênia em Táuris, Íon, Helena, As fenícias, Orestes, As bacantes* e *Ifigênia em Áulis*. Sua versão do mito de Medeia, a história da mãe que mata os próprios filhos por ciúmes, emocionou os gregos e é encenada até hoje. Chico Buarque de Holanda, ao lado de Paulo Pontes (1940-1976), fez uma adaptação para os palcos brasileiros no Rio de Janeiro, em meio à pobreza, na década de 1970, durante a ditadura militar – é o texto da peça *Gota d'água* (título também da famosa música). Apresentaremos a seguir o diálogo no grande tempo como intertextualidade, que pode ser visto a seguir nos fragmentos da *Medeia*, de Eurípedes, e de sua adaptação *Gota d'água*:

> Jasão
> *Que está acontecendo? Será que ela quer também matar-me?*
> Coro
> *Teus filhos foram mortos pela própria mãe.*
> Jasão
> *Céu! Que quereis dizer? Mulher, me feriste no coração.*
> Coro
> *Sim, teus filhos já não vivem.*
> Jasão
> *Onde as matou ela? No palácio ou fora?*
> Coro
> *Abra as portas e verás as crianças assassinadas.*
> (Ésquilo; Sófocles; Eurípedes, 1982, p. 210-211, grifo nosso)

A peça de Eurípedes termina com Medeia e Jasão chorando pelas crianças e disputando seus corpos para enterrá-los. O Coro anuncia o final, usando o efeito *"deus ex machina"*. Eurípedes, ao traçar o perfil de Medeia, faz um retrato da dor feminina provocada pela traição e pelo ciúme e até parece justificar seu gesto, como o de Joana (a Medeia adaptada) de *Gota d'água*, que, após cantar a música-tema de mesmo nome, arruma as crianças para o casamento de Jasão com Alma e lhes oferece bolo envenenado:

> Joana
> *Tem comida, vem... Isso é o que o senhor quer?*
> *(Abraça os filhos profundamente um tempo)*
> *Meus filhos, mamãe queria dizer*
> *uma coisa a vocês. Chegou a hora*
> *de descansar. Fiquem perto de mim*
> *que nós três, juntinhos, vamos embora*
> *prum lugar que parece que é assim:*
> *é um campo muito macio e suave,*
> *tem jogo de bola e confeitaria.*
> *Tem circo, música, tem muita ave*
> *e tem aniversário todo dia. [...]*
> *(Dá um bolinho e põe guaraná na boca dos filhos)*
> *A Creonte, à filha, a Jasão e companhia*
> *vou deixar esse presente de casamento.*
> *Eu transfiro pra [sic] vocês a nossa agonia*
> *porque, meu pai, eu compreendi que o sofrimento*
> *de conviver com a tragédia todo dia*
> *é pior que a morte por envenenamento*
> (Buarque; Pontes, 1975, p. 166-167, grifo nosso)

Aristófanes escreveu mais de 40 peças, das quais apenas 11 são conhecidas. Era acintosamente satírico e crítico, mas permaneceu conservador, preferia que o Estado continuasse atado à religião e odiava Sócrates, que surgiu como corruptor da educação em *As nuvens*, e Eurípedes, que corrompeu o teatro em *As rãs*. A política era seu tema recorrente e, embora conservador, desfrutava da democracia ateniense para expor suas ideias sem censura. Apesar disso, para Carpeaux (2011, p. 81),

> *Aristófanes não é profundo. Não tem ideologia bem definida. O seu conservantismo é um tanto sentimental, elogiando os "bons velhos tempos" [...]. No fundo, não ataca nem Sócrates nem o dramaturgo Eurípides, mas personificações, abstraídas de todos os sofistas e poetastros, dando-lhes nomes célebres ou notórios. [...] Pois também nunca se ouviu poeta tão francamente obsceno, chamando todas as coisas pelo nome certo.*

Por fim, trataremos da recorrente associação imediata entre **Esopo** (620 a.C.-564 a.C.), a fábula e o apólogo, gêneros bastante popularizados pelo autor. Poucos aspectos de sua vida pessoal são conhecidos. Especula-se que tenha sido vendido como escravo e viajado muito, o que lhe trouxe grande inspiração para compor suas fábulas. Nelas, os animais falam e apresentam características humanas: cometem erros e acertos e têm vícios e virtudes. Seus textos foram transmitidos pela tradição oral e modificados de acordo com as conveniências de cada época. Eles serviram como base para recriações de outros escritores ao longo dos séculos, como Fedro, do século I d.C., e La Fontaine (1621-1695).

Síntese

Neste capítulo, abordamos as primeiras manifestações literárias, de temática religiosa, de 2500 a.C. a 1000 a.C. (*Epopeia de Gilgamesh, Rigveda, Livro dos mortos, Enuma Elish* e Pentateuco). Apresentamos, na sequência, os gêneros literários e as contribuições de Aristóteles e Bakhtin para a teorização desse conceito e, por fim, tratamos da literatura grega do século 600 a.C. e de seus principais autores.

Atividades de autoavaliação

1. Quais são os elementos que constituem os gêneros, segundo Bakhtin?
   a. Oralidade, estrutura e linguagem.
   b. Tema, estrutura e lirismo.
   c. Conteúdo temático, construção composicional e estilo.
   d. Conteúdo, forma e verso.

2. Em *A epopeia de Gilgamesh*, qual tema não coincide com os tópicos tratados no livro de Gênesis?
   a. A serpente.
   b. A criação do mundo por meio dos deuses.
   c. O dilúvio.
   d. A criação do mundo em sete dias.

3. No *Livro dos mortos*, há um fato que justifica todo o ritual pelo qual os mortos devem passar para garantir uma vida eterna pacífica, presente também no texto da Bíblia. Qual é esse fato?
a. O julgamento final.
b. A construção das pirâmides.
c. O processo de mumificação.
d. As oferendas aos deuses.

4. Qual é o nome do efeito purificador advindo da arte, segundo Aristóteles?
a. Epifania.
b. Catarse.
c. Sublimação.
d. Arquétipo.

5. Relacione as informações a seguir:
a. Homero   ( ) *Oresteia*
b. Ésquilo   ( ) *Édipo rei*
c. Sófocles   ( ) *Medeia*
d. Aristófanes   ( ) *Odisseia*
e. Eurípedes   ( ) *As nuvens*

Atividades de aprendizagem

Questões para reflexão

1. Como você justificaria a coincidência temática entre os textos inaugurais da história da literatura? Você acredita que sejam adequadas as adaptações de textos clássicos como *A arte da guerra* para abordagens atuais? Por quê?

2. O mito grego marcou a cultura não só de um povo, mas de uma época, e reflete até hoje na cultura ocidental. O psicanalista Sigmund Freud, por exemplo, utilizou a história de Édipo como metáfora para explicar seu "complexo de Édipo". Há, também, várias palavras e obras que se referem a mitos gregos, como trabalho *hercúleo* (de Hércules) e *2001: uma odisseia no espaço*, adaptação cinematográfica de Stanley Kubrick da obra homônima de Arthur C. Clarke. Seria então o mito uma representação da essência humana? Justifique sua resposta.

Atividade aplicada: prática

1. Tratamos os textos da *Ilíada* e da *Odisseia*, de Homero, de forma bastante sintética. Procure consultar os textos originais, em verso, e verificar se a leitura é simples ou se causa algum estranhamento. Aproveite também para identificar, nos textos, a estrutura da epopeia: proposição (onde o poeta define o tema e o herói de seu poema); invocação (parte em que há o pedido para que as musas inspirem o poeta); narração (o relato das aventuras do herói) e a conclusão (final das aventuras do herói).

Indicações culturais

Filmes

A BATALHA dos 3 reinos. Direção: John Woo. China: Europa Filmes, 2010. 280 min.

Apresenta as estratégias empregadas no combate, desde a educação dos soldados, a movimentação articulada do exército, a análise do campo de batalha, a busca de conciliar a natureza aos objetivos a serem atingidos e a observação minuciosa da marcha do inimigo, numa evidente alusão às ideias de Sun Tzu em A arte da guerra.

OS DEZ mandamentos. Direção: Cecil B. DeMille. EUA: Paramount Filmes do Brasil, 1956. 240 min.

Muito antes de se tornar novela e filme de relativo sucesso no Brasil, a vida de Moisés foi tema de muitas produções, como a indicada, que reconta a trajetória do líder dos hebreus desde a infância até quando recebe sua missão divina de libertar seu povo, subjugado pelos egípcios.

TROIA. Direção: Wolfgang Petersen. EUA: Warner Bros., 2004. 163 min.

Filme com base na Ilíada, de Homero, sobre a Guerra de Troia, com Brad Pitt no papel de Aquiles.

Livro

VERNANT, J.-P. **As origens do pensamento grego.** São Paulo: Difel, 1981.

Texto básico para entender o humanismo grego e a formação da cultura baseada na palavra como instrumento da vida política – e, em sua forma escrita, como divulgadora do conhecimento.

um	o início da literatura universal: da oralidade aos primeiros textos
dois	literatura e religiosidade: período medieval
três	os movimentos estéticos: barroco, Iluminismo e neoclassicismo
quatro	romantismo
cinco	realismo, simbolismo, parnasianismo e modernismo
seis	mudança de foco no mundo contemporâneo: a queda das certezas

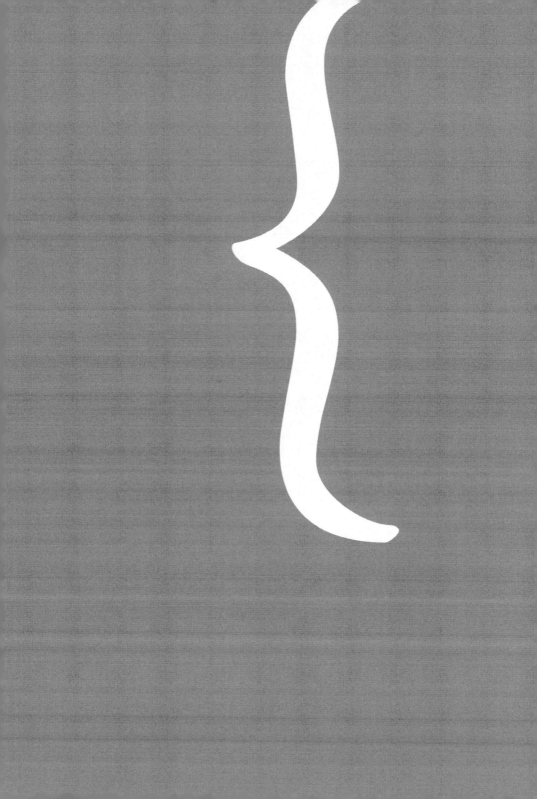

Ⓒ NESTE CAPÍTULO, IREMOS nos aprofundar na história da literatura e apresentar um ser humano muito mais complexo. Os desdobramentos dos fatos históricos exerceram influência na produção literária, principalmente com o apogeu e a queda do Império Romano e o surgimento do cristianismo. Há outras expressões literárias do período, como a japonesa, a indiana, a árabe e a nórdica, com suas novelas de cavalaria e canções de gesta. A literatura se consolidou e passou a se manifestar também em Portugal. Além disso, surgiram movimentos estéticos como o trovadorismo, o humanismo e o classicismo.

doispontoum
O cristianismo e a literatura da Roma Antiga

> **Para lembrar**
>
> - Ano de 753 a.C. – Fundação de Roma, segundo a tradição, pelos gêmeos Rômulo e Remo.
> - De 509 a.C. a 31 a.C. – Instauração da república em Roma (do latim *res publica*, "coisa pública").
> - Ano de 1 d.C. – Nascimento de Jesus Cristo.
> - Ano de 476 d.C. – Queda do Império Romano do Ocidente e início da Idade Média.
> - Ano de 570 – Nascimento de Maomé e expansão do islamismo.
> - De 732 a 843 – Expansão dos francos e estabelecimento do Império Carolíngio até o início de sua decadência, com a assinatura do Tratado de Verdum.
> - Ano de 911 – Invasão dos *vikings* ao território francês.
> - A partir do século IX – Consolidação do feudalismo.
> - Século XII – Surgimento da ideia de "nação" e fundação de Portugal.

Quase simultaneamente ao apogeu da civilização grega, ergueu-se a civilização romana, que desfrutava do mesmo espírito "milagroso" da época e contava com os mesmos avanços nas áreas do conhecimento e da política. Houve grandes poetas líricos romanos, como Plauto [ca. 230 a.C.-180 a.C.], Catulo (87 a.C.-54 a.C.), Ovídio [ca. 43 a.C.-17 d.C.] e Horácio (65 a.C.-8 a.C.), além de Virgílio (70 a.C.-19 a.C.), poeta épico romano. Os grandes prosadores da época foram Cícero (106 a.C.-43 a.C.), Lucrécio (99 a.C.-55 a.C.) e Sêneca (4 a.C.-65 d.C.), este também filósofo e poeta. A distinção entre poetas e prosadores (ou retóricos), como a que havia na Grécia da mesma época, não era muito clara: nota-se a passagem do texto predominantemente em verso para a prosa e as formas ora se confundiam, ora se distinguiam. Com o nascimento de Jesus Cristo, a expansão do cristianismo e a queda do Império Romano, a doutrina cristã passou a dominar, dando início à Idade Média. Embora as intervenções da Igreja de fato existissem, elas não limitaram de forma absoluta a produção cultural ocidental, sendo, portanto, mito a ideia de que o período medieval foi o "período das trevas". Ainda assim, essa produção do medievo poderia ter sido mais vasta e original.

Entre os anos 100 d.C. e 1000, observam-se manifestações literárias em regiões além do dito "mundo ocidental". Em razão disso, trataremos brevemente da literatura japonesa, indiana, árabe e nórdica, onde surgiram as primeiras novelas de cavalaria. Voltando para a Europa, encerraremos nossa abordagem sobre o período medieval tratando das canções de gesta e do primeiro movimento literário ocidental propriamente dito: o trovadorismo.

Continuando nosso percurso pelo grande tempo, destacamos a consolidação da literatura e a passagem para uma abordagem mais antropocentrista decorrente das mudanças históricas impostas com o fim do feudalismo, o declínio do poder da Igreja, a invenção da imprensa por Gutemberg e o surgimento das novas classes sociais. Surgiram, então, novos movimentos estéticos, como o humanismo e o classicismo, manifestados também em Portugal. Partiremos de Roma.

Embora tenha produzido a sátira, estilo praticado até hoje – basta nos lembrarmos das várias comédias e dos comediantes que proliferam atualmente –, a literatura romana não tem a mesma relevância da grega, sendo, por vezes, mera imitação dela. Carpeaux (2011, p. 100) é cruel ao defini-la:

> *A literatura romana [...], apesar de ter produzido grandes poetas e grandes prosadores, parece de segunda mão. A comédia romana já se nos revelou como reflexo da comédia nova ateniense, e a tragédia de Sêneca será reflexo da tragédia de Eurípides. Os poetas líricos romanos imitam [...] Safo; Virgílio seria a sombra de Homero; os leitores e historiógrafos acompanham os métodos gregos; os filósofos romanos procuram, como ecléticos, um caminho de compromisso entre as discussões das escolas de Atenas e da Ásia Menor. Em geral, é uma literatura de imitação.*

Para o teórico, os escritores da República e do Império Romano emulavam os grandes nomes da produção literária da Grécia, no ensejo de permancerem fiéis à arte grega. **Plauto**, dramaturgo cômico, por exemplo, seguiu os passos de Aristófanes, e, embora não muito original, alcançou bastante sucesso. Segundo Carpeaux (2011, p. 107), o seu teatro *é popular; quer fazer rir as massas, e consegue o seu fim, porque Plauto é um sabidíssimo profissional da cena, o criador de todas as intrigas e complicações burlescas para todos os tempos: um gênio do palco. Fala a língua do povo, não a dos literatos, ao ponto de criar as maiores dificuldades aos nossos filólogos, acostumados à fala ciceroniana. Ao mesmo tempo, esse gênio da gíria dispõe de inesperada riqueza de metros complicados, de modo que a relação entre o verso plautino e a poesia grega constitui objeto de estudos importantes [...] [que] revelam o terceiro gênio de Plauto, o seu gênio poético, lírico, grego.*

Suas peças populares são algumas das obras mais antigas em latim que permaneceram intactas. Quanto ao estilo, suas produções têm como fonte o modelo grego, adaptadas para as audiências romanas, o que ocorria também em outras formas culturais, como a mitologia, a filosofia e a arquitetura, que tinham como objetivo atender ao gosto romano. A obra de Plauto inspirou muitos outros escritores, entre eles os prestigiados dramaturgos Shakespeare (1564-1616) e Molière (1622-1673).

Plauto foi acusado de zombar das divindades em muitas ocasiões, pois as figuras que o comediante criou podem muitas vezes ser equiparados a deuses — seja para elogiar, seja para escarnecer. O autor também recriou a ideia de personagem ao apresentar a figura do escravo esperto, que trapaceia seus opressores ou se compara a personalidades heroicas e não exerce apenas as funções figurativa e humorística, mas também leva adiante a trama das histórias. Entre suas peças estão O *soldado fanfarrão*, A *comédia da marmita* e A *comédia dos burros*.

Catulo, dotado de um estilo mais sofisticado, uniu-se a um círculo de poetas de ideais estéticos comuns, os "poetas novos", que rompia com o passado literário grego (mitológico). Assim, passou, entre outras características, a embasar suas obras em assuntos tidos como menos elevados pelos seus detratores, pois abandonou a poesia épica homérica e a substituiu por breves versos dedicados a casos célebres de amor dos mitos ou a temas da natureza, como o pardal. Empregava a linguagem coloquial e versos ligeiros e demonstrava seu humanismo simulando o acesso aos recantos mais íntimos do homem, sempre mantendo o cuidado com a técnica. Seus textos sobreviveram aos séculos que se seguiram e foram exemplo para escritores de grande renome, como T. S. Eliot (1888-1948) e Charles Baudelaire (1821-1867). Para Carpeaux (2011), Catulo é o primeiro poeta que se comove com a paisagem.

A Ovídio são imputadas muitas peças menores. Ao lado de Virgílio e Horácio, é considerado um dos expoentes da literatura latina, o que, para Carpeaux (2011, p. 213), é uma injustiça: "Com mau gosto infalível, a posteridade elegeu Ovídio, o mais sentimental entre os elegíacos romanos, excessivamente sentimental porque desiludido pela própria fraqueza, e conferiu-lhe uma glória póstuma sem par". Seu estilo leve, jocoso e pessoal – às vezes o eu lírico de seus poemas é o próprio Ovídio, que trata de sua vida pessoal com muito mais profundidade que outros poetas romanos – conferiu-lhe popularidade, mas não qualidades literárias. Sua obra é vasta e variada: produziu cartas imaginárias de amantes famosos, inspirando os trovadores da Idade Média, e um tratado da conquista amorosa, o qual poderia ser o primeiro livro de autoajuda a ser publicado, que é a *Arte de amar*, do qual extraímos alguns "conselhos":

> As lágrimas também são úteis; com elas vencerias até a dureza dos diamantes. Faz de modo que tua amada veja o pranto nas tuas faces. Se as lágrimas não vierem (porque nem sempre obedecem à nossa vontade), molha os olhos com a mão. Qual o homem experiente que não mistura os beijos às palavras de amor? Mesmo que não tos dê, rouba-os. Em princípio, resistir-te-á, e pode acontecer que te chame "insolente" – mas pensa que, apesar da sua resistência, deseja ser vencida. Mas não a magoes com beijos desajeitados nos delicados lábios e evita que se queixe da tua rudeza.[*] (Ovídio, 1974, p. 33)

Se as conquistas amorosas não forem bem-sucedidas, Ovídio oferece-nos o *Remedia Amoris*, explicando como se livrar das dores do amor. Mas é pelas *Metamorfoses* que Ovídio conquistou a glória, inspirando Dante (1265-1321), Shakespeare e Milton (1608-1674). Elas abordam diversos contos mitológicos amplamente conhecidos – Vênus e Adônis, Píramo e Tisbe, Perseu e Andrômeda, Eco e Narciso, Ícaro, Níobe, Orfeu, Midas etc. – e estão escritas em hexâmetro datílico, conhecido como a *métrica épica*, forma utilizada na *Eneida* de Virgílio e na *Ilíada* e na *Odisseia* de Homero. Ovídio faleceu no ano de 17 d.C. na atual Constança, na Romênia, país que atualmente o considera o primeiro poeta romeno.

Horácio, além de poeta lírico e satírico, apreciava a filosofia. A predileção pela literatura e a desenvoltura para a elaboração de versos resultou em uma amizade com outro poeta romano,

---

* Esta tradução não considera os versos, o que faz perder um pouco do "sabor" original.

Virgílio, que o apresentou ao ministro do Imperador Augusto, Mecenas (daí o termo *mecenato*), que patrocinou seu trabalho e concedeu-lhe uma casa no campo, onde Horácio dedicava-se às suas obras e recebia visitas de amigos e intelectuais.

Embora não fosse um filósofo, alguns temas **epicuristas** destacam-se em sua obra, como a importância de se aproveitar o presente (*carpe diem*), o reconhecimento da brevidade da vida e a busca pela tranquilidade (*fugere urbem*), como é possível perceber em seus famosos versos: "[...] carpe diem quam minimum credula postero. [...] colhe o dia, quanto menos confia no de amanhã" (tradução de Achcar, 1994, p. 88).

Para Carpeaux (2011, p. 123), o verdadeiro Horácio é um poeta muito culto que se refugia no campo em uma atitude egoísta, para desfrutar de seus próprios prazeres e melancolias:

> Horácio [...] é, talvez, o maior entre os poetas menores: sensível sem sentimentalismo, alegre sem excesso, espirituoso sem prosaísmo. Para falar em termos da filosofia antiga, é um eclético, como Cícero e quase todos os romanos: dado ao gozo epicureu da vida, e capaz de atitudes estoicas. Verifica-se certa ambiguidade em Horácio, e esta, aliada ao domínio perfeito e até virtuoso da língua e de todos os metros da poesia grega, criou um poeta autêntico. [...] mas sente ligeiros acessos de melancolia ao pensar na instabilidade das coisas deste mundo: "Carpe diem!", recomenda. [...] Sempre o atrai a retirada para a vida pacífica nos campos.

[...] E não só culto, mas que sabe viver, e que se retira, em tempos de guerra civil e perturbação social, para a vila no campo e para a poesia. Estaremos em presença de um evasionista? Não. Ele é antes um grande egoísta. São apenas os seus prazeres e as suas melancolias que o preocupam. Nas tempestades do mundo lá fora, Horácio conserva a cabeça e o bom senso: o que importa é o homem, o indivíduo. Não é romano típico, mas é poeta romano típico.

Virgílio ficou conhecido nos estudos literários pelo destaque que Dante Alighieri lhe concedeu em *A divina comédia*, estabelecendo um diálogo literal com ele no grande tempo ao caracterizá-lo como o guia que o conduz ao inferno e ao purgatório:

Falei, então, curvando respeitosamente a fronte: "Oh! Tu, tu és Virgílio, cuja eloquência... qual fonte... jorra versos fartamente? Mestre dos poetas, luz que os ilumina! Valha-me o longo tempo em que, com profundo amor, entreguei-me à leitura de seus versos em busca de sapiência! És meu único modelo no mundo; graças a ti, hoje o mundo louva a harmoniosa feição dos meus versos. (Alighieri, 2002, p. 10)

Restaram poucas referências precisas em sua biografia, mas sabe-se que era amigo de Horácio e, como ele, protegido por Mecenas. Entre suas principais obras estão as *Bucólicas*, obra produzida em sua mocidade, na qual o tema dos pastores amorosos mescla-se às alusões a acontecimentos políticos; as *Geórgicas*, poema didático e realista, no qual descreve as formas de cultivo da terra com observações de fundo político.

Sua obra-prima é *Eneida*, que narra a lenda do guerreiro Eneias, o qual, após a guerra de Troia, teria fugido e chegado à península Itálica, onde se estabeleceu, fundando Roma e dando origem ao povo romano. Para Carpeaux (2011, p. 218-219, grifo do original),

> *A esta "Mãe Itália" está dedicada a* Eneida. *Comparações com Homero, provocadas pela imitação manifesta, não são, no entanto, convenientes. O espírito é diverso. O estilo "rápido, direto e nobre" é substituído por certa dignidade melancólica e monótona; o espírito bélico, pelo civismo e senso de justiça; o antropomorfismo, pela fria religião de Estado. Mas Virgílio é o que Homero não foi e não podia ser: é artista. Um artista incomparável do verso, da música das palavras.*

Virgílio morreu antes de completar os últimos versos da obra e, por isso, acredita-se que teria mandado queimá-la, o que, para a cultura italiana, seria bastante lamentável, pois, se isso ocorresse, os italianos teriam perdido o texto que é considerado sua epopeia nacional, como a *Odisseia* o é para os gregos e *Os lusíadas* para os portugueses.

A ideia central na obra de Virgílio é a utopia – romântica nas *Bucólicas*, social nas *Geórgicas* e política na *Eneida* – melancolicamente vista como muito distante em sua época, mas ele permanecia esperançoso por dias melhores.

Entre os autores em prosa podemos citar **Cícero**, que, além de escritor, foi filósofo, orador, advogado e político. Apresentou aos romanos as escolas da filosofia grega e sua obra *De Natura Deorum* foi considerada por Voltaire (1694-1778) o melhor livro da Antiguidade. Também podemos indicar **Lucrécio**, que escreveu o poema *Sobre a natureza das coisas*, no qual expõe a crença de que a alma é mortal e foi o medo da morte que fez surgir o mito da imortalidade. O pensador anseava por fazer com que os romanos se dissociassem do domínio da religião por meio da difusão dos ensinamentos epicuristas. Embora apresente temática filosófica, seu poema tem também importância literária.

O mais importante autor em prosa do período, em Roma, foi **Sêneca**, um dos mais célebres advogados, escritores e intelectuais do Império Romano, que inspirou o desenvolvimento da tragédia na dramaturgia europeia renascentista. Veio de família ilustre e abastada, que lhe proporcionou boa formação e influência social. Estudou filosofia grega, principalmente a escola estoica, e foi conselheiro de Nero, mas não conseguiu frear a índole má do imperador, sendo condenado à mesma pena de Sócrates [ca. 469 a.C.-399 a.C.]: cometer suicídio. Sêneca não foi propriamente um filósofo, mas sim um entusiasta da filosofia; era mais poeta e humanista. O elemento preponderante em suas obras são os sentimentos, mais que as ideias, com as quais pouco contribuiu. Sua prosa é vivaz, variada, alegre, moderna e eterna.

Sêneca viveu no mesmo período que Jesus Cristo, mas curiosamente não apresenta relatos a seu respeito; apenas sabe-se que teria se correspondido com o apóstolo Paulo. Acredita-se que teria transmitido aos cristãos os princípios do estoicismo.

Sua obra literária é marcada pela prosa coloquial e seus trabalhos exemplificam uma maneira de escrever retórica, declamatória, com frases curtas, conclusões epigramáticas e emprego de metáforas. A ironia é a arma empregada por Sêneca com maestria, principalmente nas tragédias que escreveu – as únicas do gênero na literatura da antiga Roma –, que são versões retóricas de peças gregas e substituem o elemento dramático por efeitos brutais, como assassinatos em cena, espectros vingativos e discursos violentos, numa visão trágica e mais individualista da existência. Além das *Consolações*, sua obra "filosófica" mais conhecida, deixou versões das tragédias gregas *Hércules furioso*, *As troianas*, *As fenícias*, *Medeia*, *Fedra*, *Édipo*, *Agamenon*, *Tiestes* e *Hércules no Eta*.

Anos mais tarde, **Prudêncio** (348 d.C.-410 d.C.), viria a se tornar o expoente da poesia cristã dos últimos anos da Antiguidade. De família abastada, teve acesso a uma educação primorosa e ao cenário do poder de Roma. Tornou-se ascético em seus últimos anos, quando iniciou sua produção poética. *Psicomaquia* (*psyche*, "alma", e *mache*, "luta") é sua obra, que contém 1.000 versos, que contam a vitória da fé cristã sobre as vicissitudes do estilo de vida pagão.

Quanto ao estilo, a obra se assemelha à produção de Virgílio. No entanto, ao personificar as virtudes e os vícios, alegorizando-as, a *Psicomaquia* tornou-se um modelo popular na produção cultural do período medieval, influenciando tanto a literatura, como a de

Dante, quanto outras formas de arte, como a escultura e a pintura. A imagem a seguir, detalhe de uma pintura de **Hieronymus Bosch** [ca. 1450-1516], mostra um exemplo da alegorização dos pecados.

Com a invasão dos bárbaros germânicos e a queda do Império Romano do Ocidente, o feudalismo se consolidou na Europa e a Igreja Católica começou a controlar a produção cultural, resguardando nos mosteiros a língua e a civilização latinas. **Essas modificações na sociedade da época marcaram o início da Idade Média.** Novas produções textuais só viriam a surgir novamente por volta do ano 1000, com as narrativas fantasiosas de guerras que recriaram a figura do herói. Nesse momento surgiram também os trovadores e deu-se início à literatura em Portugal.

doispontodois
Outras expressões literárias da Idade Média

Antes de analisarmos o ano 1000 no contexto europeu com maior profundidade, trataremos da produção literária entre os anos 100 d.C. e 1000 em outras regiões, como a Índia, que nos legou o *Mahabharata*, ou "A grande história dos Bharatas", como se traduz seu título, o principal épico religioso da civilização indiana – e também o maior poema do mundo, com cerca de 200.000 versos, que equivale a sete vezes a soma da *Ilíada* com a *Odisseia*. Em sânscrito, *bharatas* significa originalmente "saqueadores", termo que deu nome às tribos arianas que teriam ocupado a Índia em torno de 1700 a.C. O livro só ganhou sua forma definitiva no século II d.C., mas acredita-se que a maioria dos versos foi compilada no século IV a.C. – apesar de serem bem mais antigos na tradição oral, como quase todos os textos religiosos. A coletânea é creditada ao sábio Vyasa, personagem mítico considerado autor de outras escrituras sagradas do hinduísmo, como os Vedas e os Puranas.

O *Mahabharata* narra a guerra entre Pandavas e Kauravas, duas famílias de origens próximas, que lutam pela posse de um reino no norte da Índia. Os ensinamentos de Krishna sobre a melhor forma de lutar compõem o trecho mais famoso do poema, conhecido como *Bhagavad Gita* ("Canção do divino mestre"). Outros temas tratados são a espiritualidade e a ética do guerreiro, permeada por regras que impedem o ataque covarde. As batalhas deveriam terminar sempre ao pôr do sol para permitir que, à noite, houvesse confraternizações entre os soldados de ambos os lados.

> ## Para saber mais
>
> O artigo a seguir, publicado na *Superinteressante*, traz considerações bastante esclarecedoras sobre o *Mahabharata*:
>
> SARMATZ, L. O que é o Mahabharata? **Revista Superinteressante**, fev. 2002. Disponível em: <http://super.abril.com.br/religiao/mahabharata-442662.shtml>. Acesso em: 2 ago. 2017.

Na **Turquia**, podemos citar a obra de **Eusébio de Cesareia** (265 d.C.-339 d.C.), não propriamente literária, mas que exerceu grande influência por reforçar o poder da Igreja ao utilizar uma história universal para embasar a história eclesiástica. Para Eusébio, a Igreja é a maior motivação da humanidade. Em sua obra são encontradas as primeiras expressões da história do cristianismo primitivo. Tinha um método rigoroso e, como seus textos foram preservados, junto a eles estão as citações cuidadosas que fazia, tornando-se importante documento para futuras pesquisas.

HISTÓRIA DA LITERATURA UNIVERSAL

Seus dois textos com relatos históricos são a *Crônica* e principalmente a *História da Igreja*, na qual Eusébio remonta ao surgimento da Igreja desde os apóstolos até o período em que o escritor viveu. Outros trabalhos menores também foram preservados. A ele seguiu-se, por volta dos anos 500, **Procópio de Cesareia** (500-565), que, além de conterrâneo, era também historiador, dedicando-se a narrar as histórias das guerras no governo de Justiniano.

No **Japão**, a primeira contribuição para a formação de sua literatura é a mais antiga grande coleção de poesia nativa, o *Man'yōshū*, ou *Coletânea de dez mil folhas*, compilada em torno de 780, durante o período Nara (710-794). Trata-se de uma antologia memorável composta por mais de 4.500 poema, distribuídos em 20 volumes. A compilação dos poemas é de autoria desconhecida, mas há a hipótese de que registros já existissem, reunidos à antologia concebida por Ōtomo-no-Yakamochi (718-785).

A obra foi escrita em caracteres chineses, que era a língua dos nobres, embora o *Man'yōshū* tivesse poemas acessíveis a todas as classes sociais: além dos poemas de Ōtomo-no-Yakamochi, a antologia reúne poemas de imperadores, nobres, humildes camponeses, poetas da corte e outros tantos de autoria desconhecida, ou seja, sua grande abrangência cobria a variedade social. Provém de uma época fortemente influenciada pela cultura chinesa e provavelmente seus próprios compiladores tinham formação na literatura dessa nação.

Por volta do ano de 700, sob a tônica da religiosidade característica do medievalismo, foi concebido o livro sagrado do Islã, o Alcorão, palavra que "literalmente significa 'leitura por excelência' ou 'recitação'" (Alcorão, [S.d.], p. 26). Os muçulmanos creem que ele traz a palavra literal de Deus (Alá) revelada ao profeta Maomé (Muhammad), que nasceu na Península Arábica, divida entre romanos e persas, numa época em que os impérios Persa e Bizantino dividiam o poder entre si, o que provocava problemas religiosos, políticos, sociais e econômicos. O texto não foi inicialmente concebido como livro: à medida que era agraciado com as revelações (por intermédio do anjo Gabriel), o profeta solicitava aos seus discípulos letrados que transcrevessem os textos (pois era iletrado). O texto foi preservado em materiais dispersos tão variados, como "em pedaços de couro, em folhas de tamareira e em pedras polidas" (Alcorão, [S.d.], p. 13).

Em seu texto, há a descrição das origens do universo, do homem e de suas relações com o Criador, além de princípios das leis para a sociedade, da moralidade, da economia, além de explanações sobre outros temas. "Acrescente-se que esse livro pregou o respeito a todas as outras religiões Divinas, a seus profetas, a seus Livros e a seus mensageiros, pregando a tolerância e o amor entre os homens" (Alcorão, [S.d.], p. 13).

Há muitas personagens bíblicas, como Adão, Noé, Abraão, Moisés, Jesus, Maria (a mãe de Jesus) e João Batista, que são citados no Alcorão como profetas do Islã. No entanto, os muçulmanos se referem a essas figuras por nomes em língua árabe, dando a impressão de que são pessoas ou entidades diferentes (por exemplo: Alá é Deus, Iblis é o Diabo, Ibrahim é Abraão). A crença no dia do julgamento e na vida após a morte também fazem parte da teologia islâmica.

Ainda no mundo árabe, uma obra de destaque é *Calila e Dimna*, versão da coleção de fábulas hindus *Panchatantra* ("Cinco casos de sabedoria"), traduzida do persa para o árabe pelo pensador Ibn al-Mukafa [ca. 724-759], fato que possibilitou a consolidação da literatura árabe em prosa, que inspirou a muitos artistas.

Por volta do ano 800, duas importantes coletâneas de poemas, o *Mu'allaqat* e o *Mufaddaliyat*, inauguraram a literatura árabe em versos. O *Mu'allaqat* consiste em um grupo de sete longos poemas e seu nome significa "Os poemas suspensos" (a tradição afirma que esses textos ficavam pendurados e eram declamados). Seus sete poemas, e também os poemas anexados a eles, representam quase todo tipo de poesia árabe antiga. Os temas perpassam questões como a descrição do camelo, a vida dos beduínos, as homenagens aos governantes e a religiosidade. Caracteriza-se um sistema de métrica rigoroso e frequentemente uniforme. Acredita-se que a famosa lenda de Simbad, o marujo, pertença a essa coletânea.

O *Mufaddaliyat*, que significa "O exame de Al-Mufaddal", é outra antologia de antigos poemas árabes, cujo título deriva do nome do poeta Al-Mufaddal, que os compilou entre os anos de 762 e 784. Contém 126 poemas, algumas odes completas, outras fragmentadas, escritas por 67 autores, 2 deles cristãos. Essa coleção, escrita no período da Idade de Ouro da poesia árabe (500-650), é uma fonte valiosa sobre a vida árabe pré-islâmica. Os temas abordados são as virtudes antigas de hospitalidade, as glórias no campo de batalha, a fidelidade à causa da tribo e a celebração do vinho e do jogo, posteriormente proibidos pelo islamismo. A religiosidade e a espiritualidade não são temas recorrentes desses poemas.

Tudo indica que essas coletâneas sobreviveram graças ao trabalho do bibliógrafo árabe Ibn al-Nadim [-995?], que reuniu em seu livro *Kitâb al-Fihrist*, de 938, toda a produção literária em língua árabe, que também inclui o *Livro das mil e uma noites* (Enciclopédia..., 1911; Prampolini, 1940).

O *Livro das mil e uma noites* é uma coletânea em língua árabe do século IX, de histórias maravilhosas transmitidas oralmente pelos povos da Pérsia e da Índia. Há uma tradução para o francês feita em 1704 que tornou o texto bastante popular e, mesmo havendo algumas alterações no texto original, isso não impediu que se tornasse um clássico da literatura mundial.

Hoje é impossível saber quais eram os contos que compunham as primeiras versões das "Mil e uma noites", cujas histórias têm várias origens, incluindo os folclores indiano, persa e árabe. Não existe uma versão definitiva da obra, uma vez que há conflito nos originais árabes no que se refere ao número e conjunto de contos. O ponto em comum nas variadas versões reside no modo de organizar os contos, que são narrados por Scherazade, esposa do Rei Xariar. O rei, enfurecido por ter sido traído por sua primeira esposa, casa-se com uma virgem diferente todas as noites, mandando matá-la na manhã seguinte, para que não possa traí-lo. Scherazade tenta se livrar dessa fatalidade contando diferentes histórias (aventurescas, eróticas ou religiosas) que prendem a curiosidade do rei. Ao amanhecer, ela interrompe cada conto para continuá-lo na noite seguinte, o que a mantém viva ao longo de várias noites – as mil e uma do título. Ao fim delas, o rei, apaixonado por Scherazade, desiste de matá-la, e eles, como em um conto de fadas, vivem felizes para sempre.

Mesmo não havendo certeza de quais contos pertenciam ao texto original, alguns deles ficaram muito famosos no mundo ocidental, como "Aladim e a lâmpada maravilhosa", "Ali Babá e os quarenta ladrões" e, novamente, "As aventuras de Simbad, o marujo".

Um pouco mais tarde, por volta do ano de 1100, ainda no mundo árabe, foi elaborado o *Rubayat*, famoso poema em quadras de Omar Khayyam [ca. 1048-1122], místico, escritor, matemático e astrônomo. O poema, envolvido em mistérios, é considerado no Ocidente um hino aos prazeres dos sentidos e, no Oriente, uma metáfora da relação da alma com Deus. *Rubayat* é o plural da palavra persa *rubai*, que significa "quadras", forma em que os poemas foram compostos, na qual o segundo e o quarto versos são rimados. Os temas tratados são a existência humana, a efemeridade da vida, o êxtase e o amor. O poeta português Fernando Pessoa (1888-1935) e o escritor argentino Jorge Luis Borges (1899-1986) eram apreciadores dessa obra.

doispontotrês
As primeiras novelas de cavalaria

Outra obra marcante da literatura medieval é o poema épico *Beowulf*, escrito por volta do ano 1000, em língua anglo-saxã, apesar de haver teorias que afirmam que o poema já era conhecido há séculos, tendo sido composto e declamado por MENESTRÉIS ao longo dos anos. A história narra eventos ocorridos na atual

Suécia Meridional e relata os feitos de Beowulf, que, com sua excepcional força e coragem, livra os dinamarqueses da ameaça de dois monstros diabólicos. Ele viaja com um pequeno grupo de guerreiros a esse país, onde é recebido pelo Rei Hrothgar e seu povo, e luta para livrá-los dos ataques de Grendel, uma criatura monstruosa. O herói fere Grendel em duelo, utilizando como arma apenas as suas mãos. Em seguida, a mãe de Grendel, também ela um demônio mostruoso, vem vingar a morte do filho com novas carnificinas. Beowulf persegue-a até encontrá-la nos subterrâneos de um lago cercado de monstros aquáticos, onde a mata com uma poderosa espada, criada para matar gigantes. Em seguida, Beowulf e seus guerreiros retornam ao reino e ele assume o trono, pois o príncipe havia falecido.

Durante 50 anos, Beowulf reina em paz, até precisar lutar novamente contra um dragão, despertado por um escravo. Já idoso, o monarca, empunhando a poderosa espada (que, reza a lenda, é a Excalibur, que retorna a Avalon, toma um formato diferente e é usada pelo Rei Artur) e protegido por um escudo de ferro, entra na caverna onde se encontrava a besta e, com a ajuda de seu fiel guerreiro Wiglaf, consegue desferir uma punhalada fatal na criatura cuspidora de fogo, mas não resiste aos ferimentos causados pelo monstro. Antes de perecer, nomeia Wiglaf seu sucessor no trono. A história termina com o funeral de Beowulf, "cujo corpo foi queimado em uma grande pira funerária e seus companheiros rodeavam o túmulo cantando, para manifestar seu pesar e lembrar das proezas do bom e grande homem, Beowulf" (Bulfinch, 2001, p. 412).

O poema faz menção ao momento violento prevalente quando foi escrito, repleto de batalhas sanguinárias, quando se valorizava principalmente a honra, a coragem e a força. A fidelidade ao rei manifestada pelos guerreiros é outro valor em destaque. Por ter essa temática, *Beowulf* pode ser considerado uma novela de cavalaria.

Esse marco na literatura medieval serviu como fonte de inspiração para outras obras literárias, incluindo a famosa saga do escritor inglês J. R. R. Tolkien (1892-1973), *O senhor dos anéis*. Também foi várias vezes adaptado para o cinema (Bulfinch, 2001, p. 410-412).

Continuando a temática dos cavaleiros heroicos, citamos **Geoffrey de Monmouth** [ca. 1100-1155], na região da Grã-Bretanha, um clérigo que foi um dos principais responsáveis pelo desenvolvimento da historiografia britânica e pela popularização das novelas sobre o Rei Artur, os Cavaleiros da Távola Redonda e as aventuras em busca do Santo Graal (o cálice do sagrado). Ele é muito prestigiado por sua *Historia Regum Britanniae* ("História dos reis da Grã-Bretanha"), que remonta à primeira ocupação do território britânico, realizada por Brutus, um descendente do herói troiano Eneias, até chegar às invasões feitas por Júlio César e ao início da dinastia do Rei Lear, uma das primeiras narrativas do ciclo, que mais tarde inspirou Shakespeare. Sua obra foi baseada em alguns documentos históricos, mas também em sua imaginação. É dele também *As profecias de Merlin*, uma série de duvidosas afirmações proféticas atribuídas ao feiticeiro. Por conta da obra de Monmouth, as histórias do Rei Artur e do mago Merlin tornaram-se muito populares.

doispontoquatro
A primeira canção de gesta

As canções de gesta são narrativas anônimas, de tradição oral, que contam as aventuras de guerras (feitos históricos) vividas nos séculos VIII a X, principalmente no período do Império Carolíngio, na região da França. É de lá que vem a mais antiga canção de gesta escrita em língua românica, a *Canção de Rolando*, um poema épico composto no século XI em francês antigo, o qual gozou de grande prestígio no período medieval por toda a Europa e, tal como outras canções do gênero, eram cantadas pelos jograis e exaltava o "patriotismo" no sentido medieval. Sua temática versava sobre as últimas aventuras de Conde Rolando – sobrinho de Carlos Magno e por ele apadrinhado – que, apesar de ter lutado bravamente, não conseguiu se salvar durante a invasão da Península Ibérica pelos árabes.

O poema é composto por 4.002 versos decassilábicos, sem rimas, mas com assonância. Está dividido em quatro partes: "A traição" (versos 1 a 1.016); "A batalha" (versos 1.017 a 2.396); "O castigo dos pagãos" (versos 2.397 a 3.647); e "O castigo de Ganelão" (versos 3.648 a 4.002).

Para Carpeaux (2011, p. 282, grifo do original),

> *Segundo a opinião de certos críticos estrangeiros, os franceses exageram o valor da* Chanson de Roland; *a "geste" não poderia comparar-se às grandes epopeias populares das outras nações. Essa opinião não se justifica. É verdade que a* Chanson

de Roland *carece de arte consciente, de "poesia feita"; mas as outras epopeias populares estão no mesmo caso. O valor dessas produções reside na capacidade de representar uma nação, uma época. Com a nação francesa dos tempos posteriores, nação de patriotas cristãos, a* Chanson de Roland *pouco tem que ver. Roland e outros personagens revelam devoção cristã; porém esta não é motivo da sua ação. E patriotismo, no sentido moderno, a Idade Média não o conheceu. A "Dulce France", palavra chave do poema, só revela que o último redator do texto atual conhecia Virgílio, mas o espírito da obra não é virgiliano. Os costumes que a epopeia apresenta são um grande anacronismo; os guerreiros do século VIII aparecem como cavaleiros feudais; está em contradição com isso o exagero, evidentemente primitivo, das forças físicas e das façanhas corporais. Sentimentos mais delicados não existem – além do forte sentimento de honra – e não há nenhum vestígio de psicologia. Mas, com isso, o poema está perfeitamente caracterizado. Os costumes feudais e as expressões religiosas não passam de um verniz. A* Chanson de Roland *representa a época em que os franceses estavam mal cristianizados, e, por assim dizer, ainda não eram franceses. Eram francos.*

Alguns historiadores acreditam que as canções de gesta eram bastante cantadas nos mosteiros ao longo do Caminho de Santiago, que liga a França a Santiago de Compostela, na conhecida rota de peregrinação da Europa medieval, que atrai peregrinos até hoje (e inspirou Paulo Coelho a escrever o *best-seller* brasileiro O *diário de um mago*). Essas canções serviam como entretenimento e também como motivação espiritual aos peregrinos.

Embora a religiosidade do período medieval tenha deixado suas marcas na produção literária, é possível observar que várias outras possibilidades de narrar a existência do homem foram lançadas. É de se lamentar que a maior parte do que foi produzido nessa época já tão fértil em criatividade e imaginação tenha se perdido, mas os anos seguintes se encarregaram de retomar o que já foi criado, além de conceber novas maneiras de enxergar e interpretar o papel do homem no universo, abrindo as portas para encontrá-lo cada vez mais complexo.

doispontocinco
A consolidação da literatura (1200-1400)

Os acontecimentos históricos que se desdobraram entre os séculos XI e XIV contribuíram para tornar a existência humana mais complexa. A urbanização promovida pela decadência do regime feudal e o surgimento dos comerciantes, que prosperaram muito em decorrência dos mercados abertos pelas Cruzadas, fez também com que surgissem aglomerações humanas vivendo em condições higiênicas inadequadas, tornando favorável o quadro para o surgimento de doenças e infestações, sendo a mais grave delas a peste negra, que devastou a Europa. A França e a Inglaterra saíram fragilizadas da Guerra dos Cem Anos, no mesmo período em que se consolidou a formação dos Estados Nacionais. Todos esses acontecimentos trouxeram reflexos para a produção literária graças ao declínio da Idade Média e ao início do humanismo renascentista. As manifestações literárias ainda tinham pendor religioso, mas a transição para os moldes renascentistas já podia ser verificada, como o retorno às fontes culturais greco-romanas.

Na Islândia foram concebidas as *Eddas*, compilação de mitos nórdicos. Na Itália, podemos destacar Dante Alighieri, autor de *A divina comédia*, Giovanni Boccaccio (1313-1375) e Francesco Petrarca (1304-1374). Na Inglaterra, podemos citar Geoffrey Chaucer (1343-1400) e seus *Contos da Cantuária*. A literatura portuguesa começou a ganhar forma com o trovadorismo e as poesias líricas palacianas e satíricas, como as cantigas de amor, de amigo, de escárnio (crítica indireta) e de maldizer (crítica direta), além das novelas de cavalaria, crônicas, hagiografias e dos livros de linhagens.

Para lembrar

- Ano de 1291 – Fim das Cruzadas e expansão do comércio. Declínio da ordem feudal, decorrente dos efeitos da peste negra (1348) e da Guerra dos Cem Anos (1337-1453) entre França e Inglaterra.
- Ano de 1439 – Invenção da imprensa.
- Ano de 1453 – Queda de Constantinopla.

Eddas, ou simplesmente *Edda*, é o nome dado ao conjunto de textos encontrados na Islândia (originalmente em verso) e que traz uma compilação das histórias referentes aos personagens da mitologia nórdica. Provavelmente tem origem nas narrativas orais que foram posteriormente escritas. Existem várias teorias referentes à origem do termo *Edda*: uma delas sustenta que é idêntica à palavra que parece significar "a bisavó"; outra argumenta que *Edda* significa "poética", e uma terceira defende que significa "O livro de Oddi", sendo Oddi o lugar onde Snorri Sturluson [ca. 1179-1241], o provável autor da *Edda* em prosa, foi educado.

São duas as compilações: a *Edda* em verso e a *Edda* em prosa. A primeira divide-se em dois grupos: um que fala da criação e do fim do mundo e outro que se refere sobretudo aos feitos heroicos dos deuses Odin e Thor, além das sagas sobre os grandes heróis *vikings*. A *Edda* em prosa destinava-se aos jovens poetas, intruindo-os. O poeta e historiador Snorri intencionava, com essa coletânea, contribuir para a formação de poetas no estilo clássico escandinavo, semelhante aos jograis (Nova Enciclopédia..., 2001a). Segundo Carpeaux (2011, p. 233, grifo do original), constituem

> *verdadeiro compêndio da mitologia nórdica, de Odin, Thor, Frigg, Freyr, Loki, sem a mínima influência cristã, sem as atenuantes poéticas e subentendidos filosóficos, que o romantismo e Wagner introduziram nas suas versões anacrônicas. O mesmo estado de espírito enforma a historiografia de Snorri Sturluson; a sua* Heimskringla *é uma coleção admirável das sagas*

históricas que se referem aos primeiros séculos da história no-ruego-irlandesa. As "sagas" constituem uma literatura sui generis. São relatos rigorosamente históricos, às vezes biográficos, que ora tratam da biografia de uma família inteira, ora se limitam à autobiografia [...]. O estilo do relato é lacônico, abrupto como a linguagem deles. Não se sente a mínima influência do latim, fato que torna as sagas fenômeno único na literatura medieval.

Agora vamos para a Itália, para conhecer melhor **Dante Alighieri**, considerado o primeiro e maior poeta da língua italiana. Órfão de mãe ainda criança, aos 9 anos apaixonou-se por uma menina chamada Beatriz, com quem não se casaria nunca porque ambos foram prometidos a outras pessoas pelas suas famílias. Para seu grande pesar, sua amada morreu aos 24 anos.

Georgios Kollidas/Shutterstock

Dante acabou se interessando por política e passou a levar uma vida atribulada por conta de perseguições ideológicas. Sua primeira produção literária foi *A vida nova*, poemas dedicados a sua musa inspiradora. Em seguida vieram o tratado filosófico *O banquete*; o texto em defesa da língua italiana *De Vulgari Eloquentia* e os volumes iniciais da obra enciclopédica *O convívio*. Sua obra-prima é *A divina comédia*, poema com 100 cantos, divididos em três livros ("Inferno", "Purgatório" e "Paraíso") – o primeiro livro com 34 cantos e os demais com 33. O texto traz uma descrição da viagem de Dante através do Inferno, do Purgatório e do Paraíso para encontrar sua amada Beatriz. Em sua passagem pelas duas primeiras localidades, o personagem é conduzido pelo poeta Virgílio (sobre quem já falamos, autor da *Eneida*). Na última, encontra Beatriz e passa a ser guiado por ela.

A forma como o Inferno é descrito é extremamente instigante; o sofrimento dos penitentes é narrado em um contexto vibrante (daí o termo *dantesco*) e se tornou mais popular que os outros dois livros, o "Purgatório" e o "Paraíso", que contêm reflexões mais sofisticadas. O poema chama-se *A divina comédia* não por ser engraçado, mas porque termina bem (no Paraíso). Era esse o sentido original da palavra *comédia*, em contraste com a tragédia, que terminava, em princípio, mal para os personagens. Carpeaux (2011, p. 359) acredita que é possível

> ler a Divina Comédia assim como se fosse uma obra de hoje, apesar das mil dificuldades criadas pelas alusões eruditas e políticas. É uma obra viva, capaz de despertar paixão e entusiasmo; porque não é uma epopeia. Entre as grandes obras da literatura universal às quais a convenção chama "epopeia", a Divina Comédia é a única que não tem nada que ver com os modelos antigos. Nem sequer com a Eneida, apesar de o autor desta ser um dos personagens principais da obra de Dante.

Francesco Petrarca foi buscar na Antiguidade o ideal de intelectual ao cultivar os clássicos e, por isso, tornou-se um humanista, sendo considerado o fundador do movimento estético do **humanismo**. Foi poeta, erudito e diplomata. Segundo Carpeaux (2011, p. 368), "Petrarca é o primeiro poeta inteiramente pessoal das literaturas modernas. É o primeiro poeta em que existem só motivos psicológicos, sem intervenção do sobrenatural. Petrarca é, na literatura, um grande revolucionário". O autor introduziu a nova estética sentimental, destacou a importância da solidão e do estudo, sem se desvincular da crença religiosa, e foi também um grande bibliógrafo. Sua musa inspiradora era Laura, a mulher amada, porém casada, a quem se refere em *Rerum Vulgarium Fragmenta* ("Fragmentos em língua popular"), mais conhecidos pelo nome de *Il Canzoniere*. Embora o poeta a retrate com certo realismo, a relação dos dois oscilava entre o desejo do homem e os ideais da moral religiosa, o que o levava a estados de melancolia, tornando-o o precursor do sentimento amoroso angustiante próprio do modernismo.

Outro importante humanista foi **Giovanni Boccaccio**, poeta e crítico literário italiano, especializado na obra de Dante Alighieri. Ao ler *A comédia,* ficou tão fascinado que a renomeou de *A divina comédia,* título com que a obra foi imortalizada. Redigiu uma das primeiras biografias de Dante, o *Trattatello in laude di Dante*, também conhecido como *Vita di Dante*.

É autor de várias obras, incluindo *Decamerão*, além do poema alegórico *Visão amorosa* e *De Claris Mulieribus*, uma série de biografias de mulheres ilustres. O *Decamerão* (do grego antigo: *deca*, "dez" e *hemeron*, "dias")

> não é uma coleção heterogênea de contos, mas uma composição inspirada pela imaginação mais fantástica, e solidamente fundamentada pelo realismo são e saudável de Boccaccio. O seu material não é o outro mundo, como em Dante, mas este mundo, tal como é; Boccaccio, burguês e plebeu, é realista, o primeiro grande realista da literatura universal. (Carpeaux, 2011, p. 375)

Nele temos a história de sete garotas e três rapazes que, tentando fugir da peste negra, instalam-se em um castelo e, para sobreviver ao tédio, criam um jogo segundo o qual cada um dos dez personagens reinaria no castelo por dez dias, sendo obrigados a narrar dez contos. Daí surgem as cem histórias que compõem o *Decamerão*. O tom aparentemente leve dos contos, que falam sobre pecados, sexo e padres, escondem um teor de crítica social por retratar vários segmentos sociais, do camponês ao burguês, da nobreza ao clero, resultando, em contraste a Dante, não em uma comédia divina, mas numa comédia terrestre.

Saindo da Itália, destacamos a figura de **Geoffrey Chaucer**, escritor, intelectual e diplomata inglês. Autor de muitas obras, é mais lembrado pela sua narrativa inacabada, *Contos da Cantuária*, que lhe rendeu o título de "pai da literatura inglesa" pelo fato de ter sido o primeiro autor a escrever em inglês, em vez dos então consagrados francês ou latim, e cujo estilo apurado antecipou-o a William Shakespeare.

Apadrinhado pela corte inglesa, obteve excelente educação, podendo dedicar-se às letras, dominando o francês e o latim, o que lhe permitiu agregar aos *Contos da Cantuária*, iniciados em 1386, passagens inteiras de obras importantes do período, como o *Roman de la Rose*, de Guillaume de Lorris [ca. 1200-1238], do qual fez uma célebre tradução, e da *Consolatione Philosophiae*, do filósofo Boécio [ca. 480 d.C.-524]. Carpeaux (2011, p. 387-389) explica que os *Canterbury Tales*

> são uma coleção de contos medievais, versificados com muita graça e humor. O espírito que os vivifica e os conserva modernos, sopra do Prólogo, em que o poeta apresenta os personagens: membros de uma companhia de romeiros, partindo da Tabard Inn, em Southwark, Londres, para visitar o túmulo do arcebispo-mártir Thomas Becket em Canterbury. É uma galeria impressionante: o knight, o cavaleiro de armadura enferrujada; o moleiro burlesco; o cozinheiro que conhece todas as boas coisas; o jurisconsulto perigosamente esperto; o marujo bonachão e grande larápio; a abadessa, fina e elegante, leitora assídua de romances de amor; o monge godo; o médico que se interessa pela situação financeira dos doentes; o vendedor de indulgências, que precisa mais da sua mercadoria do que os outros; a "Wife of Bath", viúva que já enterrou vários maridos,

mas que tem um coração tão bom que não pode resistir a nenhuma aproximação masculina; o frade hipócrita que só pensa em vinho e mulheres; o clerc, sonhador, carregando tratados de filosofia; o comerciante que só fala de renda e de juros; o bom vigário, coração evangélico e aspecto muito magro – e, entre eles, aparece o próprio Chaucer, que os sabe caracterizar a todos, o primeiro grande retratista da literatura universal e criador de uma "comédie humaine" perfeita: segundo o dizer de Blake, Chaucer deu nome às pessoas como Lineu às plantas; ou como Adão aos bichos. Cada um dos romeiros conta uma história, revelando na escolha do assunto e na maneira de tratá-lo o seu próprio caráter, inspirando os aplausos, censuras e ciúmes dos companheiros, que, deste modo, se caracterizam também: Chaucer é um grande dramaturgo, o primeiro em língua inglesa, e não igualado até Shakespeare.

Todas as histórias retomam o contexto social no qual o narrador e os personagens estão inseridos, expondo o modo de vida medieval com sutileza, pois toda a sociedade medieval está presente em Chaucer, menos as classes mais abastadas e as mais humildes. O autor, como bom burguês, temia ofender a aristocracia e, provavelmente, não nutria simpatia pelos pobres. Podemos notar a famosa "fleuma inglesa", tão distinta da espontaneidade dos italianos (Chaucer esteve na Itália e conheceu a obra dos italianos). Além de tudo, Chaucer, por conta de sua carreira diplomática, não queria se indispor com ninguém.

2.5.1 Em Portugal

O **trovadorismo** predominou como estilo de época na Idade Média ao florescer em Provença, sul da França, no fim do século XII, e dominou a poesia europeia até o século XIV, quando surgiu em Portugal, como poesia, antes da prosa, da mesma forma que em quase todo o mundo. Reflete bem o momento histórico da época, cujo sistema político, social e econômico era centrado nos senhores feudais (nobres) e no clero. O momento cultural foi marcado pelo teocentrismo, tendo Deus como centro de todas as coisas; por essa postura diante da realidade, a Igreja, como representante de Deus no mundo, detinha o saber, distribuía terras e vendia indulgências, sendo a grande depositária do saber e do poder.

A *Cantiga da Ribeirinha* ou *Cantiga de guarvaia* (palavra que designava um luxuoso vestido da Corte), de Paio Soares de Taveirós, dedicada à Maria Pais Ribeiro, amante de D. Sancho, e conhecida como "Ribeirinha", é o primeiro documento literário escrito em língua portuguesa. Iniciou-se assim o trovadorismo, no período compreendido entre 1189 e 1418. A palavra origina-se de "trovador", que designava o compositor da cantiga – "cantiga" porque o poema era cantado com acompanhamento musical (utilizavam-se vários instrumentos musicais, mas principalmente a lira, daí o termo *lírica*).

A poesia trovadoresca era apresentada em duas espécies: a lírica-amorosa, com as cantigas de amor e de amigo, e a satírica, com as cantigas de escárnio e de maldizer. O idioma usado era o galego-português, em razão da unidade linguística entre Portugal e Galiza. As **cantigas de amor** têm origem provençal. Moisés (1986, p. 25) explica que "o eu lírico é sempre masculino e se dirige à dama em termos de vassalagem e subserviência – *mia senhor ou mia dona*" (a palavra *senhor* em galego-português é invariável e significa "minha senhora"); obedece às regras da métrica e convenções do amor cortês (termo relativo à Corte); vive, indefinidamente, a coita amorosa (o sofrimento amoroso) e é idealista.

As **cantigas de amigo** têm origem na Península Ibérica. O eu lírico é feminino e o drama é o sofrimento amoroso da mulher, geralmente pertencente às camadas populares (pastoras e camponesas, que se dirigem em confissão à mãe, às amigas); apresentam caráter mais narrativo e descritivo, têm linguagem simples, traduzem um sentimento natural de amor físico e são realistas.

Nas **cantigas de escárnio**, a sátira é constituída indiretamente, por meio de ironia e do sarcasmo, com palavras "cobertas", ambíguas. Já nas cantigas de maldizer, a sátira é feita diretamente, com agressividade e citação nominal, marcadas por maledicência e linguagem obscena.

> Por ter sido transmitida oralmente, é natural que muito da poesia trovadoresca tenha desaparecido, sobretudo a de antes de 1198. Assim, com o objetivo de preservá-las, foram postas em **cancioneiros** (coletâneas de canções).

As novelas de cavalaria representam a prosa da Idade Média. Originárias da Inglaterra e da França, têm caráter medieval, nasceram das canções de gesta e dividem-se em três ciclos: ciclo bretão ou arturiano, que tem o Rei Artur e seus cavaleiros como protagonistas; ciclo carolíngio, em torno de Carlos Magno e os doze pares de França; e ciclo clássico, com temas greco-latinos.

Dentre as novelas, a *Demanda do Santo Graal* é a mais conhecida e trata da procura do cálice sagrado em que José de Arimateia, segundo a lenda, teria recolhido o sangue de Cristo; é, assim, "uma novela de cavalaria mística e simbólica" e o "maior documento literário que a época nos legou no campo da ficção" (Moisés, 1986, p. 34).

Podemos destacar outras formas literárias de reduzida importância desse período: as crônicas e os livros de linhagens (ou nobilitários) e as hagiografias (vidas de santos). As **crônicas** (ou cronicões), algumas delas ainda escritas em latim, guardam certo interesse pelo fato de representarem o início da historiografia portuguesa. As **hagiografias** nasceram sob a influência da cultura clerical, por meio de traduções de vidas de santos e relatos de milagres; os **livros de linhagens**, por sua vez, são os mais interessantes, pois não se restringem à enumeração das famílias nobres, tratando também de outros temas.

doispontoseis
Humanismo (1400-1600)

Com a publicação do primeiro livro da Bíblia em língua vernácula (alemão), o acesso à palavra divina ampliou-se e as pessoas passaram a questionar as interpretações da Igreja, fênomeno que fez com que os primeiros movimentos protestantes surgissem, o que obrigou o clericato a realizar o Concílio de Trento para tentar resguardar seu poder. Simultaneamente, os rumos que os avanços do conhecimento traziam eram irrefreáveis, o que possibilitou o surgimento do humanismo.

O **humanismo** baseia-se em diversos conceitos associados ao renascimento, como o neoplatonismo, o antropocentrismo, o hedonismo, o racionalismo, o otimismo e o individualismo. É um método de aprendizado que faz uso da razão individual e da evidência empírica para a elaboração de conclusões, estimula a consulta aos textos originais, ao contrário da escolástica medieval, que se limitava ao debate das diferenças entre os autores e comentaristas, e resgata as ideias dos autores clássicos. O humanismo afirma a dignidade do homem e o torna um grande explorador dos mistérios da natureza. Caracteriza-se por uma abordagem fortemente antropocêntrica e racionalista do mundo, sendo o homem, aliado ao raciocínio lógico e à ciência, o juiz de todas as coisas. Tendo como precursor o italiano Petrarca, essa perspectiva da realidade se consolidou no século XV, principalmente por meio dos escritos de Marsílio Ficino (1433-1499), Erasmo de Roterdã (1466-1536), Pico della Mirandola (1463-1494), Thomas More (1478-1535) e François Rabelais (1494-1553).

> **Para lembrar**
>
> - Aproximadamente em 1455 – Publicação da Bíblia de Gutenberg.
> - Ano de 1460 – Fundação da Universidade de Nantes.
> - Ano de 1494 – Assinatura do Tratado de Tordesilhas.
> - Por volta de 1500 – Apogeu da renascença italiana.
> - Ano de 1517 – Início da Reforma Protestante, com a publicação das 95 teses de Martinho Lutero na porta da Igreja do Castelo de Wittenberg.
> - Ano de 1520 – Excomunhão de Lutero pelo Papa Leão X.
> - Ano de 1534 – Confirmação da independência da Igreja Anglicana pelo parlamento inglês.
> - Ano de 1536 – Publicação da obra *A instituição da religião cristã*, escrita pelo reformador religioso João Calvino.
> - Ano de 1540 – Aprovação da criação da Companhia de Jesus pelo papa e luta da Igreja Católica contra os protestantes.
> - Ano de 1541 – Consolidação do poder de João Calvino em Genebra.
> - Ano de 1542 – Autorização do papa para a reorganização dos tribunais da Inquisição.

- Ano de 1545 – Início do Concílio de Trento; reação da Igreja Católica ao avanço do protestantismo; descoberta de minas de prata em Potosí, Bolívia, pelos conquistadores espanhóis.
- Ano de 1572 – O escritor português Luiz Vaz de Camões escreve *Os lusíadas*.
- Ano de 1580 – Portugal e seus domínios são anexados à Espanha. A chamada *União Ibérica* estende-se até 1640.
- Ano de 1588 – A Inglaterra vence a Invencível Armada espanhola e assume a hegemonia dos mares.
- Ano de 1596 – William Shakespeare escreve o grande romance *Romeu e Julieta*.

Erasmo de Roterdã produziu sua obra no espírito do humanismo de sua época. Foi uma figura renomada por seu domínio em inúmeros assuntos e por suas críticas severas à imoralidade do clero e dos ditames católicos apostólicos romanos. Filho ilegítimo de um padre e ordenado monge, escreveu sua obra-prima *O elogio*

da loucura, que defende a tolerância e a liberdade de pensamento e denuncia as ações da Igreja. Trata dos ideais cristãos, primeiro criticando-os e ridicularizando-os, para depois fazer uma defesa emocionante deles, amparada em seu próprio testemunho. Foi amigo de Thomas More e se envolveu em disputas com a Igreja, que o acusou de inspirar Martinho Lutero. Suas obras popularizaram-se pela imaginação e estilo claro e descritivo, e suas sátiras lhe renderam muitos inimigos.

Pico della Mirandola foi um filósofo e humanista de sólida formação erudita. Interessou-se por religião e filosofia, foi discípulo de Marsílio Ficino e apreciava Platão. Criticou os extremos do humanismo, defendendo a preservação das conquistas da escolástica. Acreditava que a capacidade intelectual do homem lhe garantia dignidade por poder mudar a si mesmo pelo livre-arbítrio, pois foi isso que observou na história humana, na qual filosofias e instituições estão sempre evoluindo, fazendo da capacidade de autotransformação do homem a única constante. Por sua crença no homem, que é ao mesmo tempo racional e divino, exerceu profunda influência nas artes, elevando o papel de escritores, poetas, pintores e escultores, como Leonardo da Vinci (1452-1519) e Michelangelo (1475-1564), que, de meros artesãos medievais, passaram a representar um ideal renascentista de artistas considerados gênios que persiste até os dias atuais.

Thomas More, diplomata, escritor e advogado, foi canonizado como santo da Igreja Católica em 1935. Era homem de muito bom humor, caseiro e dedicado à família, muito próximo e amigo dos filhos. Colocou-se contra o divórcio de Henrique VIII em razão da doutrina sobre a indissolubilidade do matrimônio e defendeu a Igreja das reformas protestantes, indispondo-se com o rei, que mais tarde o condenaria à morte, numa das mais graves e injustas sentenças aplicadas pelo Estado contra um homem de honra, consequência apenas de uma atitude despótica e de vingança pessoal. Por sua retidão e fidelidade à Igreja, foi reconhecido como mártir, declarado beato e então canonizado.

A sua obra mais famosa é *Utopia* (em grego, *utopos*, que significa "em lugar nenhum"), inspirada em *A república*, de Platão, na qual idealiza uma ilha com 54 cidades, grandes e magníficas, onde todos falam a mesma língua e respeitam as mesmas leis. As riquezas produzidas são compartilhadas com todos, fato que impede roubos e mendicância. Não há propriedade privada, e os utopianos, além de agricultores, aprendem determinados ofícios, como os de tecelões, pedreiros, oleiros e carpinteiros. As mulheres trabalham nos serviços mais leves, como a tecelagem. As roupas, o trabalho, o repouso, o estudo e as alimentações são previstos e descritos com detalhes e, como não há propriedade nem acúmulo de bens, todos vivem em harmonia e saudáveis, embora haja hospitais para alguma eventual necessidade. Há escravos, mas eles usam correntes e grilhões de ouro, assim como todos os que praticam crimes realmente graves são forçados a usar joias de ouro, deixando claro o desprezo pela ostentação. Não há bares ou bordéis, e o ambiente é de reverência a Deus e de uma vida confortável e alegre. É a sociedade perfeita, com segurança, liberdade, respeito e justiça. Pena que seja uma utopia. Daí surgiu o termo DISTOPIA, caro à literatura contemporânea.

François Rabelais foi um escritor, padre e médico francês do renascimento. É autor das obras-primas cômicas *Pantagruel* e *Gargântua*, que exploravam lendas populares, farsas, romances, bem como obras clássicas. O religioso se serviu da imaginação popular própria do medievalismo, da estrutura narrativa das gestas, do estilo picaresco e da riqueza vocabular para versar sobre alguns dos problemas mais graves do seu tempo, como a vivência religiosa, a administração da justiça ou a guerra justa. Procurou libertar as pessoas da superstição e das interpretações adulteradas que a Idade Média alimentara, porém não se colocava contra o valor divino. Em seus textos, expressava uma original crença no homem e em sua capacidade, metaforizada pelo gigantismo das personagens. Contrário à Idade Média, atacou o ideal da cavalaria, a obsessão por conquistas, o espírito escolástico e, acima de tudo, o sistema educacional, criticando o pedantismo e o dogmatismo da Universidade de Paris (Nova Enciclopédia..., 2001d).

2.6.1 O humanismo em Portugal

O humanismo em Portugal iniciou-se com a nomeação de Fernão Lopes (1385-1459) por D. Duarte, em 1418 – período de transição entre a Idade Média e o Renascimento –, como guarda-mor da Torre do Tombo e terminou com a volta do poeta Sá de Miranda (1481-1558), em 1527, após seis anos na Itália, de onde trouxe novas ideias.

No humanismo, a prosa merece lugar de destaque e, dentro dela, a historiografia em especial. **Fernão Lopes** é considerado o "pai da história" em Portugal e foi incumbido por D. Duarte de escrever a vida dos reis e organizar a história portuguesa. Com ele a historiografia adquiriu valor literário e histórico propriamente dito. Seu mérito reside sobretudo no fato de ter procurado ser moderno, valorizando apenas os fatos documentados.

Nota-se no humanismo certo desinteresse pela poesia, desconsiderada pela burguesia mercantilista da época. Embora ainda conhecida como cantiga, a poesia do humanismo apresenta algumas diferenças, como a separação entre a letra e a música – desaparece o acompanhamento musical e o ritmo é alcançado com os próprios recursos da palavra disposta em versos e estrofes e não na pauta musical. Produzida por poetas da corte e apresentada em saraus nos palácios, a poesia do humanismo é conhecida como *poesia palaciana*.

A poesia adquiriu importância somente no final do período humanista, graças, sobretudo, à publicação da obra *Cancioneiro geral*, uma volumosa coletânea recolhida por Garcia de Resende (1482-1536), que introduziu novidades formais, como o emprego do verso redondilho (o menor, com cinco sílabas, e o maior, com sete sílabas) e novidades temáticas, como a influência clássica (Ovídio); o influxo italiano (Dante e Petrarca) e o uso do espanhol (língua de Castela, em substituição ao galego-português dos trovadores).

2.6.1.1 O teatro popular de Gil Vicente

Durante a Idade Média, antes de **Gil Vicente** (1465-1537), havia representações que ainda não se caracterizavam como teatro propriamente dito, como as **representações litúrgicas**, no altar das igrejas, principalmente no Natal e na Páscoa; os **mistérios**, episódios bíblicos da vida de Cristo; os **milagres**, episódios dramáticos da vida de santos, e as **moralidades**, simbolismo moral dos vícios e virtudes. As personagens eram abstrações personificadas. Havia também representações profanas (fora dos templos), como os **momos**, com os atores mímicos; **arremedilhos**, que eram breves farsas ou sátiras de costumes; e **entremezes**, representações que serviam de *intermezzo*, isto é, entreato.

Com o decorrer dos anos, a população passou a participar de peças não religiosas em pátios de Igrejas, em feiras, mercados e castelos, e assim chegou a Portugal, por meio de Gil Vicente, tido como traço de união entre a Idade Média e a renascença, pois ele se preocupava tanto com a religião quanto com o homem.

A primeira peça vicentina, apresentada em 1502, *O monólogo do vaqueiro*, também conhecida como *Auto da visitação*, festeja o nascimento do filho de D. Maria, esposa de D. Manuel, o futuro rei D. João III. Tem caráter pastoral e religioso e recebeu influência direta de Juan del Encina [ca. 1468-1529]. O teatro de Gil Vicente caracteriza-se, antes de tudo, por ser primitivo, rudimentar e popular, embora tenha surgido e se desenvolvido no ambiente da corte para servir de entretenimento aos serões oferecidos pelo rei.

Algumas de suas peças têm caráter misto, de classicismo oscilante, como o *Auto dos quatro tempos*, mas podem-se distinguir três formas de estrutura cênica: a **farsa**, de tipo social-moral, cujo melhor exemplo é *Quem tem farelos?*; o **auto do enredo**, como a *Farsa de Inês Pereira*; e o **auto alegórico**, quer religioso, como *O auto da barca do inferno*, quer profano, como *Triunfo do inferno*. Dessas três estruturas, a mais comum e que integra maior número de elementos é a do auto alegórico, que melhor representa a concepção vicentina do teatro.

Diferentemente do teatro clássico, o teatro de Gil Vicente não apresenta conflitos psicológicos. Não destaca personalidades individuais e sim tipos sociais, personificações de conceitos e instituições e, ainda, entes sobrenaturais, como diabo e anjos. A maioria dos personagens não tem nome de batismo, sendo normalmente designados pela profissão. Gil Vicente tem uma riquíssima galeria de tipos humanos da sociedade portuguesa: o frade, o sapateiro, a alcoviteira, o escudeiro, a moça de vila etc. O teatrólogo português faz críticas e satiriza todos os setores da sociedade portuguesa sem fazer distinção de classes sociais, indo do nobre ao plebeu. No entanto, o tipo insistentemente observado e satirizado é do frade, que se entrega a amores proibidos e à ganância (venda de indulgências), que ele censura no clero, tornando clara a desconformidade entre os atos e os ideais.

doispontosete
Classicismo (1600)

Classicismo é o nome dado à literatura produzida durante a vigência do renascimento, logo na sequência do humanismo, mas que defendia os mesmos princípios antropocêntricos e racionais. Sua proposta era a de romper com a ideologia medieval, resgatando a cultura clássica, mais ao gosto das pessoas que enxergavam a obra de arte como forma de manifestação de beleza e harmonia. Seu grande representante é William Shakespeare, que, por sua relevância literária, ganha maior espaço.

William Shakespeare é considerado o maior poeta e dramaturgo da Inglaterra, quiçá do mundo, como confirma Carpeaux (2011, p. 807-808):

> *Shakespeare, se bem que outros o tivessem igualado em dados momentos, é imensamente superior a todos os dramaturgos da época quando se lhe considera a obra em conjunto. É o maior dramaturgo e o maior poeta da língua inglesa. Enquanto a criação de um mundo poético completo for mantida como supremo critério, é Shakespeare superior a Cervantes, Goethe e Dostoievski; e só Dante participa dessa sua altura. Enquanto Shakespeare, pela liberdade soberana do seu espírito, está mais perto de nós e de todos os tempos futuros do que o maior poeta medieval, é Shakespeare o maior poeta dos tempos modernos e – salvo as limitações do nosso juízo crítico – de todos os tempos.*

Autor de vasta obra, produziu célebres peças teatrais, sonetos e outros tipos de poemas. É o autor mais traduzido e encenado e suas peças são adaptadas nas mais diversas linguagens (quadrinhos, cinema, televisão) até hoje. Além disso, é o autor mais estudado e analisado nas universidades. Algumas frases presentes em sua obra, como "Ser ou não ser, eis a questão" (Shakespeare, 1976, p. 108), de *Hamlet*, são repetidas em variados contextos.

Seu domínio da técnica teatral atingiu a excelência ao caracterizar personagens de enorme complexidade, que alternam entre o cômico e o trágico, expandindo, dessa forma, suas próprias identidades. Seu grande herói, Hamlet, provavelmente é o personagem shakespeariano mais analisado que qualquer outro. Ele reflete antes da ação em si, é inteligente, perceptivo, observador e detentor de uma grande sabedoria diante dos fatos, ao contrário dos heróis das tragédias que se seguiram, em especial *Otelo* e *Rei Lear*, que são precipitados e mais agem que pensam. Essas precipitações acabam por destruir esses personagens e frequentemente aqueles amados por eles. O vilão Iago acaba convencendo Otelo a assassinar sua esposa inocente, Desdêmona, por quem era apaixonado. Em *Rei Lear*, o velho rei comete o erro de abdicar de seus poderes, provocando cenas que levam ao assassinato de sua filha inocente e à tortura e à cegueira do fiel Conde de Gloucester. Em *Macbeth*, a mais curta e compacta tragédia shakespeariana, temos a incontrolável ambição de Macbeth e sua esposa, Lady Macbeth, que não hesitam em assassinar o rei legítimo e usurpar seu trono, mas são destruídos pela culpa de ambos diante desse ato. Suas últimas e grandes tragédias são *Antônio e Cleópatra* e *Coriolano*, as quais contêm alguns dos melhores versos de Shakespeare.

  Diversos filósofos e psicanalistas estudaram as obras do dramaturgo inglês e a maioria encontrou nela grande riqueza psicológica e existencial. Entre eles, Johann Wolfgang von Goethe

(1749-1832), Arthur Schopenhauer (1788-1860) e Sigmund Freud (1856-1939) – que usou o personagem Hamlet para ilustrar seu "complexo de Édipo" – são os que mais se destacam. No Brasil, Machado de Assis (1839-1908) foi muito influenciado pelo escritor. Diversas fontes alegam que Bentinho, de *Dom Casmurro*, seja a versão tropical de Otelo. Na introdução do conto "A cartomante", Assis utiliza a frase "há mais coisas entre o céu e a terra do que supõe vossa vã filosofia", extraída de *Hamlet*. Segundo o crítico Harold Bloom (2011), a obra de Shakespeare é a única rival possível da Bíblia em força literária.

2.7.1 O classicismo em Portugal

Em Portugal, o classicismo teve início no ano de 1527, com o regresso de Sá de Miranda, após seis anos na Itália, trazendo consigo a **medida nova**, ou seja, os versos decassílabos e o soneto, em oposição à redondilha maior ou menor, tornando-se seu principal divulgador. A poesia foi mais bem assimilada que a prosa por ser considerada mais nobre; assim, o classicismo português se abriu e fechou com poetas: Sá de Miranda e Camões.

Segundo Moisés (1986), durante os séculos XV e XVI, Portugal se tornou muito importante na Europa como Estado, povo, língua e cultura; assim, fazia-se necessária uma obra literária que retratasse todo esse momento de glória. O poema épico *Os lusíadas*, de Luís de Camões [ca. 1524-1580], sacia esse desejo do povo português e se destaca no cenário europeu.

Luís Vaz de Camões foi o maior poeta português, com uma obra multifacetada que abrange diversas correntes artísticas e ideológicas do século XVI, fundamentada em uma experiência pessoal, múltipla e singular. Camões delineou a passagem da tradição literária portuguesa para as inovações introduzidas pelos renascentistas, operando uma sábia síntese.

Um dos temas mais ricos da lírica camoniana é o amor, que é visto como uma ideia (neoplatonismo) e também como manifestação carnal, por isso, ao conceituá-lo, lança mão de antíteses e paradoxos: "Amor é fogo que arde sem se ver / é ferida que dói e não se sente / é um contentamento descontente / é dor que desatina sem doer" (Camões, [S.d.], p. 58).

Segundo Moisés (1986), *Os lusíadas* é o poema que representa a abordagem épica da obra de Camões. O "poema da raça" e a "bíblia da nacionalidade", a obra transmite o espírito dos quinhentistas de Portugal, cujo intento maior era tratar de sua terra em seu momento de maior esplendor.

O título é um NEOLOGISMO e significa "os portugueses"; o tema é a história de Portugal, mas tem como núcleo narrativo a viagem às Índias feita por Vasco da Gama, cuja figura heroica representa todo o povo português. Contém 10 cantos, 1.102 estrofes de 8 versos decassílabos e divide-se em 5 partes: a introdução, da qual fazem parte a **Preposição**, em que o poeta apresenta o que vai cantar, ou seja, os feitos heroicos dos homens ilustres, as façanhas das "armas e os barões assinalados"; a **Invocação**, na qual o poeta invoca as Tágides, musas do Tejo, para que o inspirem; o **Oferecimento** ou a **Dedicatória**, em que oferece o poema a D. Sebastião, rei de Portugal, que custeia a sua publicação; a **Narração**, na qual o poeta relata a viagem propriamente dita dos portugueses ao Oriente*; e, por fim, há o **Epílogo**, a conclusão na qual o poeta apresenta um tom melancólico, e "confessa que cantava um povo tristemente embriagado com as glórias conquistadas no ultramar, tudo transformado numa desalentada confissão de vencido e visionário" (Moisés, 1986, p. 74).

Outro autor da era clássica em Portugal foi **Bernardim Ribeiro** [ca. 1482-1552], cujas poesias têm sido consideradas as primeiras manifestações do bucolismo em Portugal. Colaborou no *Cancioneiro geral* de Garcia de Resende e destacou-se na prosa com a novela *Menina e moça* (ou *Saudades*), apesar de haver dúvidas sobre a sua autoria.

Síntese

Ao retomarmos aspectos que envolvem literatura e religiosidade no período medieval, demonstramos que o diálogo no grande

---

* Aqui, três episódios merecem destaque: o de Inês de Castro, amante do príncipe D. Pedro, assassinada a mando do Rei D. Afonso IV; o das críticas do velho da praia do Restelo; e o do gigante Adamastor, que é uma personificação dos perigos enfrentados pelos navegantes ao transporem o Cabo das Tormentas. Na narrativa, a mitologia desempenha papel importante: Vênus é a favor dos lusos e Baco tenta impedir a façanha portuguesa.

tempo está se ampliando: a literatura da Roma Antiga dialoga com a literatura grega, o Alcorão apresenta semelhanças com a Bíblia, Dante conversa com Virgílio, Camões, com Homero e Shakespeare, com todo mundo. Assim, neste capítulo, apresentamos o processo da intertextualidade, um diálogo entre textos.

Atividades de autoavaliação

1. Por que a contribuição de Eusébio de Cesareia ganhou importância (além de ter ajudado a fortalecer o domínio da Igreja no início do período medieval)?
   a. Porque ele compilou todos os poemas da época.
   b. Porque ele narrou as batalhas e os fatos históricos marcantes do período.
   c. Porque seus textos foram preservados junto com as citações que fazia e, mesmo que os textos citados tenham se perdido, as ideias foram conservadas.
   d. Porque ele listou todos os heróis que já existiram.

2. Geoffrey de Monmouth, autor das primeiras histórias sobre o Rei Arthur e do mago Merlim foi buscar as origens da dinastia britânica em heróis consagrados da mitologia grega. Qual é o herói citado por Monmouth?
   a. Hércules.
   b. Eneias.
   c. Ulisses.
   d. Aquiles.

3. As características pertencentes à *Canção de Rolando* são semelhantes às vistas em outros poemas épicos. Qual alternativa **não** apresenta uma dessas características?

a. Era cantada pelos poetas.
b. Narra as aventuras de um herói.
c. Baseia-se em fatos reais.
d. É o relato fiel do evento histórico.

4. Sobre o trovadorismo, é possível afirmar que:

a. os poemas se manifestam contra a força da Igreja.
b. as cantigas de escárnio e maldizer são caracterizadas por temas de ordem amorosa.
c. as cantigas de amigo caracterizam-se por um eu lírico exclusivamente feminino.
d. as cantigas de amigo apresentam estrutura poética complexa.

5. Relacione as colunas a seguir e indique a sequência correta:

a. Ovídio   ( ) *Carpe diem*
b. Virgílio   ( ) *Psicomaquia*
c. Prudêncio   ( ) *Eneida*
d. Plauto   ( ) *A arte de amar*
e. Horácio   ( ) *O soldado fanfarrão*

Atividades de aprendizagem

Questão para reflexão

1. Você acredita que a força da narrativa poderia adiar uma sentença de morte, como foi o caso de Scherazade? Algumas pessoas chegam a desmarcar compromissos quando estão acompanhando uma novela. O que prende tanto a atenção do público em relação às histórias que lhe são contadas?

Atividade aplicada: prática

1. Assista ao filme *O nome da rosa*, do diretor Jean-Jacques Annaud, e faça uma lista das características da Idade Média que encontrar no filme. Atente para o motivo que desencadeou os crimes investigados pelo frade William de Baskerville.

Indicações culturais

Filmes

A LENDA de Beowulf. Direção: Robert Zemeckis. EUA: Warner Bros., 2007. 115 min.

Foi filmado na Ilha de Sjaelland, perto do local onde hoje fica a cidade de Roskilde, na Dinamarca. Reconstituição fiel do mito sueco.

CAMELOT. Direção: Joshua Logan. EUA: Seven Arts; Warner Bros., 1967. 179 min.

Conta a lenda do Rei Artur e seu amor pela Rainha Guinevere em Camelot e os desdobramentos com a chegada de Lancelot Du Lac, um dos nobres Cavaleiros da Távola Redonda.

O DECAMERÃO. Direção: Pier Paulo Pasolini. Itália: United Artists, 1971. 112 min.

Adaptação dos contos de Boccaccio, repletos de sexo, ataques morais e do melhor humor bufão.

O HOMEM que não vendeu sua alma. Direção: Fred Zinnemann. Reino Unido: LK-TEL Vídeo, 1966. 115 min.

Conta a história de Thomas More, desde o divórcio de Henrique VIII até a perseguição realizada pelo rei.

O NOME da Rosa. Direção: Jean-Jacques Annaud. Itália; França; Alemanha: 20th Century Fox Film Corporation, 1986. 130 min.

Concebido com base no livro homônimo de Umberto Eco, o filme reconstitui os valores da época medieval e destaca as condições em que eram copiados os clássicos da literatura universal existentes na época de quase total domínio da Igreja.

Livro

COELHO, N. N. **O conto de fadas.** São Paulo: Ática, 1987.

Obra de caráter introdutório e bastante acessível que trata das narrativas maravilhosas, explicando as diferenças e semelhanças entre o conto maravilhoso (com elementos mágicos, como gênios e duendes, e de temática social) e o conto de fadas.

um	o início da literatura universal: da oralidade aos primeiros textos
dois	literatura e religiosidade: período medieval
três	**os movimentos estéticos: barroco, Iluminismo e neoclassicismo**
quatro	romantismo
cinco	realismo, simbolismo, parnasianismo e modernismo
seis	mudança de foco no mundo contemporâneo: a queda das certezas

❰O PERÍODO DE transição do medievalismo para o Renascimento não provocou uma ruptura com as questões religiosas, que permaneceram inquietando o ser humano, dividido entre as conquistas da razão e as intuições de fundo místico. Embora o renascimento das artes e das ciências seja considerado uma conquista, esse fenômeno não foi suficiente para aplacar as inquietações humanas, tão presentes no barroco. Evitando um retorno ao misticismo radical, o homem procurou tirar o máximo proveito da razão no Iluminismo e no resgate dos valores clássicos no neoclassicismo. É sobre essas questões que trataremos neste capítulo.

trêspontoum
Barroco (1600)

Para lembrar

- Ano de 1605 – Miguel de Cervantes escreve D. Quixote.
- Ano de 1609 – Galileu Galilei constrói o telescópio. Por imposição da Inquisição, se vê forçado a refutar suas teses sobre o movimento da Terra.
- Entre 1618 e 1648 – Guerra dos Trinta Anos.
- Ano de 1621 – A Companhia Holandesa das Índias Ocidentais é criada.
- Ano de 1643 – Torricelli inventa o barômetro de mercúrio.
- Ano de 1651 – Oliver Cromwell promulga o Ato de Navegação, visando à consolidação da marinha inglesa.
- Entre 1649 e 1658 – Cromwell exerce o poder na Inglaterra.
- De 1661 a 1715 – Luís XIV, o Rei Sol, reina sobre a França.
- Ano de 1687 – Isaac Newton concebe a lei da gravidade.

As consequências da Guerra dos Trinta Anos, série de conflitos travados entre diversas nações europeias a partir de 1618, causados por motivos como rivalidades religiosas, dinásticas, territoriais e comerciais, marcaram o período em que eclodiu o barroco, principalmente por conta das questões religiosas nos países de tradição católica mais forte, como Espanha, Itália e Portugal.

Para Moisés (1986, p. 89), o barroco foi um extenso, mas não intenso período, pois não apresentou o brilho do século anterior, uma vez que "procurou conciliar numa síntese ideal o espírito medieval, considerado de base teocêntrica, e o espírito clássico, renascentista, de essência pagã, terrena e antropocêntrica".

O homem buscava a perfeição e tentava fundir numa unidade as duas correntes que conduziram o pensamento europeu no século XVI – a Reforma e a Contrarreforma. Foi o período das antíteses; "a luta por conciliar o claro e o escuro, a matéria e o espírito, buscando unificar a dualidade básica do homem, dividido entre os apelos do corpo e da alma" (Moisés, 1986, p. 89).

Desse modo, a dicotomia barroca corresponde a dois modos de conhecimento. Primeiro, o conhecimento pela descrição dos objetos, o "como" das coisas; é o processo descritivo que se utiliza de metáforas e imagens (sinestesia) e manifesta-se notadamente na poesia. É um estilo pesado, uma linguagem rebuscada, que faz uso de neologismos, hipérbatos, trocadilhos e demais figuras de linguagem e se preocupa com o culto da forma, o **cultismo** – que recebeu o nome de *gongorismo*, na Espanha, por ter sido o poeta espanhol **Góngora** (1561-1627) o maior representante desse estilo.

O segundo modo diz respeito à análise dos objetos, para conhecer-lhes a essência, saber o que são as coisas e conceituá-las. Utiliza-se da inteligência e da razão procurando estabelecer silogismos em torno delas e, por isso, manifesta-se principalmente na prosa. Recebeu o nome de *conceptismo*, cujo maior representante foi Quevedo (1580-1645).

> É importante destacarmos que cultismo e conceptismo são tendências interinfluentes e simultâneas e, em muitos casos, torna-se difícil uma clara distinção entre ambas.

Na Inglaterra, o barroco marca significativamente a poesia de John Donne (1572-1631) e John Milton (1608-1674). Na dramaturgia, podemos destacar as obras teatrais do escritor e dramaturgo francês Molière (1622-1673), que, por meio da sátira, denunciou de forma realista os grandes defeitos do comportamento humano, principalmente de burgueses e religiosos. Cervantes (1547-1616) é um caso a parte, pois seu "método" de narrar tornou *Dom Quixote de La Mancha* o "romance dos romances" em pleno barroco, segundo Carpeaux (2011, p. 996), e tem o papel inaugural de ser o primeiro romance moderno. Trataremos dos autores clássicos do barroco para depois passarmos para Portugal e chegarmos ao Brasil.

Luis de Góngora y Argote decidiu intensificar ainda mais a retórica e a imitação da poesia latina clássica. Para tal, introduziu numerosos cultismos e uma sintaxe baseada no hipérbato e na simetria. Estava igualmente muito atento à sonoridade do verso, da qual cuidava como um autêntico músico da palavra, enchendo-os de matizes sensoriais de cor, som e tato, o que passou a ser chamado de *gongorismo*. Nota-se, em romances como a *Fábula de Píramo y Tisbe*, a presença dessas características, como jogos de palavras, conceitos e presença de hipérbatos, mesmo que ocultadas por versos breves, pela sonoridade e ritmo e pela utilização de formas e temas tradicionais.

Escritor espanhol, <u>**Francisco Gómez de Quevedo**</u>, em sua primeira poesia, *Poderoso Caballero es Don Dinero*, apresenta um tom pessimista no seu ponto de vista sobre a sociedade, bem como traços de sua personalidade exagerada, que lhe rendeu problemas em todos os aspectos de sua vida. Seus textos demonstram sua lucidez sobre a condição de decadência que assolava seu país, sentimento que perpassa toda a sua produção literária. Seus textos calcam-se em um plano eminentemente sentimental, de interiorização profunda. Seu pensamento antitético é transmitido por todas as figuras de estilo e os processos de compilação de sentido de que se utilizava.

O inglês **John Donne** teve papel fundamental na poesia metafísica elaborada em seu tempo. O estilo barroco perpassa suas letras, que flertam tanto com a sensualidade quanto com a religiosidade. Sua produção poética é dotada de linguagem vibrante e metáforas evocativas, e mostra como Donne entendia a sociedade de sua época e como era capaz de criticar sutilmente suas vicissitudes e carências. Os tópicos elisabetanos são o mote de suas sátiras: a improbidade do sistema legal, a poesia mediana de seus pares e a pomposidade dos homens da corte, temas tratados de forma perspicaz pelo poeta, detentor de um grande domínio da retórica. Suas imagens fortes de doenças transmitiam o que havia de mais baixo em sua nação. Seus sermões reverberaram na produção de grandes nomes vindouros da literatura inglesa, tais como *Por quem os sinos dobram*, de Ernest Hemingway (1899-1961), e *Homem algum é uma ilha*, de Thomas Merton (1915-1968), obras inspiradas na *Meditation XVII* do poeta inglês (Nova Enciclopédia..., 2001a).

John Milton concebeu sua obra em um tenso período de disputas religiosas e políticas da Inglaterra. Sua produção demonstrava o perfil de um homem resoluto, apaixonado pela liberdade e autodeterminação e preocupado com os problemas prementes e com a perturbação de ordem política de seu tempo. É famoso por seu poema épico *Paraíso perdido*, em verso branco, que, apesar de expressar todo o desespero pessoal que o poeta teve na área política, afirma um otimismo máximo no potencial humano.

Jean-Baptiste Poquelin, conhecido artisticamente como **Molière**, é considerado o pai da comédia francesa. Em suas peças de teatro, o escritor francês retratou temas do cotidiano com um olhar crítico e satírico. Mostrou o pedantismo dos falsos sábios, a pretensão dos burgueses enriquecidos, a corrupção em diversos setores sociais e as mentiras dos médicos ignorantes. Também retratou de forma extraordinária os grandes defeitos e virtudes da alma humana. Comportamentos e sentimentos como inveja, cobiça, orgulho, avareza e arrogância são objetos importantes para a composição de suas obras. Em função do realismo e do tom cômico de suas obras, Molière recebeu, durante grande parte de sua vida artística, protestos, perseguições e até ameaças. Essa oposição vinha, principalmente, dos setores mais conservadores da sociedade (alta sociedade, Igreja, políticos) incomodados com as temáticas de sua obra. Suas principais peças são: *As preciosas ridículas*, *A escola de mulheres*, *Tartufo*, *O misantropo*, *O avarento*, *O burguês fidalgo* e *As sabichonas*. Sobre o autor francês, Carpeaux (2011, p. 1027) afirma:

> Molière não se discute; nem sequer de maneira dialética, para esclarecer-lhe origens e desígnios. Os franceses reconhecem em Molière o próprio gênio nacional; e nesse caso, diferente dos de Racine e La Fontaine, houve sempre a concordância de todas as outras nações, em todos os tempos. Molière é, quase como Homero, objeto de admiração unânime. A única restrição que lhe fizeram alguns críticos franceses refere-se à sua linguagem, que dizem desleixada e prosaica. [...] Molière é, antes de tudo, o grande mestre do divertimento ligeiro, para os burgueses e para o povo; e só às vezes parece ter utilizado a liberdade do ator cômico para improvisar algumas verdades desagradáveis; assim teria sido como que um famoso bobo da corte, uma espécie de Scarron menos insolente e mais culto. [...] E o famoso "esprit" de Molière? Malícia de burguês culto de Paris, ou, se

quiserem, a expressão mais alta da jocosidade francesa, encarnação do "esprit gaulois". Molière ficaria definido como produto, embora de valor permanente, do momento literário e da raça, como o resultado de uma equação cartesiana.

Miguel de Cervantes Saavedra é mundialmente aclamado por sua obra-prima, *Dom Quixote*, considerada o primeiro romance moderno, um clássico da literatura ocidental. A sua influência sobre a língua castelhana tem sido tão grande que ela é frequentemente chamada de *la lengua de Cervantes* ("a língua de Cervantes"). Após algumas aventuras e falência financeira, preso, elaborou O engenhoso fidalgo Dom Quixote de La Mancha, escrita em duas partes. Carpeaux (2011, p. 997, grifo do original) assim se refere à obra:

> *Mais um episódio da primeira parte do* Don Quijote *se gravou na memória universal: a cena em que o vigário e o barbeiro julgam os romances de cavalaria, responsáveis pela loucura anacrônica de* Don Quijote. *Esse episódio constitui a base da interpretação realística da obra, correspondente à repercussão do* Don Quijote *na literatura universal: a obra foi compreendida como sátira contra o entusiasmo apaixonado dos espanhóis*

pelos romances de cavalaria. Na elaboração, estendeu-se a sátira a todas as formas de "idealismo" extravagante que perde de vista a realidade; e a paródia transformou-se em panorama da vida humana, na qual os ideais sempre são derrotados pela famosa "teimosia dos fatos". Essa interpretação antiga não explica bem a simpatia do autor pelo seu herói louco, simpatia que se comunica a todos os leitores, e baseada no fato de que não somente os ideais falsos são derrotados na vida e no Don Quijote, mas também os ideais verdadeiros; o cavaleiro à antiga, que defende a fé, a justiça e os indefesos, tem de desaparecer num mundo sem fé, sem justiça e muito utilitário.

Destacamos a força literária que está perpetuada na figura de Dom Quixote e no emprego do termo "quixotesco": um personagem que, apesar de obcecado por nobres ideais, não os coloca em prática por estarem além da realidade e briga com a "teimosia dos fatos", impossíveis de serem concretizados.

3.1.1 O barroco em Portugal

O barroco surgiu em Portugal, em 1510, e se estendeu até 1756. O ano de 1580 é significativo em dois aspectos: assinala a morte de Camões [ca. 1580] e a decadência do classicismo, além do fim da autonomia política de Portugal, que passou a fazer parte do reino espanhol. Segundo Moisés (1986, p. 71), "O vocábulo 'Barroco', de duvidosa etimologia, designava originalmente um tipo de pérola de forma irregular. [...] Com o tempo, passou a significar todo sinal de mau gosto, e, por fim, a cultura própria do século XVII e princípios do século XVIII".

Foi nesse período de turbulência social e esforço para o restabelecimento da vida econômica, política e cultural de Portugal que surgiram várias obras panfletárias clandestinas que criticavam a corrupção do Estado e a exploração do povo. Dentre elas, a mais famosa e significativa é a *Arte de furtar*, de autor desconhecido, cujo conteúdo satírico, como o próprio título sugere, é ainda hoje incrivelmente válido e vivo. Sua importância se dá pelo fato de ser um registro raro da situação burocrática da época retratada com fidelidade pelo satírico ao descrever com detalhes a decomposição moral da sociedade.

O grande representante do barroco português é <u>**Padre Antonio Vieira**</u> (1608-1697). Sua característica mais marcante, bem como o grande mérito de sua obra, reside na luta em colocar a condição humana acima de qualquer verdade pragmática ou dogmática e de suas limitações sacerdotais. O religioso escreveu cerca de 200 sermões, mais de 500 cartas e obras de profecia, como *Histórias do futuro* e *Esperanças de Portugal*. Seus sermões manifestam a preocupação de anular a dicotomia radical existente em cada homem – corpo e alma – conceito fundamental do barroco. Moisés (1986, p. 95) assim o define:

"Barroco, conceptista e não gongórico, o Padre Vieira parte sempre de um fato real, observado ou de flagrante presença para, de pronto, galvanizar o ouvinte; chamando-o ao dever de pensar e de reagir. Vieira faz-se claro e profundo ao mesmo tempo, lógico e convincente", usando uma estrutura silogística que convence a todos; sua dialética revela paradoxos, ambiguidades, sentidos ocultos, mistérios e leva às conclusões já previsíveis nas premissas. Era um orador complexo, sutil, eloquente, estupendo artista da palavra. Sonhava com a formação de um império luso e católico, foi contra a realidade e acusado de herege. Malogrou em todas as suas lutas – foi perseguido pela Inquisição e depois pelos colonos no Maranhão, tendo colaborado para delinear também o barroco no Brasil. Vieira colocou-se acima no ambiente em que foi colocado, no qual estava destinado a fracassar.

Moisés (1986) explica que os sermões vieirianos são divididos em três partes: **introito** (ou exórdio), no qual declara o plano utilizado na análise do tema; **desenvolvimento** (ou argumento), em que apresenta os prós e os contras da preposição; e **peroração**, que consiste na finalização. O *Sermão da sexagésima* é uma espécie de profissão de fé da oratória conceptista, na qual o autor diz por que se separou do "mais seguido e ordinário" e que "por isso mesmo se põe em primeiro lugar, como prólogo dos demais". Os principais sermões referem-se às questões sociais, como a questão dos escravos (os sermões da série *Rosa mística*) e a dos indígenas (*Sermão da primeira dominga da Quaresma*). Ao lado da religiosidade, está o desejo de ação, como no *Sermão pelo bom sucesso das armas de Portugal contra as de Holanda*. Aprecie a seguir um fragmento do *Sermão da sexagésima*:

> E se quisesse Deus que este tão ilustre e tão numeroso auditório saísse hoje tão desenganado da pregação, como vem enganado com o pregador! Ouçamos o Evangelho, e ouçamo-lo todo, que todo é caso que levou e trouxe de tão longe. Ecce exiit qui seminat, seminare (Math. XIII – 3). Diz Cristo que saiu o pregador evangélico a semear a palavra divina. Bem parece este texto nos livros de Deus. Não só faz menção do semear, mas também faz caso do sair: Exiit, porque no dia da messe hão-nos de medir a semeadura e hão-nos de contar os passos. [...] Entre os semeadores do Evangelho há uns que saem a semear, há outros que semeiam sem sair. Os que saem a semear são os que vão pregar à Índia, à China, ao Japão; os que semeiam sem sair são os que se contentam com pregar na pátria. [...] Ah dia do juízo! Ah pregadores! Os de cá, achar-vos-ei com mais paço; os de lá, com mais passos: Exiit seminare. (Vieira, 1981, p. 23, grifo do original)

Nesse período também podemos destacar **D. Francisco Manuel de Melo** (1608-1666), cuja obra abrange espécies e gêneros vários: poesia (*Obras métricas*), historiografia, teatro, biografia, literatura moralista e epistolografia, em espanhol e português; tem um tom moralista, linguagem mesclada com expressões populares, arcaicas e neologistas.

Padre Manuel Bernardes (1644-1710) apresentava vida e obra diametralmente opostas a Vieira: era contemplativo e místico, contrário à vida ativa e ao atrito social e se tornou um autêntico porta-voz da prosa seiscentista em razão da pureza, da espontaneidade, do vocabulário rico e de uma linguagem direta, clara e clássica. Sua obra mais conhecida, *A nova floresta*, destaca suas qualidades de pensador cristão e apresenta os tópicos em ordem alfabética. Temos também **Matias Aires** (1705-1763), brasileiro, nascido em São Paulo, que foi estudar em Coimbra. Escreveu o *Problema de arquitetura civil* e as *Reflexões sobre a vaidade dos homens*. Com nítida influência do pensamento moralista e tom pessimista, admitia a vaidade como centro de todas as ações humanas. Já **Frei Luís de Sousa** [ca. 1555-1632] é lembrado pelo rigor e severidade na interpretação de fatos e documentos, destacando-se como historiador. É título da tragédia *Frei Luís de Sousa*, de Almeida Garrett (1799-1854), inspirada em sua vida.

As *Cartas de amor*, de **Sóror Mariana Alcoforado** (1640-1723), constituem um dos pontos altos do barroco português, talvez por apresentar os elementos psicológicos peculiares à nova sensibilidade que surgia, o movimento romântico. Pelo conteúdo e forma de comunicação da poeta, Moisés (1986, p. 112) compara-a a Florbela Espanca

(1894-1930): "Embora distanciadas no tempo e vivendo situações amorosas específicas, a epistológrafa e a poetisa assemelham-se no estadeamento ilimitado dum sentimento erótico mais poderoso que a vida e a morte". Leia, a seguir, um trecho da "Terceira carta":

> *Que irá ser de mim e que queres que eu faça? Como estou longe de quanto havia previsto! Esperava que me escrevesses de todos os lugares por onde passasses e que as tuas cartas fossem muito longas. Esperava que alimentasses a minha paixão com a esperança de voltar a ver-te, que uma total confiança na tua fidelidade me daria um certo repouso, que ficaria, em qualquer caso, num estado bastante suportável, sem extremos de dor...*
> *[...]*
> *Adeus, mais uma vez! Escrevo-te estas cartas longas demais; não tenho suficiente respeito por ti, e disso te peço perdão. E ouso esperar que usarás de alguma indulgência para com uma pobre insensata que não o era, como muito bem sabes, antes de te amar.*
> *Adeus! Parece que falo demais no estado deplorável em que me encontro. No entanto, no fundo do coração te agradeço o desespero que me causas, e detesto a tranquilidade que vivi antes de te conhecer.*
> *Adeus! A minha paixão aumenta a cada momento! Ah!, quantas coisas tinha ainda para te dizer!...* (Alcoforado, 1999, p. 41-51)

O teatro português, depois de Gil Vicente (1465-1537), entrou em decadência e pouca coisa surgiu ao longo do século XVII. Só no século XVIII o panorama modificou-se com **Antonio José da Silva** (1705-1739), "O Judeu", nascido no Rio de Janeiro e que aos 8 anos foi para Lisboa. Ele "deu às suas peças o nome de óperas, pois eram acompanhadas de música e de canto. Caracterizavam-se por usar títeres ou marionetes com o intuito de divertir por meio da comicidade" (Moisés, 1986, p. 115). Por vezes, assemelhavam-se à farsa vicentina.

É sabido que a poesia perdeu para a prosa no período barroco, e que o primeiro seguiu um caminho diferente ao da literatura doutrinária e moralista da segunda. A poesia barroca tem caráter lúdico, divertido; é uma arte voltada para o entretenimento e valoriza mais o culto da forma, do verso, que a essência, o sentimento e a emoção lírica. Apresenta-se em poetas isolados, com destaque para **Francisco Rodrigues Lobo** (1550-1622), e em antologias organizadas como nos cancioneiros medievais, que apresentam poemas heroicos no estilo camoniano.

3.1.2 O barroco no Brasil

O professor Alfredo Bosi (1994) explica que a literatura brasileira consolidou-se "a partir da afirmação de um *complexo colonial* de vida e de pensamento" (Bosi, 1994, p. 11, grifo do original), e "parece lícito falar de um 'Barroco brasileiro' e, até mesmo, 'mineiro'" (Bosi, 1994, p. 34). Houve um lento processo de aculturação do português e do negro à terra e às raças nativas. No início, o país contava com ilhas sociais (Bahia, Pernambuco, Minas Gerais, Rio de Janeiro e São Paulo) e a influência europeia; assim, coexistia "com o barroco do ouro das igrejas mineiras e baianas a poesia arcádica e a ideologia dos ilustrados que dá cor às revoltas nativistas do século XVIII" (Bosi, 1994, p. 12). Justifica-se a afirmação de que nossa nação apresenta uma literatura *luso-brasileira*, sem esquecer que Portugal decaiu politicamente nos séculos XVII e XVIII, tornando-se Estado periférico no contexto europeu; logo, o Brasil reduzia-se à condição de subcolônia.

Houve um processo colonial na formação de nossa literatura, o qual deve ser considerado para que você possa entender sua dinâmica e o fenômeno da mestiçagem. Os textos de informação são nossas primeiras produções, não propriamente literárias, mas que afirmam nossa cultura. A crônica histórica dos viajantes e missionários europeus é o primeiro registro de nossa cultura. Temos a *Carta* de **Pero Vaz de Caminha** (1450-1500), a qual descreve a terra e os índios brasileiros, o *Tratado da terra do Brasil* e a *História da província de Santa Cruz a que vulgarmente chamamos Brasil*, de **Pero de Magalhães Gândavo** [ca. 1540-1580], que descreve os bens e o clima da colônia e suas vantagens para o imigrante, o ouro e as pedras preciosas. **Gabriel Soares de Sousa** (1540-1591) ofereceu em seu *Tratado descritivo do Brasil em 1587* a fonte mais rica de informações sobre a colônia no século XVI ao descrever a fauna e a flora com detalhes. Os jesuítas colaboraram com aspectos pedagógicos e morais. Temos **Manuel da Nóbrega** (1517-1570), **Fernão Cardim** [ca. 1549-1625] e **José de Anchieta** (1534-1597), que, com seus autos pastorais, tinha o intuito de doutrinar e compunha versos inspirados em Virgílio (70 a.C.-19 a.C.) e Ovídio [ca. 43 a.C.-17 d.C.]. Nos *Diálogos das grandezas do Brasil*, **Ambrósio Fernandes Brandão** [ca. 1555-1618] continuou descrevendo a colônia e suas riquezas. Na *História do Brasil*, de **Frei Vicente do Salvador** [ca. 1564-1639], há o vínculo entre informação e poder. O aspecto histórico, a economia e a política açucareira prevalecem na *Cultura e opulência do Brasil*, de **André João Antonil** (1649-1716).

Na segunda metade do século XVIII, o ciclo do ouro sustentava a arquitetura, a escultura e a música; pode-se falar em um "barroco brasileiro", sobretudo mineiro. Há ecos da poesia barroca na vida colonial e um estilo colonial-barroco nas artes plásticas e na música. A *Prosopopeia*, de **Bento Teixeira** (1561-1618), foi o primeiro exemplo de MANEIRISMO nas letras da colônia, em louvor a Jorge de Albuquerque Coelho, sendo também uma imitação de Camões, apesar de contar com os primeiros aspectos "brasileiros", como em "Descrição do Recife de Pernambuco", "Olinda celebrada" a "título de louvação da terra enquanto colônia" (Bosi, 1994, p. 36).

Homem de boa formação humanística, **Gregório de Matos** (1636-1696), baiano, estudou em Coimbra. Sua obra apresenta contrastes: sátira irreverente e poesia devota, obscenidade e idealismo, frutos da ambiguidade da vida moral que servia de fundo à educação ibérico-jesuítica. O material convive com o espiritual e o preconceito e a inveja movem o autor, fazendo-o atingir todas as classes sociais. "Em toda sua poesia, o achincalhe e a denúncia encorpam-se e movem-se à força de jogos sonoros, de rimas burlescas, de uma sintaxe apertada e ardida, de um léxico incisivo, se não retalhante" (Bosi, 1994, p. 40). Também podemos destacar **Botelho de Oliveira** (1636-1711), autor de *Música do parnaso*, mostruário das figuras repisadas pelo barroquismo.

A prosa barroca está representada em primeiro plano pela oratória sagrada dos jesuítas e o nome central é o mesmo anteriormente visto ao tratarmos do barroco em Portugal – Padre Antônio Vieira, ao lado do **Padre Eusébio de Matos** (1629-1692), irmão de Gregório de Matos, e do **Padre Antônio de Sá** [ca. 1626-1675]. Há um Vieira brasileiro, um português e um europeu, e em todos se reconhecem sua genialidade.

Na prosa alegórica, **Nuno Marques Pereira** (1652-1728) contou as mazelas da vida colonial no *Compêndio narrativo do peregrino da América*, cuja paisagem é um misto de realismo e alegoria. O romance didático foi cultivado por **Teresa Margarida da Silva e Orta** (1711-1793), em suas *Aventuras de Diófanes*. Embora tenha ido muito pequena de São Paulo para Portugal, de onde não retornou, é chamada de "precursora do romance brasileiro" pelo crítico Tristão de Ataíde.

Até os princípios do século XVIII, as manifestações culturais da colônia não tinham nexo entre si. O fenômeno literário não foi socializado até a cristianização de algumas comunidades (Bahia, Rio de Janeiro, cidades mineiras), nas quais religiosos, militares e desembargadores reuniam-se em grêmios literários, como os europeus. As **academias brasileiras** foram o último centro irradiador do barroco literário e o primeiro sinal de uma cultura humanística. Citamos as academias baianas Brasílica dos Esquecidos e Brasílica dos Renascidos, de produção fecunda, como a do **Coronel Sebastião da Rocha Pita** (1660-1738), autor da *História da América portuguesa* e de sonetos em GLOSA. Faziam ACRÓSTICOS, sonetos joco-sérios e até engenhos pré-concretos. No Rio, sobre a Academia dos Felizes pouco se sabe, além da origem palaciana do fundador, Brigadeiro José da Silva Pais. Além delas havia os **atos acadêmicos**, sessões que duravam horas, comemorando datas religiosas ou engrandecendo famosos, como a Academia dos Seletos, que homenageou o general português Gomes Freire de Andrade. As características dessas manifestações compõem o inventário da herança colonial-barroca: o ufanismo verbal, a anarquia individualista, a religiosidade, a displicência moral, o conservadorismo, o culto à aparência e o elitismo.

trêspontodois
Iluminismo e neoclassicismo (1700)

O *lógos* venceu o *mythos* e instaurou o **Iluminismo** como movimento estético e cultural que mais valorizou a razão. Foi o momento de o homem acreditar em sua própria capacidade de dirigir sua vida, seu espaço, seu tempo. Para tanto, foram desenvolvidas filosofias que pregam a autonomia moral, contratos sociais que regem a administração de seu espaço e obras que desafiam o tempo ao permanecerem presentes ainda na atualidade.

> ## Para lembrar
>
> - De 1715 a 1774 – Reinado de Luís XV, na França.
> - Ano de 1762 – O filósofo suíço Jean-Jacques Rousseau escreve *O contrato social*.
> - Ano de 1769 – James Watt aperfeiçoa a máquina a vapor. Desenvolve-se na Inglaterra a Revolução Industrial.
> - Ano de 1776 – Elaboração da Declaração de Independência dos Estados Unidos.
> - Ano de 1780 – O cientista Antoine Laurent de Lavoisier formula a teoria da combustão química.
> - Ano de 1787 – Proclamação da Constituição dos Estados Unidos.
> - Ano de 1789 – Queda da Bastilha e início da Revolução Francesa. Nos Estados Unidos, George Washington é eleito primeiro presidente americano.
> - De 1799 a 1815 – Reinado de Napoleão Bonaparte, na França.

Pode-se dar o nome de *literatura ilustrada* à produção realizada entre os anos de 1689, período em que foi publicado o *Ensaio sobre o entendimento humano*, do filósofo inglês John Locke (1632-1704), em 1785, e a obra *Os sofrimentos do jovem Werther*, do literato alemão Goethe (1749-1832), um prenúncio do romantismo.

Também nessa época nasceu na França um grande esforço intelectual, a *Enciclopédia*, editada pelo francês Denis Diderot (1713-1784), com a colaboração do matemático Jean D'Alembert (1717-1783).

Após os conflitos religiosos próprios do barroco, o século XVIII foi uma época de valorização da razão e da ciência para se chegar ao conhecimento humano. Os filósofos iluministas fizeram duras críticas ao absolutismo. Na França, podemos citar os filósofos Montesquieu (1689-1755), Voltaire (1694-1778), Denis Diderot e D'Alembert e Jean-Jacques Rousseau (1712-1778). Na Inglaterra, destacamos o poeta William Blake (1757-1827). Na prosa, o romance crescia plenamente.

Os grandes autores e suas principais obras desse período são Daniel Defoe (1660-1731), autor de *Robinson Crusoé*; Jonathan Swift (1667-1745) e suas *Viagens de Gulliver*; Henry Fielding (1707-1754), autor de *Tom Jones*, e Laurence Sterne (1713-1768), e sua obra *A vida e as opiniões do cavaleiro Tristram Shandy*.

Em Portugal, surgiu o movimento do arcadismo, pois, em meados do século XVIII, já se faziam presentes as manifestações antibarroco, com o abandono das preocupações religiosas e da linguagem rebuscada. A razão e a simplicidade foram resgatadas, bem como a sobriedade dos poetas clássicos do Renascimento, sobretudo Camões, e da Antiguidade greco-latina, como Horácio. O novo quadro sócio-político-cultural, o fortalecimento político da burguesia, o surgimento dos filósofos iluministas, o combate à mentalidade criada pela Contrarreforma e a expulsão da educação jesuíta nas escolas exigiam novas formas de expressão.

Como características da estética arcádica, Moisés (1986, p. 117) cita o ideal de vida simples, equilibrada, o desprezo ao luxo e às riquezas, que consistem nas *aureas mediocritas*; a fuga para o campo e o bucolismo, no *fugere urbem*; e o gozo pleno da vida, minuto a minuto, no *carpe diem*. Quanto à estrutura literária, Moisés (1986, p. 122) explicita: "seguem os modelos antigos (defendem a separação de gêneros, a abolição da rima e o emprego de metros simples, o despojamento do poema, a importância da mitologia), ao mesmo tempo em que procuram aproveitar-se da orientação racionalista dos teóricos do tempo". Os poetas adotavam pseudônimos pastoris e imaginavam-se vivendo num mundo habitado por deuses e ninfas, numa natureza e num tempo absolutamente fictícios.

Trataremos dos principais autores na Europa para depois passarmos por Portugal e, por fim, pelo Brasil. Embora Voltaire e Rousseau sejam lembrados como filósofos, encontramos neles certa produção literária.

François Marie Arouet, que se tornou conhecido como **Voltaire**, tinha saúde fraca e foi criado de forma bem permissiva, o que acentuou sua personalidade livre. Começou escrevendo sua versão da peça *Édipo* e o poema *Henríada*, um épico sobre Henrique IV. Graças à sua imprudência e às

suas anedotas que falavam sobre conspirações, acabou preso na Bastilha, onde adotou o nome de *Voltaire*. Em Londres conheceu a liberdade de expressão, a tolerância religiosa e a filosofia inglesa, que o agradaram. Estudou a obra de Newton (1642-1727) e, em 1734, propagou suas ideias na França com as *Cartas filosóficas*.

Aos 40 anos, Voltaire se apaixonou pela marquesa de Châtelet, e, em seu castelo, passavam os dias estudando física, metafísica e história. Lá ele escreveu suas novelas irônicas e bem-humoradas, entre elas *O ingênuo*, menos irônico e mais trágico que seus outros contos, no qual narra a história do inocente habitante das Américas que vai à Europa em busca de novas experiências e lá encontra muitas mais que esperava, pois o autor se utiliza da personagem para fazer uma crítica à natureza humana e suas convenções. Também fala de amor, amizade e honra, de um jeito que faz lembrar seu mais famoso conto, *Cândido*, cujo personagem homônimo convivia com sua amada, a bela Cunegundes, em um lindo castelo na Westfália e tinha a felicidade de ouvir diariamente os ensinamentos de Mestre Pangloss, para quem "todos os acontecimentos estão encadeados no melhor dos mundos possíveis". Em razão de sua paixão proibida pela princesa do reino, Cândido é expulso e passa a sofrer inúmeras desgraças, mas sem desistir dos ensinamentos do preceptor e, finalmente, perceber que o melhor dos mundos possíveis vai, na verdade, muito mal. O caricato Pangloss é uma representação sarcástica da filosofia otimista do pensador alemão Gottfried Leibniz (1646-1716).

Voltaire continuou criando atritos ao escrever seu estudo histórico *Um ensaio sobre o costume e o espírito das nações e sobre* os principais fatos da história, de Carlos Magno a Luís 13 e, em seguida, seu *Dicionário filosófico*, com ideias revolucionárias e críticas ao Estado e à religião. Embora não fosse exatamente um filósofo, com seu talento de agitador cultural e divulgador de ideias, o pensador francês expandiu o questionamento filosófico para além dos muros das universidades, principalmente por meio da literatura de ficção, com seus contos filosóficos.

Ao contrário de Voltaire, <u>Jean-Jacques Rousseau</u> se firmou como filósofo, sendo mundialmente conhecido pela sua teoria do "bom selvagem" e por sua obra muito influente em vários campos das ciências humanas, como *O contrato social*, *Discurso sobre as ciências e as artes* e *Discurso sobre a origem da desigualdade entre os homens*.

Colaborou para a confecção da *Enciclopédia* (coordenada por Diderot), escrevendo diversos verbetes. Rousseau se destaca também por seus textos mais literários, como *A nova Heloísa*, romance epistolar que obteve grande sucesso, que trata do relacionamento entre homem e mulher de maneira fora do padrão da época, além do confessional e lírico *Os devaneios de um caminhante solitário*, no qual, em um momento melancólico de sua vida, registrou suas impressões advindas de longas caminhadas, abordando a natureza humana, sua individualidade e sua conduta, inspirando inúmeros pensadores e artistas. Nessa obra, a palavra "romântico" é grafada pela primeira vez.

William Blake, além de poeta, foi pintor inglês. Viveu num período significativo da história, marcado pelo Iluminismo e pela Revolução Industrial na Inglaterra. A literatura estava no auge do que se pode chamar de *clássico "augustano"*, uma espécie de paraíso para os conformados às convenções sociais, mas não para Blake, que, nesse sentido, era romântico, pois enxergava a pobreza que muitos se negavam a ver. O artista ilustrou vários livros, incluindo "O livro de Jó", da Bíblia, e *A divina comédia*, de Dante Alighieri (1265-1321). Muitos de seus trabalhos foram marcados pelos seus fortes ideais libertários, principalmente nos poemas do livro *Songs of Innocence and of Experience* ("Canções da inocência e da experiência"), em que ele aponta a Igreja e a alta sociedade como exploradores dos fracos; essa obra contém traços de misticismo revelando os dois estados opostos da alma humana. Em 1790, publicou sua prosa mais conhecida, *O matrimônio do céu e do inferno*, em que formula uma posição religiosa e política revolucionária na época, recusando todo tipo de autoritarismo. Teve vida modesta, obtendo reconhecimento apenas postumamente, sendo reconhecido como um santo pela Igreja Gnóstica Católica. O prêmio Blake Prize for Religious Art ("Prêmio Blake para Arte Sacra") é entregue anualmente na Austrália em sua homenagem.

O inglês **Daniel Defoe** teve boa educação e viajou muito, mas contraiu dívidas após uma falência que o atormentaram por toda a vida. Começou a escrever panfletos políticos em 1683, passando a dedicar-se ao jornalismo, atividade que abandonou para se dedicar à ficção, publicando em 1719 seu romance mais famoso, *A vida e estranhas e surpreendentes aventuras de Robinson Crusoé de York, marinheiro*, que logo alcançou enorme repercussão ao narrar a história de um náufrago e sua luta pela sobrevivência numa ilha deserta. Robinson, como o próprio Defoe, é um produto típico da classe média inglesa, um espírito prático que acredita no comércio, na religião e no progresso. *Robinson Crusoé* por vezes se parece com um manual de sobrevivência na selva, propondo soluções criativas para cada situação. Com os seus conhecimentos e a sua fé, o protagonista procura educar o selvagem Sexta-Feira. O tema do romance é abordado de forma realista e a obra é ao mesmo tempo moralizante e picaresca. Robinson é um pícaro que, longe do mundo, procura recriar a sociedade.

Outra importante obra de Defoe é *Venturas e desventuras da famosa Moll Flandres*, no qual recria o mundo pitoresco dos aventureiros e prostitutas do início do século XVIII. Seus dois famosos livros devem seu sucesso ao modo com que Defoe cria seus heróis, narrando as histórias em primeira pessoa com uma riqueza de detalhes que as torna extraordinariamente verossímeis.

Jonathan Swift foi um escritor, poeta, crítico literário e prosador satírico irlandês. Sua obra mais famosa é *Viagens de Gulliver*, uma sátira contundente e divertida sobre os partidos políticos e a vida pública. A obra tornou-se um dos clássicos da literatura infantil. A narrativa inicia-se com o naufrágio do navio onde  Gulliver estava. Após o incidente, ele foi arrastado para uma ilha chamada Lilliput. Os habitantes dessa ilha, que eram extremamente pequenos, estavam constantemente em guerra por futilidades. Foi por meio dos lilliputianos que Swift demonstrou a realidade inglesa e francesa da época. Na segunda parte, Gulliver conhece Brobdingnag. Em contraposição a Liliput, na terra de gigantes é que Gulliver percebe a dimensão da mediocridade da sociedade inglesa diante da "grandeza" dos habitantes. Já na terceira parte, na ilha Flutuante de Laputa, Swift criticou a Royal Society, a administração inglesa na Irlanda e a imortalidade, por meio da descrição dos habitantes dos países por onde Gulliver passou, tidos como alienados cientistas. É uma feroz crítica ao pensamento científico que não traz benefícios para a humanidade. Na última viagem, Gulliver encontra os Houyhnhnm, uma raça de cavalos que eram muito inteligentes e representavam os ideais iluministas da verdade e da razão.

Henry Fielding foi um romancista inglês conhecido por seu humor vulgar, sua intrepidez satírica e pela autoria de *Tom Jones*. Esse romance conta a história de um enjeitado criado por uma família da nobreza rural que se torna um jovem de grande fascínio pessoal e atrai a paixão de diversas mulheres, mas que se torna  vítima das mais variadas formas de preconceito e desperta, em muitos, a inveja e o ciúme. Sua verdadeira origem é revelada no final, após profunda análise do cotidiano inglês de meados do século XVIII.

Laurence Sterne, escritor inglês, tornou-se famoso pelos seus sermões, mais tarde publicados com o título *Sermons of Mr. Yorick*. Mas foi com a história de *Tristram Shandy* que Sterne ganhou notoriedade, pois rompeu com certos modelos gráficos e narrativos, dando origem a experiências que são realizadas até hoje. Romance de traços trágicos e cômicos, trata-se de um verdadeiro tratado sobre a melancolia, sentimento que arrasta consigo o homem rumo à morte. A teoria de associação de ideias de Locke é mote do texto, caracterizado por uma narrativa digressiva, que privilegia o tempo psicológico. Sterne emprega um tom pessoal, sardônico, que aponta os problemas sociais de seu tempo (Nova Enciclopédia..., 2001e). Em 1765, Sterne rumou para a França e Itália em busca de melhoria de sua condição de saúde, muito frágil. Dessa viagem teve origem a obra (inacabada) *Uma viagem sentimental*, também carregada de seu peculiar estilo digressivo. Trata-se de uma viagem sentimental, cujo objetivo reside no registro das sensações e emoções derivadas do contato com as pessoas das regiões visitadas e não apenas com as suas paisagens ou obras de arte. Essa obra é citada por Almeida Garrett em *Viagens na minha terra*, livro declaradamente influenciado por Sterne. Outro dos grandes autores de língua portuguesa fortemente influenciado pelo estilo digressivo de Sterne foi Machado de Assis (1839-1908), principalmente em *Memórias póstumas de Brás Cubas*.

3.2.1 A nova arcádia em Portugal

Em 1790 surgiu a nova arcádia, retomada do movimento que faz referência à região do Peloponeso, na Grécia, conhecida pela exuberante paisagem, que inspirava os poetas a louvarem a natureza e optarem por uma poesia mais simples.

O maior representante da nova arcádia portuguesa é Manuel Maria de Barbosa du **Bocage** (1765-1805). Seu pseudônimo arcádico era Elmano Sadino, formado com as letras do seu prenome e do rio Sado, que banha Setúbal, sua terra natal. Sua poesia pode ser dividida em duas fases: a primeira marcada pelo uso das regras e convenções, normas e temas próprios do neoclassicismo arcádico, e a segunda já com características pré-românticas, nas quais o eu lírico expõe seus sentimentos e predominam a emoção e o subjetivismo.

3.2.2 O arcadismo e o Iluminismo no Brasil

Antonio Candido (1975a) afirma que os autores que receberam a herança da arcádia lusitana souberam usar seus instrumentos. Escrevendo como quem se exercita, **Alvarenga Peixoto** (1744-1792) tinha talento mediano, mesmo que suas melhores obras tenham se perdido, restando apenas as laudatórias. Sua herança é seu envolvimento explícito com a Inconfidência Mineira. Para ele, o índio tornava-se o símbolo do Brasil, o porta-voz dos anseios locais. Somente quando a poesia supera a forma e se torna comunicação é que alcançará sua verdadeiramente essência, como alcançaram os poetas apresentados a seguir.

Em **Tomás Antonio Gonzaga** (1744-1810), reconhece-se como ideologia "o despotismo esclarecido e a mentalidade colonial" (Bosi, 1994, p. 76). *Marília de Dirceu*, seu trabalho de maior expressão, pode ser lido sob duas perspectivas: um poema amoroso autobiográfico sobre a paixão, o noivado e a separação de Dirceu (que representaria o próprio Gonzaga) e Marília (Maria Dorotéa Joaquina de Seixas, noiva do autor) ou o roteiro de uma personalidade que se expõe. A vida presente na arte, sua paixão de velho pobre por uma menina rica, seu despertar tardio para a poesia, seu insucesso profissional e, por fim, a prisão deram pungência à sua obra, pautada pelo rococó galanteador da primeira fase do poema antes de ir para a detenção e pelo individualismo da segunda parte, em que recompõe sua personalidade graças ao amor, à poesia, à política e à desgraça, numa tomada de consciência revelada na prisão e que o levou para a posteridade.

O maior mérito de **Basílio da Gama** (1740-1795) consiste em haver encontrado a melhor expressão do setecentismo, conciliando o tom lírico com o conteúdo ideológico moderno. Sua obra é lírica, heroica e didática. O assunto de *Uraguai*, seu texto de maior expressão, é a expedição de portugueses e espanhóis contra as missões jesuíticas no Rio Grande do Sul, apesar de a descrição do conflito entre a ordenação racional da Europa e do primitivismo do índio ser o intuito principal.

Silva Alvarenga (1749-1814) sofreu a influência de Basílio da Gama na preocupação com a teoria literária, na adoção do verso alexandrino e na exploração de temas brasileiros (não indianistas). A poesia de Alvarenga se caracteriza pelo RONDÓ, mais breve, e pelo abandono da epopeia, escolha que resultou em uma poesia lírica em metro fácil e cantante, de sabor quase popular, recuperando o mesmo esquema estrófico e métrico. Foi o primeiro poeta brasileiro a exprimir a volúpia à flor da pele e a surdina em que ela é usualmente celebrada.

Silva Alvarenga era culto e poeta consciente, mas dotado de sensibilidade delicada. **Domingos Caldas Barbosa** (1739-1800), nascido no Rio de Janeiro, era intérprete e compositor de modinhas, dengoso e amaneirado; é tratado como simples modinheiro, sem talento criativo, devido ao caráter popular de sua obra. Porém, aos temas da candura e do amor pela pátria soma-se um saboroso vocabulário mestiço, surtindo um efeito de surpresa e graça. Mesmo que *Viola de Lereno* não seja um livro de poesia e sim de modinhas, a obra contribui para a evolução rítmica do verso português.

Cláudio Manuel da Costa (1729-1789) foi "nosso primeiro e mais acabado poeta neoclássico pela sobriedade do caráter, sólida cultura humanística, a formação literária portuguesa e italiana, além de possuir o talento de versejar" (Bosi, 1994, p. 61). Estreou como cultista, foi influenciado por Camões e explorou temas bucólicos como pastoras, prados, rios, montes e vales em suas *Obras poéticas*. Flertou com a poesia narrativa com *Fábula do Ribeirão do Carmo* e no poemeto épico *Vila rica*, em que surgem os contrastes entre o campo e a cidade, com suas implicações políticas, que seriam traduzidos como o amor à terra e que, mais tarde, os românticos denominariam *indianismo* e *nacionalismo*, firmando os valores de uma cultura "brasileira".

Para **Santa Rita Durão** (1722-1784), em seu *Caramuru*, o índio é matéria-prima para exemplificar certos padrões ideológicos. Sua obra opõe-se à de Basílio, mais nativista, em que Diogo Álvares, o Caramuru, é responsável pela primeira ação colonizadora na Bahia, que ensinou ao bárbaro as virtudes e as leis do alto, misto de colono português e missionário jesuíta.

3.2.2.1 O Iluminismo brasileiro

Nos primeiros decênios do século XIX, as fórmulas arcádicas serviam de meio obsoleto para transmitir a autonomia que a inteligência brasileira já manifestava em diversos pontos da colônia, o que talvez explique a pouca produção entre Silva Alvarenga e Gonçalves Dias (1823-1864).

Com a Corte veio o progresso intelectual, a redução da censura e o aumento das publicações. Os cursos técnicos e superiores foram fundados, permitindo a formação acadêmica completa no próprio país. A imprensa periódica ajudou a divulgar o saber, bibliotecas públicas foram fundadas e livrarias, abertas.

A questão do livro tem sua importância porque dele depende a literatura. A abertura dos portos aumentou a entrada de obras literárias no país, antes restrita, favorecendo o aumento dos acervos das bibliotecas. Lia-se pouco, principalmente autores franceses. As *Liras* de Gonzaga, postas em música, circulavam amplamente; o *Caramuru* era lido e prezado, *O contrato social* de Rousseau era o preferido; os populares eram *Peregrino na América* e *A história do imperador Carlos Magno*.

As associações político-culturais aumentaram, ao lado da maçonaria. Delas saíram os patriotas que popularizaram a cultura, estimulando a participação na vida pública. Pela primeira vez configurou-se no Brasil uma "vida intelectual", na qual o estudioso diminuía a distância entre a elite e a massa ignorante. Houve a tentativa de dominar a cultura de forma autodidata e a sensação de "obra-prima perdida", expressão das dificuldades de publicar ou mesmo conservar as produções. O escritor estava imerso em um ambiente de cultura pobre, no qual a literatura tinha baixa reverberação; por carecer de oportunidades para cultivar atividades mais elevadas, superestimava seu fazer literário; caso a fama lhe estendesse a mão, achava que poderia transformar-se em um mito vivo (Candido, 1975a). É o momento que Antonio Candido (1975a) chama de "nossa Aufklärung", pois nesse meio acanhado surgiu nossa Época das Luzes, coincidindo com a Independência e com a possibilidade que algumas pessoas tinham de ingressar nos estudos na Europa, formando-se como intelectuais. Os gêneros públicos (oratória, jornalismo) predominaram nas belas letras, favorecendo a militância patriota.

A instrução passou a ser prioridade, havendo escolas até nas prisões, onde revolucionários como Antonio Carlos, na Bahia, ensinavam inglês, retórica, matemática e história. Eles acreditavam que a educação era a alavanca principal de transformação do homem, posição compartilhada pelo clero, num dos poucos momentos que essa instituição serviu ao país e à cultura por meio dos padres e frades semileigos. Além deles, militantes da política, maçons e simpatizantes dos "erros da filosofia" lideraram as manifestações das Luzes no Brasil: Arruda Câmara, João Ribeiro, Miguelino, Januário, Sampaio, Roma e Caneca.

Candido (1975a) explica que, juntamente com a poesia, que ainda transitava entre antigos e modernos modelos, surgiram o sermão, o artigo, o discurso e o ensaio de jornal, no qual se destacam Cayru, Monte Alverne, Frei Caneca, Hipólito da Costa e Evaristo da Veiga, que divulgavam a ideologia da burguesia ocidental: a liberdade. A transição do colonialismo para a imersão de um mercado aberto permitiu o surgimento de teses de cunho liberal que influenciaram sobremaneira a prosa de ideias inicial no Brasil, fato que consolidou a ideologia do patriotismo liberal e lançou os supremos valores românticos: o indivíduo e a tradição.

Síntese

Ao elencarmos as características do barroco, do Iluminismo e do classicismo, tratamos das oscilações do homem em sua tentativa de compreender seu papel e sua origem. Também apresentamos artistas e pensadores que, imbuídos de racionalidade, esforçaram-se para explicar a natureza cada vez mais contraditória do ser humano.

Atividades de autoavaliação

1. O louvor à natureza e a opção por uma poesia mais simples, na qual predominam a emoção e o subjetivismo, são características de qual movimento?
   a. Renascimento.
   b. Simbolismo.
   c. Realismo.
   d. Barroco.

2. O poeta Gregório de Matos tornou-se importante na representação da literatura barroca brasileira porque:
   a. apropriou-se de formas e temas do barroco europeu, adequando-os ao contexto local.
   b. pautou sua vida pelo respeito às normas e aos costumes sociais e estéticos.
   c. criticou membros do clero e do poder político e exaltou índios e mulatos.
   d. enfatizou a produção poética satírica em detrimento da religiosa.

3. Período que caracteriza o processo de aculturamento no Brasil, principalmente na segunda metade do século XVIII, que mesclou valores europeus aos locais, com a oratória sagrada dos jesuítas e a prosa alegórica. O período descrito refere-se ao:
a. romantismo.
b. arcadismo
c. barroco.
d. simbolismo.

4. Leia os textos a seguir:

Texto A
Adeus mais uma vez! Escrevo-te estas cartas longas demais; não tenho suficiente respeito por ti, e disso te peço perdão. E ouso esperar que usarás de alguma indulgência para com uma pobre insensata que não o era, como muito bem sabes, antes de te amar. Adeus! Parece-me que falo demais no estado deplorável em que me encontro. No entanto, do fundo do coração te agradeço o desespero que me causas, e detesto a tranquilidade em que vivi antes de te conhecer." (Alcoforado, 1999, p. 49)

Texto B
Fanatismo
Minh'alma, de sonhar-te, anda perdida
Meus olhos andam cegos de te ver!
Não és sequer razão do meu viver,
Pois que tu és já toda a minha vida!

Não vejo nada assim enlouquecida...
Passo no mundo, meu Amor, a ler
No misterioso livro do teu ser
A mesma história tantas vezes lida!

Tudo no mundo é frágil, tudo passa...
quando me dizem isto, toda a graça

duma boca divina fala em mim!
E, olhos postos em ti, digo de rastros:
Ah! Podem voar mundos, morrer astros,
que tu és como Deus: Princípio e Fim!...
(Espanca, 1996, p. 171)

Segundo Moisés (1986, p. 113), "Por todo o seu conteúdo e a forma de comunicação, *As cartas* [texto A] são obras sem igual, e em nosso idioma é preciso aguardar o aparecimento de Florbela Espanca [texto B], no século XX, para que uma voz de angústia passional se erga [...]". Em que a epistológrafa e a poeta assemelham-se?

a. Assemelham-se no fato de serem contemporâneas.
b. Ambas, quando jovens, adotaram a vida religiosa.
c. O conformismo marca a posição de ambas diante do amor.
d. Ambas são marcadas pela confidência amorosa, pelos reptos e os fulgores duma paixão incontrolável e escaldante.

5. Relacione as informações a seguir:

a. Voltaire ( ) *Tom Jones*
b. Jean-Jacques Rousseau ( ) *Viagens de Gulliver*
c. Daniel Defoe ( ) *Devaneios do caminhante solitário*
d. Jonathan Swift ( ) *Robinson Crusoé*
e. Henry Fielding ( ) *Cândido*

Atividades de aprendizagem

Questões para reflexão

1. É possível considerar o Padre Antônio Vieira como um expoente tanto da literatura portuguesa quanto da brasileira? Justifique sua resposta.

2. Como os ideais do Iluminismo marcaram presença no Brasil?

Atividades aplicadas: prática

1. Explicamos neste capítulo que a obra *Dom Quixote*, de Miguel de Cervantes, identifica-se com a estética do barroco. Procure ler o livro e encontrar nele as características que justifiquem essa identificação. Cite exemplos.

2. Observe a distribuição das cores na obra *A crucificação de São Pedro*, do pintor italiano barroco Caravaggio (1571-1610):

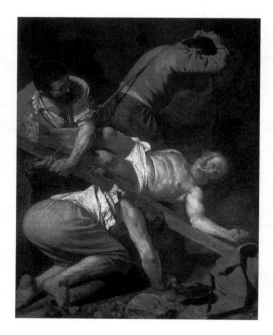

Agora, veja *A apoteose de Homero*, do neoclássico Jean-Auguste Dominique Ingres (1780-1867), de 1827, que se encontra no Museu do Louvre. Compare com a obra de Caravaggio, os temas e as características que situam cada obra em sua corente estética.

Indicações culturais

Filme

PALAVRA e utopia. Direção: Manoel de Oliveira. Portugal; França; Espanha; Brasil; Itália: Gémini Films, 2000. 133 min.

O diretor português Manoel de Oliveira é um dos mais importantes e produtivos. Nesse filme é contada a vida do Padre Vieira em três tempos, na juventude, na fase adulta e na velhice.

um   o início da literatura universal: da oralidade
      aos primeiros textos
dois   literatura e religiosidade: período medieval
três   os movimentos estéticos: barroco,
      Iluminismo e neoclassicismo
quatro romantismo
cinco realismo, simbolismo, parnasianismo
      e modernismo
seis   mudança de foco no mundo contemporâneo:
      a queda das certezas

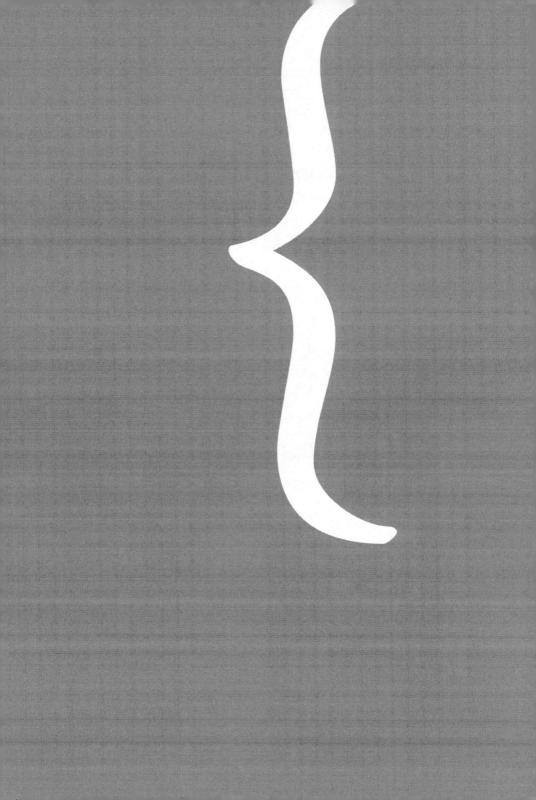

❰ O HOMEM, SER cada vez mais complexo no decorrer de sua história, descobriu no século XIX que a busca espiritual e as respostas que a razão oferece não eram suficientes para que ele entendesse quem realmente é. Ele sente, intensamente. No romantismo, abordado neste capítulo, veremos a dimensão desse sentimentalismo.

Para lembrar

- Ano de 1812 – O império napoleônico atinge seu nível mais elevado de poder.
- Ano de 1830 – Surgimento de insurreições nacionalistas na Europa.
- De 1837 a 1901 – Vitória do Reino Unido inicia seu reinado na Inglaterra até a consolidação do capitalismo industrial inglês.
- Ano de 1846 – Ascanio Sobrero descobre a fórmula para a produção de nitroglicerina.
- Ano de 1848 – Publicação do *Manifesto do Partido Comunista*, dos alemães Karl Marx e Friedrich Engels.
- De 1852 a 1873 – Luís Bonaparte, nomeado Napoleão III, dá os primeiros passos em seu governo sobre a França.

O **romantismo** designa um movimento estético cuja principal característica consistiu no descontentamento com as novidades trazidas pelo progresso econômico dos séculos XVIII e XIX, que mascararam a indignidade produzida pelo distanciamento entre as classes sociais. Em virtude disso, acreditava-se que era preciso fugir da cidade e voltar ao ambiente harmonioso do campo, onde seria possível encontrar a boa natureza humana, corrompida na cidade.

Nessa época também surgiu a necessidade de se buscar um **herói**, que dispusesse, preferencialmente, de características cavalheirescas, representando, assim, o homem ideal. Além disso, a observação da dor alheia e a impotência diante dela desencadeou uma expressão exacerbada de sentimentos, marcada pelo **egocentrismo** – que se tornou forte característica do movimento.

> O movimento romântico, porém, é muito abrangente, o que torna bastante complexa a tentativa de sistematizar suas características. Por isso, vamos apresentá-las no decorrer das explanações que se seguem.

Como os escritores românticos trocaram o auxílio do mecenato aristocrático pelo trabalho do editor, também foi nessa época em que surgiu a necessidade de se cativar um público leitor. Esse público era formado essencialmente pelos pequenos burgueses, que não se identificavam com os valores literários clássicos e estimavam mais a emoção no lugar da riqueza das formas do período anterior. Com isso, as manifestações em poesia e prosa popular foram incentivadas.

O romantismo ao redor do mundo

Na Inglaterra despontaram os primeiros "pré-românticos", que previram os valores da estética romântica ao questionar os princípios neoclássicos, frios e distantes, e passaram a destacar o sentimentalismo exacerbado, o fatalismo, o desespero, a solidão e a melancolia, como William Blake (1757-1827) e Edward Young

(1683-1765). Contudo, é com os poetas William Wordsworth (1770-1850) e Samuel Taylor Coleridge (1772-1834), seus fundadores, e, principalmente, Lord Byron (1788-1824), Percy Bysshe Shelley (1792-1822) e John Keats (1795-1821), que o movimento romântico inglês foi reconhecido.

Na Alemanha, os autores buscaram renovar sua literatura por meio do retorno à natureza e à essência humana, fazendo menção ao "pré-romantismo" da Inglaterra. Assim, eles formaram o movimento *Sturm und Drang* ("Tempestade e Ímpeto"), do qual eclodiu, impregnado de sentimentalismo, o pré-romantismo alemão, com Johann Wolfgang von Goethe e Friedrich Schiller (1759-1805).

Ao ser difundido pela Europa, o romantismo destacou o sentimentalismo, deixando de lado o exacerbamento presente no pré-romantismo inglês e alemão. Na França, destacam-se Stendhal (1783-1842), Victor Hugo (1802-1885) e Alfred de Musset (1810-1857); na Itália, Giacomo Leopardi (1798-1837) e Alessandro Manzoni (1785-1873). Walt Whitman (1819-1892), Herman Melville (1819-1891), Nathaniel Hawthorne (1804-1864) e Emily Dickinson (1830-1886), bem como seus contemporâneos Henry David Thoreau (1817-1862) e Edgar Allan Poe (1809-1849), representam o romantismo nos Estados Unidos; em Portugal, Almeida Garrett (1799-1854), Alexandre Herculano (1810-1877) e Camilo Castelo Branco (1825-1890); no Brasil, Gonçalves Dias (1823-1864), Casimiro de Abreu (1839-1860), José de Alencar (1829-1877) e Álvares de Azevedo (1831-1852).

As principais características da temática romântica são o historicismo e o individualismo. O **historicismo**, representado nas obras de Walter Scott (1771-1832), Victor Hugo, Almeida Garrett, José de Alencar, entre tantos outros, consiste em resgates históricos apaixonados e saudosos ou observações sobre aquele momento histórico – como nas obras de Honoré de Balzac (1799-1850) ou de Stendhal. Há também a valorização dos aspectos ligados ao nacionalismo.

O viés centrado no individualismo trouxe consigo o culto ao egocentrismo, perpassado de melancolia e pessimismo ("Mal do Século"). Graças à inclinação ao intimismo e a valores extremados, os escritores que exploraram essas temáticas em seus trabalhos foram chamados de *ultrarromânticos*. Esses autores, como Byron, Alfred de Musset e Álvares de Azevedo, inspiraram-se no *Sturm und Drang*, perpetuando assim as suas fontes sentimentais.

O romantismo questiona o progresso conquistado graças à intensa racionalização e à mecanização. Valoriza o lado emocional, a liberdade de criação e a fantasia, promovendo a eclosão de obras amplamente subjetivas. Vamos reconhecer, neste capítulo, alguns autores românticos. Começaremos pelos europeus, depois os norte-americanos, em seguida veremos os portugueses e, por fim, os brasileiros.

George Gordon Byron, ou Lord Byron, é considerado um dos maiores poetas europeus, cuja biografia atribulada e não convencional é superada apenas pela beleza e intensidade de sua obra, permeada de enorme agitação e emoção, que exprime o pessimismo romântico e a tendência a se voltar contra a sociedade e seus pares. O tom de rebeldia ante as convenções morais e religiosas, além do charme cínico de herói demoníaco, moldaram o personagem/autor. Sua obra conta com *Childe Harold's Pilgrimage*, *The Prisoner of Chillon* e o poema dramático *Manfred*. Em 1819, começou o poema herói-cômico *Don Juan*, sátira brilhante e ousada, que deixou inacabada.

Byron usou com igual mestria o verso curto de Walter Scott, o verso branco, a oitava-rima e a estrofe spenseriana. Seu aristocratismo se reflete na escolha de um estilo classicista pelo qual tratou uma temática fundamentalmente romântica.

Como moda literária, o byronismo se espalhou pela Europa até as últimas décadas do século XIX, com projeções crescentes e importantes nos países jovens da América. Foram sensíveis à influência de Byron, entre muitos outros, o espanhol Espronceda (1808-1842), os franceses Lamartine (1790-1869), Vigny (1797-1863) e Musset, os russos Pushkin (1799-1837) e Lérmontov (1814-1841), o argentino Esteban Echeverría (1805-1851) e o brasileiro Álvares de Azevedo.

Percy Bysshe Shelley é famoso pelas obras *Ozymandias*, *Ode to the West Wind*, *To a Skylark* e *The Masque of Anarchy*, que estão entre os poemas ingleses mais populares e aclamados pela crítica. Seu maior trabalho, no entanto, foram os longos poemas, entre eles *Prometeu acorrentado, Alastor, or The Spirit of Solitude, Adonaïs, The Revolt of Islam* e o inacabado *The Triumph of Life*. Foi amigo de John Keats, a quem dedicou o poema *Adonaïs*, e Lord Byron. A escritora Mary Shelley (1797-1851, autora de *Frankenstein*) foi sua segunda esposa. Morreu afogado em um naufrágio e não presenciou seu sucesso e influência nas gerações futuras. Alguns de seus trabalhos foram publicados, mas não lhe trouxeram retorno financeiro (Nova Enciclopédia..., 2001e). Não era popular como Byron e, em vida, foi considerado poeta menor. Hoje é amplamente admirado e estudado.

John Keats é um expoente da segunda geração romântica inglesa. Em sua curta vida escreveu belíssimos versos em sua língua nativa, entre eles *La Belle Dame Sans Merci, Ode to a Nightingale* e *Ode a uma urna grega*. Sua produção poética transita entre recorrência constante à morte e um apego prazeroso à vida. Poetas que ansiavam pela perfeição estética, como Homero e os poetas do século XVI, marcaram sua forma de escrever. Sua poesia é marcada pelo sentimentalismo romântico, por imagens vivas, de sensualidade exacerbada, e pelas reverberações da filosofia clássica. Em 1818, lançou *Endymion* e começou a elaborar seu poema mais extenso, *Hyperion*, inacabado pelo fato de o poeta ter sido acometido de tuberculose. Como Shelley, não teve seu talento agraciado em vida.

Johann Wolfgang von Goethe estudou Direito e chegou a atuar como advogado por pouco tempo, mas optou pela literatura, sua paixão. Sua obra demarcadora do romantismo é *Os sofrimentos do jovem Werther*. Nela, em tom autobiográfico, o suposto jovem Werther envia ao narrador, por um longo período, cartas que se modificam no livro, no qual, por meio de notas de rodapé, Goethe afirma que nomes e lugares foram trocados. O romance é escrito em primeira pessoa e com poucas personagens. Baseia-se na história real da paixão não correspondida vivida pelo próprio Goethe, mas no livro o desfecho é dramático, a ponto de desencadear na Europa uma onda de suicídios, de tão profundas que foram suas palavras. Sua grande obra, porém, foi o poema *Fausto*, escrito em 1806. Fundamentada numa lenda, essa obra relata a vida de Dr. Fausto, que vendeu a alma para o diabo em troca de prazeres terrenos, riqueza e poderes ilimitados.

Johann Christoph Friedrich von Schiller, também filósofo, é,

juntamente com Goethe, Wieland (1733-1813) e Herder (1744-1803), representante do romantismo alemão. Sua amizade com Goethe rendeu uma longa troca de cartas que se tornou famosa na literatura alemã. Sua obra exerceu grande influência por deixar transparecer as ideias iluministas e os valores humanistas, como a confiança na amizade e no amor, além de enaltecer a então emergente classe burguesa, tema de sua peça *Os bandoleiros*. Seu *Hino à alegria*, ou *Ode à alegria*, apresenta uma humanidade idealizada, fundamentada no espírito de irmandade, desfrutando de liberdade, paz e solidariedade: é o poema cantado no quarto movimento da 9.ª Sinfonia de Beethoven e também conhecido como *Hino Europeu* ou *Hino da União Europeia*, ouvido na abertura dos jogos da Copa Libertadores de Futebol. Foi cantado no segundo filme dos Beatles, *Help!*, e na adaptação cinematográfica de Stanley Kubrick de *Laranja mecânica*, além de outros filmes. Vale a pena apreciá-lo nos vários *sites* disponíveis na internet.

Stendhal (pseudônimo literário de Henri-Marie Beyle), além de romancista francês, foi cônsul e diplomata. Seu estilo pregava valorização dos sentimentos, paixões e aspectos psicológicos dos personagens. Frequentava os salões de maneira assídua e, enquanto sobrevivia com os rendimentos obtidos com as suas colaborações em algumas revistas literárias inglesas, empregava seus recursos literários para analisar a sociedade em um estilo seco. Suas principais obras são *A cartuxa de parma* e *O vermelho e o negro*, sua obra-prima, uma crônica analítica da sociedade francesa na época da Restauração, na qual Stendhal representou as ambições e as contradições da emergente sociedade de classes, destacando sobretudo a análise psicológica das personagens e o estilo direto e objetivo da narração calcada em um novo tipo de herói, tipicamente moderno, caracterizado pelo seu isolamento da sociedade e o seu confronto com as suas convenções e ideais – nos quais muito possivelmente se reflete em parte a personalidade do próprio Stendhal e molda os traços do inesquecível personagem Julien Sorel, por quem Stendhal não esconde sua simpatia, apesar de ressaltar sua natureza plebeia.

Em 1839 publicou *A cartuxa de parma*, também crônica política, e, segundo Hauser (1972, p. 908), "um quadro da Europa sob o domínio da Santa Aliança". Escrita em apenas dois meses, narra as peripécias de Fabrício Del Dongo, um jovem idealista e imaturo que decide juntar-se ao exército de Napoleão Bonaparte.

Victor-Marie Hugo foi novelista, poeta, dramaturgo, ensaísta, artista, estadista e ativista pelos direitos humanos, e contribuiu para seu país com uma atuação política memorável. A eloquência e a paixão precoce das primeiras obras trouxeram-lhe sucesso e fama quando ainda jovem. Sua primeira coletânea de poesia, *Odes*

et *Poésies Diverses*, foi publicada em 1822, quando Hugo tinha apenas 20 anos de idade, e lhe rendeu uma pensão real de Luís XVIII. Embora os poemas fossem admirados por seu ardor e sua fluência espontâneos, foi sua próxima coletânea, *Odes et Ballades*, publicada em 1826, que revelaram Hugo como grande poeta.

A primeira obra madura de ficção do autor, publicada em 1829, refletia a aguda consciência social que permearia sua obra posterior, *O último dia de um condenado*, que teve profunda influência sobre autores posteriores como Albert Camus (1913-1960), Charles Dickens (1812-1870) e Fiódor Dostoiévski (1821-1881). Seu primeiro romance a ser enormemente reconhecido foi *O corcunda de Notre-Dame*, publicado em 1831 e logo traduzido para diversos idiomas. Um dos efeitos dessa obra foi levar a cidade de Paris a restaurar a negligenciada Catedral de Notre-Dame, a qual passou a atrair milhares de turistas que haviam lido a novela. Victor Hugo começou a planejar um grande romance sobre miséria e injustiça social no começo da década de 1830, mas a obra só seria publicada em 1862. O escritor estava consciente da qualidade do livro – *Os miseráveis* –, o qual dividiu as críticas, mas mostrou-se popular junto às massas, e logo os temas abordados estavam em destaque na sociedade francesa. Hoje permanece como sua obra mais popular, tendo sido adaptada para cinema, televisão, teatro e musicais.

Giacomo Leopardi é o maior poeta romântico italiano, cuja produção lírica está contida num volume chamado *Canti*, no qual se encontram os poemas mais famosos: *L'infinito, A Silvia, Le ricordanze, Il sabato del villaggio, La ginestra, Il tramonto della Luna*.

O seu pensamento reflexivo, o profundo pessimismo, o tédio, o desgosto e o vazio existencial permeiam sua obra.

Nascido em Long Island, Nova York, **Walt Whitman** era carpinteiro e homem do povo, e seu trabalho brilhante e inovador traduziu o espírito democrático do país. Foi em grande parte autodidata: aos 11 anos abandonou a escola para trabalhar, não frequentando o tipo de educação tradicional que fez com que a maioria dos autores americanos se tornassem respeitáveis imitadores dos ingleses. Suas *Folhas de relva*, que o poeta reescreveu e revisou por toda a vida, contém a "Canção de mim mesmo", o poema mais original e formidável já escrito por um americano.

A forma inovadora, sem rima e com verso livre do poema, a franca celebração da sexualidade, a sensibilidade democrática vibrante e a declaração romântica extremada do "eu" do poeta alteraram para sempre o curso da poesia americana.

Herman Melville era descendente de uma família

antiga e abastada que caiu repentinamente na pobreza com a morte do pai. Não frequentou a universidade e aos 19 anos foi para o mar. Seu interesse pela vida dos marinheiros foi uma consequência natural de suas próprias experiências e seus primeiros romances foram em grande parte inspirados em suas viagens. Seu primeiro livro, *Taipi*, foi concebido com base no tempo em que viveu entre o povo taipi, nas Ilhas Marquesas, no sul do Pacífico.

Moby Dick, obra-prima de Melville, é um épico sobre a história da baleeira Pequod e de seu capitão, Ahab, cuja busca obsessiva pela baleia branca, Moby Dick, leva o barco e seus homens à destruição. Essa obra, romance de aventura aparentemente realista, contém uma série de reflexões sobre a condição humana. O escritor norte-americano também é autor do desconcertante conto *Bartleby, o escrivão*, no qual expõe o absurdo da existência humana, servindo de prenúncio para a temática que Kafka (1883-1924) viria magistralmente a desenvolver.

Nathaniel Hawthorne nasceu no estado de Massachusetts, em Salem, a famosa cidade das bruxas, e estudou na Universidade de Bowdoin, no Maine. Depois de se casar, mudou-se para Concord, onde conviveu com o poeta Ralph Waldo Emerson (1803-1882) e Henry David Thoreau. Retornou para Salem e lá publicou suas primeiras obras. Sua obra-prima é *A letra escarlate*, considerado por muitos teóricos como o maior romance norte-americano. Trata da história de Hester Prynne, que, em uma relação adúltera, engravida e dá à luz Pearl, razão pela qual é banida da sociedade, sendo obrigada a viver isolada e carregando uma letra A de "adúltera". Ela consegue se manter, ajuda os pobres (e mesmo assim é desprezada), supera os obstáculos e tem a certeza de que Pearl é uma criança especial. O romance trata com originalidade o papel da mulher e está envolvido em mistérios que vão além da mera narrativa dos fatos. Logo após a publicação desta obra, Howthorne conheceu Hermann Melville, com quem partilhou afinidades literárias e místicas. Com a saúde fragilizada, faleceu em 1864, deixando várias obras inacabadas e uma influência sentida até a atualidade.

Emily Dickinson é, de certa forma, o elo entre sua época e as sensibilidades literárias do século XX. Nunca se casou e sua vida aparentemente tranquila era internamente intensa. Amava a natureza e encontrou inspiração profunda nos pássaros, nos animais, nas plantas e nas mudanças de estação na zona rural da Nova Inglaterra. Seu estilo conciso, normalmente imagético, é moderno e inovador, capaz de mostrar uma consciência existencial terrível. Embora tenha deixado poucos poemas, seu estilo limpo, claro e bem delineado, com incursões metafísicas, gerou alguns dos mais fascinantes poemas da literatura americana.

Henry David Thoreau nasceu em Concord e fez da cidade sua residência permanente. Vindo de uma família pobre, construiu seu caminho para Harvard. A obra-prima do autor, *A vida nos bosques*, é fruto de dois anos, dois meses e dois dias (de 1845 a 1847) passados em uma cabana de madeira construída por ele no Lago Walden, perto de Concord e, embora não seja exatamente literária, por ser uma autobiografia, concretiza os ideais românticos de vida em harmonia com a natureza e de negação da civilização industrial, então crescente nos Estados Unidos. Esse longo ensaio poético desafia o leitor a olhar para a sua vida e vivê-la de forma autêntica. Outro texto de Thoreau, o ensaio *A desobediência civil*, com sua teoria de resistência passiva baseada na necessidade do indivíduo justo de desobedecer a leis injustas, serviu de inspiração para o movimento de independência da Índia de Mahatma Gandhi e para a luta de Martin Luther King pelos direitos civis dos negros americanos no século XX.

<u>Edgar Allan Poe</u> fez parte do movimento romântico americano e é conhecido por suas histórias que envolvem o mistério e o macabro. É atribuída a ele a invenção do conto policial. Depois de uma juventude tumultuada, passou a escrever, tornando-se um dos primeiros autores a viver somente da escrita, principalmente com a crítica literária. Publicou seu poema *O corvo* em 1845, obtendo sucesso instantâneo.

Poe e suas obras influenciaram a literatura nos Estados Unidos e ao redor do mundo, ecoando na cultura popular por meio da literatura, da música, de filmes e da televisão. Seus temas mais recorrentes são a morte, incluindo sinais físicos dela, os efeitos da decomposição, o interesse por pessoas enterradas vivas, a reanimação dos mortos e o luto. No entanto, o poeta também escreveu sátiras e contos de humor, usando a ironia e a extravagância do ridículo, muitas vezes na tentativa de liberar o leitor da conformidade cultural. Poe acreditava que o trabalho de qualidade deveria ser breve e concentrar-se em um efeito específico e único. Entre suas obras destaca-se o volume *Histórias extraordinárias*, no qual constam seus contos mais conhecidos, como "A queda da casa dos Usher", "O gato preto", "O barril de amontillado" e "Manuscrito encontrado numa garrafa", considerados obras-primas do terror.

Um caso à parte é Jane Austen (1775-1817), autora inglesa de muito sucesso que, embora tenha vivido durante o período do romantismo, não se enquadra nele por sua marcante ironia e crítica social. Austen é uma das escritoras inglesas mais famosas, mesmo passados mais de dois séculos de sua morte. É autora dos romances *Orgulho e preconceito*, *Razão e sensibilidade*

> e *Persuasão*, que primeiramente foram rejeitados e hoje são sucesso mundial. Seu primeiro livro bem acabado foi *Lady Susan*, o qual foi escrito em forma epistolar quando a autora tinha 19 anos. Consagrou-se por seus diálogos afiados e pela ironia presente em seus romances. Seus recursos de linguagem tinham um alvo específico: a sociedade provinciana inglesa do século XVIII. Seu estilo inaugurou um novo tipo de romance: o de crítica social que valorizava o ponto de vista feminino.

quatropontoum
O romantismo em Portugal

O romantismo português está estreitamente ligado ao europeu e reflete a radical transformação histórico-cultural ocorrida após a Revolução Francesa, em 1789. Em decorrência dela, entrou em colapso a monarquia absolutista, evento que deu origem ao liberalismo e a ascensão da burguesia. Em 1822, Portugal viu surgir sua mais democrática, porém efêmera, Constituição, no mesmo ano em que o Brasil proclamou sua Independência e deixou de ser colônia portuguesa.

É dentro dessa conturbada atmosfera político-social e num momento histórico tão crítico para Portugal que, em 1823, **Almeida Garrett**, ou João Batista da Silva Leitão de Almeida Garrett, exilou-se na Inglaterra, onde entrou em contato com a obra de Byron e Scott – o romantismo inglês – e, em 1825, publicou o longo poema narrativo *Camões*, dividido em 10 cantos, escrito em decassílabos brancos e que nada mais é que a biografia sentimental de Camões [ca. 1524-1580]. No poema, observa-se a presença de elementos clássicos – como os decassílabos brancos, o vocabulário, as figuras e a síntese de *Os Lusíadas* – ao lado de novidades românticas (subjetivismo, culto da saudade, exílio, melancolia, solidão, ruínas). De acordo com Massaud Moisés (1986, p. 136): "graças a estas últimas características o poema passou a ser considerado como introdutor do Romantismo em Portugal".

No plano das teorias, das ideias e dos temas literários, os românticos reagiam contra os clássicos, suas regras, modelos e normas, procurando total liberdade de criação e defendendo a mistura dos gêneros literários. Os românticos preferiam a aventura, o caos e o conceito individualista de arte em oposição à visão macrocósmica dos clássicos.

> "O 'eu' torna-se-lhes o universo em que vivem, ou, ao menos, o centro do Universo: o romântico autocontempla-se narcisamente, e faz-se espetáculo de si próprio" (Moisés, 1986, p. 137).

Em oposição ao **culto da razão**, os românticos preferiam o culto às razões do coração – ou seja, em lugar do racionalismo e da especulação, optavam pelo sentimentalismo e pela imaginação. Imerso em seu subjetivismo, o romântico sentia-se triste e melancólico, o que o levava ao tédio, ao "Mal do Século". Para fugir dele, só encontrava duas saídas, diferentes nos aspectos e no grau, mas essencialmente idênticas: a fuga, seja da própria vida, pelo suicídio, seja do meio urbano para a natureza ou outras civilizações.

Assim, pode-se observar uma forma de escapismo: viajar, conhecer terras e povos estranhos, restos de velhas civilizações; a visita às ruínas de monumentos greco-latinos, por exemplo, era então apreciada pelos que evocavam a melancolia e a tristeza na lembrança de um tempo perdido. Dessa forma, o romântico descobre o tempo como dimensão psicológica, toma consciência da história e, por fim, redescobre a Idade Média, encontrando nela tudo quanto se julgava perdido pelo racionalismo clássico. Walter Scott tornou-se, com suas novelas, o maior defensor da recuperação do medievo na literatura. Em Portugal, o reflexo dessa perspectiva teve como representante especial a obra historiográfica e literária de Alexandre Herculano.

Finalmente, os românticos rejeitavam a concepção clássica de bom, belo e verdadeiro, pois, sendo relativistas, só entendiam o belo relativo, no qual o bom e o verdadeiro se fundem, ou seja: o que fosse belo teria de ser necessariamente bom e verdadeiro. De modo contrário, sendo absolutistas, os clássicos consideravam essas concepções entidades abstratas autônomas e distintas.

4.1.1 O primeiro momento do romantismo português

O romantismo português pode ser dividido em três momentos diferentes. Garrett, Herculano e Castilho (1800-1875) representam o primeiro momento: "românticos em espírito, ideal e ação política e literária, mas ainda clássicos em muitos aspectos da obra que legaram" (Moisés, 1986, p. 168).

Almeida Garrett evoluiu na poesia, de uma fase arcádica (*O retrato de Vênus, Lírica de João Mínimo*) para uma fase romântica (*Camões, D. Branca, Adozinda, Romanceiro e cancioneiro geral, Flores sem fruto, Folhas caídas*). O momento mais significativo da poesia garretiana está na segunda fase, em que são contemplados temas medievais e quinhentistas (*D. Branca, Adozinda, Camões*), populares e folclóricos (*Romanceiro e cancioneiro geral*) e lírico-amorosos (*Flores sem fruto* e *Folhas caídas*).

Na prosa de ficção destacam-se três obras: *O arco de Sant'Ana, Viagens na minha terra* e *Helena*. Em *O arco de Sant'Ana*, Garrett se inspirou na *Crônica de D. Pedro I*, de Fernão Lopes (1385-1459), como lembra o romancista na introdução à primeira edição da obra. Apesar de o romance histórico deixar a desejar pelo limite à fantasia imposto pela sujeição imprescindível ao documento, Garrett surpreende pela linguagem já moderna, livre e fluente, cheia de humor, ironia e agudas observações. Atinge o ápice com as *Viagens na minha terra*, que mistura o relato jornalístico, a literatura de viagens, a divagação em torno de problemas sociais da época e o idílio amoroso entre a Joaninha dos Olhos Verdes e Carlos, seu primo.

Com as *Viagens na minha terra*, Garrett iniciou a modernização da prosa literária em Portugal: seu exemplo frutificou, especialmente na ficção de Eça de Queirós (1845-1900), e o que há de mais significativo na obra é o idílio amoroso, pois nele percebe-se a projeção da própria vida de Garrett. Carlos é seu alter-ego (talvez o mais autêntico de todos) e Joaninha traz o ar de melancólico saudosismo presente em *Menina e moça*, de Bernadim Ribeiro [ca. 1482-1552].

Quanto ao teatro, Garrett evoluiu do neoclassicismo para o romantismo e à primeira fase pertencem *Catão* e *Mérope*; à segunda, *Um auto de Gil Vicente, D. Filipa de Vilhena, A alfageme de Santarém* e *Frei Luís de Souza*, esta última a obra-prima do teatro garrettiano. É graças a Almeida Garrett que o teatro reergueu-se durante o romantismo, depois do período de declínio após Gil Vicente (1465-1537). O autor estimulou também o nacionalismo e o gosto pela tradição popular por meio da elaboração de peças biográficas dos grandes escritores portugueses (Gil Vicente, Camões e Frei Luís de Souza [ca. 1555-1632]) e através do esforço pela construção de um teatro nacional.

A obra de **Alexandre Herculano** reflete o seu temperamento e caráter: o autor manteve-se imperturbável na posição de homem que apenas se julgava convicto das ideias que defendia, indiferente às reações do clero e à pouca receptividade de seus escritos. Moisés (1986, p. 140) define-o: "Alexandre Herculano é diametralmente oposto a Garrett em todos os aspectos: personificação da sobriedade, do equilíbrio, do rigor crítico; espírito germânico, dir-se-ia, enquanto o outro é latino, sobretudo francês".

É importante destacarmos que o forte de Herculano era a historiografia, exatamente em razão do seu temperamento e formação; foi o maior historiador de seu tempo, introduzindo modernos métodos historiográficos em Portugal.

Escreveu *História de Portugal*, uma obra de ampla envergadura, desde o início da nacionalidade até o período da Restauração, iniciada em 1640, e que, embora inacabada em razão de incompreensões e da polêmica questão "Eu e o Clero", permaneceu como um verdadeiro monumento no gênero.

A poesia de Herculano caracteriza-se por uma contenção que jamais cede a qualquer impulso sentimental, pois, em sua essência, ele tinha demasiado espírito crítico para se entregar a uma visão poética do mundo e dos homens. Em 1850, Herculano publicou suas *Poesias* divididas em três partes: a *Harpa do crente*, *Poesias várias e versões* e *A voz do profeta*.

O *monasticon*, concebido por Herculano, traz em seu bojo *O monge de Cister: ou a época de D. João I* e *Eurico, o presbítero*. A primeira obra tem tempo devidamente demarcado e bebe de uma fonte mais que esperada na época em que a história foi escrita: Fernão Lopes. Na segunda obra, o ficcionista imprimiu todo seu potencial, precisamente porque deixou mais livres a imaginação e o espírito lírico (Moisés, 1986). Mas, ainda assim, nessa "crônica-poema", como ele mesmo a classificaria, o escritor parece mais interessado no panorama histórico (a invasão árabe) que no desenvolvimento do drama afetivo (seu amor por Hermengarda). Portanto, a relevância de *Eurico, o presbítero* está na recuperação vivaz de um período de peripécias cavaleirescas do tipo *faroeste*, cenário para uma trágica história de amor frustrado na qual a figura principal, Hermengarda, que se assemelha à Ofélia shakespeariana, não é de forma alguma uma figura heroica estereotipada (Moisés, 1986).

Além de traduzir Ovídio [ca. 43 a.C.-17 d.C.], Anacreonte [ca. 565 a.C.-480 a.C.], Virgílio (70 a.C.-19 a.C.), Molière (1622-1673), Goethe e Shakespeare (1564-1616), **António Feliciano de Castilho** escreveu prosa e poesia. Iniciou-se sob a égide do arcadismo, especialmente de Bocage (1765-1805), a fase em que escreve *Cartas*, *Eco e Narciso*, *A primavera* e *Amor e melancolia*.

Em 1836, Castilho entregou-se à aventura romântica e publicou *A noite do castelo* e *Os ciúmes do bardo* e, em 1844, *Escavações poéticas*; embora seja inegável o seu valor como clássico da língua, pelo rigor e pela beleza de seus versos, trata-se de obra menor. A visão que tinha de sua realidade circundante era de terceiros, o que lhe impediu de produzir textos mais pessoais e originais. Segundo, em razão de seu pendor clássico de formação e sensibilidade, os sentimentos e as emoções lhe escapavam. Em 1865, provocou a Questão Coimbrã com sua carta-posfácio ao *Poema da mocidade*, de Manuel Pinheiro Chagas (1842-1895), e inaugurou o segundo momento do romantismo português, que se desenvolveu entre 1838 e 1860.

> Desfeitos os laços arcádicos que inibiam os escritores do período anterior, entrou em pleno desenvolvimento a estética romântica e os novos grupos que praticavam integralmente o ideal romântico tanto na sensibilidade quanto na liberdade moral – os chamados *ultrarromânticos*.

No ultrarromantismo, os autores cultivavam temas medievais, o tédio, a melancolia, "as morbidezas atribuídas a Byron, bem como o desespero, a morte e a efemeridade da vida" (Moisés, 1986, p. 174). Essa estética aparece essencialmente na poesia, mas muitos dos seus aspectos expressam-se também na prosa. Mudou-se, porém, o local dos acontecimentos nos anos seguintes a 1850: a poesia passou a localizar-se predominantemente em Coimbra e a prosa, no Porto. Soares de Passos (1826-1860) e Camilo Castelo Branco (1825-1890) impuseram seu estilo, cada qual em seu gênero e a seu modo, como as grandes figuras do ultrarromantismo português.

4.1.2 O segundo momento do romantismo português

Soares Passos fundou, em 1851, a revista *Novo trovador*. Entretanto, no ano seguinte, a tuberculose retirou-o do convívio social. Passos constitui a encarnação perfeita do "Mal do Século", máxima expressão do ultrarromantismo; sua vida e sua obra espelham o prazer romântico da fuga. Segundo Moisés (1986, p. 176, 177), "sua poesia apresenta um negro pessimismo, um desalento derrotista, próprio de quem sente a morte próxima e cultiva-lhe carinhosamente a presença, um tanto por morbidez, um tanto por 'literatura'" e "é precisamente desse dilema, impulsionado por angústias metafísicas e religiosas, que decorre a poesia de Soares de Passos: forte, autêntica, fruto da experiência, uma espécie de diário íntimo de um acabado mártir do Ultrarromantismo".

Camilo Castelo Branco publicou, também em 1851, o romance *Anátema*, que deu início à sua carreira de novelista. Camilo impressiona não só pela aventuresca e trágica vida que levou – a cegueira e o suicídio – como também pela qualidade das obras que escreveu, talvez a obra mais extensa e variada em língua portuguesa. Entretanto, foi na novela passional que Camilo mais se destacou.

A novela camiliana tem sempre uma situação única – o amor impossível e superior, ou marginal, dados os preconceitos sociais. Desse modo, segundo Moisés (1986, p. 181), "Camilo coloca frente a frente as razões 'do coração', e da sociedade burguesa oitocentista"; entre esses extremos, colocam-se os seus personagens – ora submetidos às sanções sociais, como a ida para o convento, o suicídio, a loucura, a exemplo de *Amor de perdição*, ora descobrindo os benefícios morais contidos nos padrões burgueses e reencontrando a paz de espírito no "exílio" campesino e no casamento, como em *Amor de salvação*.

Outro fascínio que Camilo Castelo Branco exerce ainda hoje diz respeito ao seu dom de "contar histórias" num estilo todo seu, "de quem conhece a Língua por dentro e por fora, a erudita e a popular". É com justiça considerado mestre e "clássico" do idioma, como afirma Moisés (1986, p. 180).

No fim da vida, escreveu quatro romances, não mais novelas, enveredando pela nova moda literária – o realismo: *Eusébio Macário*, *A corja*, *A brasileira de Prazins* e *Vulcões de lama*, transitando assim do ultrarromantismo para o realismo, harmonizado com sua veia de cronista da burguesia do século XIX (Moisés, 1986).

4.1.3 O terceiro momento do romantismo português

Quase no final da segunda metade do século XIX, surgiram novas correntes ideológicas de origem francesa que se fundiram com os remanescentes do ultrarromantismo. João de Deus (1830-1896) e Júlio Dinis (1839-1871) são as maiores figuras desse momento.

João de Deus (1830-1896) é poeta nato e contemplativo por natureza; sua poesia divide-se em lírico amorosa e satírica, conforme os dois volumes de *Campo de flores*. O amor é motivo permanente de sua poesia, mas com ênfase emotiva ainda não explorada, retomando o lirismo trovadoresco ou mesmo a poesia lírico-amorosa de Camões, realizando assim uma poesia inteiramente à vontade, isto é, romanticamente, sem as coerções estéticas do movimento. Compôs poesias satíricas (segundo volume de *Campo de flores*), mas sem o mesmo interesse, ainda que com a mesma competência da poesia lírica.

Júlio Dinis, pseudônimo de Joaquim Guilherme Gomes Coelho, compôs sua obra de maneira diametralmente oposta à de Castelo Branco, cultivando o romance do namoro, ambientado no campo (exceto em *Uma família inglesa*) e cheio de otimismo.

Contrapondo-se à intensa paixão camiliana e ao desespero e ao amoralismo cético dos ultrarromânticos, o autor apresenta o amor como um sentimento puro, calmo, sem tragédias ou lances melodramáticos, vivido por criaturas bondosas e saudáveis que acreditam no amor como supremo bem, e as histórias de amor conduzem sempre a um epílogo feliz que termina no casamento. Não considera a heroína como "mulher demônio", e sim como "mulher anjo", cheia de virtudes. Júlio Dinis descreve a paisagem física e os costumes burgueses com dados da realidade, observada diretamente, sempre preocupado com o que vê antes que com o que imagina – procedimento de um legítimo precursor realista, embora enquadrado no espírito romântico. O melhor de Júlio Dinis está nos romances *As pupilas do senhor reitor* e *A morgadinha dos canaviais*, nos quais concentrou suas peculiaridades humanas e estéticas, defendendo o regresso ao campo e à vida simples que ali se leva.

quatropontodois
O romantismo no Brasil

Segundo Bosi (1994), no romantismo, o todo é gênese e explicação, e a variedade de motivos e temas é válida quando posta em situação estética, "sendo a compreensão global do complexo romântico que o justifica como movimento estético" (Bosi, 1994, p. 91).

No Brasil, as classes sociais estavam definidas: nobreza, grande e pequena burguesias, campesinato e operariado. Havia a nostalgia dos decaídos, a euforia dos novos proprietários, as reivindicações libertárias das novas classes. O colonialismo monárquico se confrontava com o urbanismo republicano. A intelectualidade era composta pelos herdeiros da elite agrícola ou da burguesia, que tinham acesso ao estudo no meio urbano. Rareavam as figuras menos proeminentes e abastadas no meio intelectual. O estilo de vida europeu era o modelo seguido pela alta sociedade.

O sujeito, "eu" romântico, é evasivo. A natureza romântica é expressiva, ao contrário da natureza árcade, decorativa. Prefere-se a noite ao dia. Segundo Bosi (1994, p. 94), "o mundo natural encarna as pressões anímicas. Na poesia ecoam o tumulto do mar e a placidez do lago, o fragor da tempestade e o silêncio do ocaso, o ímpeto do vento e a fixidez do céu, o terror do abisso e a serenidade do monte". Há música, grandes mitos, como a nação e o herói, traçando o nexo entre o eu e a história.

> Os códigos clássicos dispunham de macrounidades, os gêneros poéticos (épico, lírico, dramático) e de microunidades, as formas fixas (epopeia, ode, sonetos, rondó, tragédia, comédia...). No interior desses esquemas, que formalizavam categorias psicológicas, atuava uma rede de subcódigos tradicionais: topos, mitemas, símbolos; que, por sua vez, se traduziam, no nível da elocução, pelas figuras de estilo, de sintaxe e de prosódia, responsáveis pelo tecido concreto do texto literário. (Bosi, 1994, p. 96)

As mudanças culturais favoreceram a liberdade criadora. Caíram a mitologia grega e o medievalismo católico; a forma passou a ser livre, o poema, sem cortes fixos, e a epopeia foi substituída pelo poema político e pelo romance histórico; no teatro, criou-se o drama; instaurou-se uma nova sensibilidade musical e o romance passou a se impor.

O nome de **Gonçalves de Magalhães** (1811-1882) é tradicionalmente lembrado pela publicação de *Suspiros poéticos e saudades*, em 1836. Chamado de "romântico arrependido" por ter mudado de estilo na velhice, em sua obra há apenas alguns temas românticos; sua relevância reside na fundação da *Niterói, revista brasiliense*, a qual promoveu os ideais românticos. No teatro também teve papel inaugural por sua peça *Antônio José*, de aspecto formal conservador, ter sido lançada no mesmo momento da criação do primeiro grupo dramático brasileiro, a Companhia Dramática Nacional, do ator João Caetano. Para seu tempo, Magalhães foi tido como mestre da nova poesia. Por fim, compôs a *Confederação dos Tamoios*, cujo atraso cronológico privou-o do "mérito cronológico" (Gonçalves Dias já havia publicado seus cantos indianistas, e José de Alencar, *O guarani*).

Dom Pedro II tinha o interesse de consolidar a cultura nacional e atuou como mecenas, incentivando a **historiografia**. Destacam-se no período Pereira da Silva (1876-1944), que compilou o *Parnaso brasileiro*, Francisco Adolfo de Varnhagen (1816-1878), autor de a *História geral do Brasil*, e Joaquim Norberto de Sousa Silva (1886-1891), que escreveu *História da Conjuração Mineira*.

Teixeira e Sousa (1812-1861), mestiço de origem humilde, foi o autor do primeiro romance romântico brasileiro, *O filho do pescador*. Também escreveu um infeliz poemeto épico, *A Independência* *do Brasil*, e versos indianistas. Tem valor estético inferior aos outros autores românticos por insistir no aspecto imitativo dos clássicos europeus e por privilegiar aventuras e desencontros de forma superficial (como hoje faz a "cultura de massa"). De qualquer forma, com ele o romantismo caminhou para a narração, instrumento ideal para explorar a vida e pensamento da nascente sociedade brasileira.

Na poesia, **Gonçalves Dias** trouxe a marca da autenticidade ao nosso romantismo. Sua vocação para as artes permitiu transpor temas comuns para obras poéticas duradouras (Bosi, 1994). Na primeira geração romântica, presa a esquemas conservadores, a imagem do índio casava-se sem traumas com a glória do colono. Em *Os Timbiras*, de ritmo ágil e vazado numa linguagem precisa, com versos breves fortemente cadenciados, o leitor é convidado ao clima de vigor selvagem desejado. No poema *I-Juca-Pirama*, é admirável a doçura dos ritmos que vão recortando os vários momentos da narração da triste história do índio prisioneiro que é digno de morrer:

> *No centro da taba se estende um terreiro*
> *Onde ora se aduna o concílio guerreiro*
> *Da tribo senhora, das tribos servis:*
> *Os velhos sentados praticam d'outrora,*
> *E os moços inquietos, que a festa enamora,*
> *Derramam-se em torno dum índio infeliz.*
> (Dias, 1998, p. 379)

Nesse poema, é possível observar a fusão dos valores românticos calcados no mito, na natureza, na história e na formação do herói nacional brasileiro, representado pelo índio de caráter nobre, figura que foi consagrada pelo personagem Peri, do romance *O guarani*, de José de Alencar.

Neste ponto do texto, cabe destacarmos como um complexo quadro psicológico se articulou em uma linguagem e em um estilo novo, que se manteve por quase 30 anos na esfera literária e, segundo Bosi (1994), sobrevive até hoje na subcultura e nas letras provincianas.

Escritor mais talentoso de sua geração, **Álvares de Azevedo** tem tendência para a evasão e o sonho e usa léxico adolescente para descrever aspectos mórbidos e depressivos da existência: "pálpebra demente", "boca maldita", "face macilenta", que traduzem a juventude sem viço, o suspiro do amante, a morte. É autor de *Lira dos vinte anos*, *A noite na taverna* e *Macário*. Explora imagens satânicas, funde libido e instinto de morte e penetra nos domínios obscuros do inconsciente.

Em **Junqueira Freire** (1832-1855) se repete o convívio entre Eros e Tanatos de Álvares Azevedo e o drama do indivíduo atado a uma falsa vocação. Nas *Inspirações do claustro*, vê-se a pungência de um moço enfermo dividido entre a sensualidade, os terrores da culpa e os ideais religiosos, mas não uma obra de poesia.

Popular, boêmio e repentista, **Laurindo Rabelo** (1826-1864) representa o gosto romântico médio do Brasil Império. Autor de trovas, pode ser considerado o limite entre a linguagem do povo, da classe média e dos grupos de prestígio. Sua linguagem mescla um sentimentalismo com um conceptismo, o que de certo modo altera a espontaneidade.

Também popular, **Casimiro de Abreu** está um tom abaixo de seus contemporâneos; sua linguagem é mais sensual e infantil, embora os temas sejam recorrentes: saudade da infância, amor à natureza, adolescência, religião sentimental e patriotismo difuso. Em tudo Casimiro é menor, desde os populares "Meus oito anos" e as canções do exílio, que compõem seu único livro de poemas, *Primavera*, à palidez de seu *Livro negro*.

Maior entre os menores poetas saídos das arcadas paulistas, **Fagundes Varela** (1841-1875) explorou todos os temas românticos e prenunciou os condoreiros em *O estandarte auriverde* pelo ardor nacionalista. Para Bosi (1994), "um lugar à parte na sua produção, pela constância do fôlego, ocupa o belo 'Cântico do calvário', escrito em memória do filho". Nessa linda elegia em versos brancos, o poeta consegue ser original, o que não ocorre em quase toda sua obra, de *Cantos do ermo e da cidade* a *Anchieta ou O evangelho nas selvas*.

Ao mesmo tempo, **Antônio de Castro Alves** (1847-1871), o maior poeta romântico, estreou durante a crise do Brasil puramente rural que passou por um lento, mas firme, progresso urbano e ideológico, e novas vozes, libertárias, como a de Victor Hugo, que inspiraram *Navio negreiro*, no qual a indignação transparece. O moderno não assusta o poeta e a mensagem serve à comunicação, estabelece o diálogo, explora a vastidão e também o ritmo preciso, como no *Crepúsculo do sertanejo*, um dos mais belos poemas descritivos de nossa língua.

Os "Côndores", assim chamados em referência ao condor, ave de voo alto que simboliza a liberdade, tinham preocupações libertárias e abolicionistas que, a partir de 1870, prevaleceram na sociedade brasileira. Estreou como romântico e conheceu o capitalismo e a democracia americanos, daí o curioso mito político do *Guesa*, poema narrativo sobre uma lenda quíchua que narra o sacrifício de um adolescente refugiado em Wall Street. Seus insólitos arranjos sonoros, o plurilinguismo e a nova ordem sintática não foram assimilados em seu tempo.

Há certa tendência de marcar um quadro evolutivo da história do romance romântico brasileiro: do carioca Joaquim Manuel de Macedo (1820-1882) às páginas regionais de Visconde de Taunay (1843-1899) e Franklin Távora (1842-1888), passando pela gama de experiências ficcionais de Bernardo Guimarães (1825-1884), Manuel Antonio de Almeida (1831-1861) e José de Alencar. Na verdade, não houve evolução, e sim a própria dispersão, no tempo e no espaço, em que viviam dos escritores do país. O leitor procurava entretenimento e não percebia a diferença de grau entre os autores. Para Bosi (1994, p. 128), "o valor será maior, esteticamente, quanto melhor o autor souber usar a margem de liberdade que lhe permitirem as pressões sociológicas e sociais".

Joaquim Manuel de Macedo, autor de *A moreninha*, aplicou esquemas de efeito novelesco, sentimental ou cômico em uma linguagem quase coloquial, importada (Scott, Dumas etc.), nada realista, com personagens inconsistentes.

Em *Memórias de um sargento de milícias*, de **Manuel Antônio de Almeida**, "ao pícaro é dado espiar o avesso das instituições e dos homens: seu aparente cinismo não é mais que defesa entre vilões encasacados. São figurantes e não personagens que se movem nesse romance picaresco" (Bosi, 1994, p. 133), porém, com caracterizações mais precisas que em Macedo. As *Memórias...* não oferecem um corte sincrônico da vida familiar brasileira, e sim de como o artista vê o típico popular.

Figura central do romantismo, o próprio **José de Alencar** divide sua ficção em primitiva (*Iracema*), histórica (*O guarani, As minas de prata*), nacionalista (*O tronco do ipê, Til, O gaúcho*) e urbana (*Lucíola, Diva, A pata da gazela, Senhora*). Segundo Bosi (1994, p. 140), "já houve quem observasse o infantilismo das construções alencarianas. Valor é o que aparece como valor. Na floresta, descreve o brilho do bom selvagem; na cidade, o brilho do *gentleman*. *Senhora* junta como pode a pureza do amor romântico e as cintilações do luxo burguês".

Os sertanistas Bernardo Guimarães, Visconde de Taunay e Franklin Távora são exploradores do regionalismo fadado a ser literatura de segundo plano, que se louva por tradição escolar ou pelo amor ao documento histórico. **Bernardo Guimarães** mistura elementos tomados à narrativa oral, ou "causos", e as "histórias" de Minas Gerais e Goiás, com uma boa dose de idealização e com a dificuldade de expressar a comunidade rústica com a linguagem urbana. *O seminarista* está na linha do romance passional e *Escrava Isaura* privilegia a "nívea donzela" e não exatamente a questão abolicionista. **Visconde de Taunay**, por sua vez, situa a história de *Inocência* em um cenário onde os costumes sertanejos parecem verossímeis, com simplicidade e bom gosto (Bosi, 1994). **Franklin Távora** desejava que a verossimilhança fosse levada em consideração. Entretanto, o mediano *Cabeleira* não se revelou como grande marco de uma literatura nordestina (ponto em que autores modernos foram bem-sucedidos); em vez disso, sua obra combina de forma desarmônica crônica de cangaço e expedientes melodramáticos. Em sua produção posterior, a história predominou sobre a arte (Brasil, 1994).

No teatro, podemos citar como primeiros textos válidos os de **Luís Carlos Martins Pena** (1815-1848), que, desde a adolescência, compunha divertidas comédias de costumes e beneficiou João Caetano, que encenou *O juiz de paz*, obra de tom cômico bufo. Depois veio o teatro histórico e em *O noviço* fez um libelo contra o regime do "patronato". Contrapôs os valores novos de luxo e esnobismo à singeleza da vida roceira, ainda considerada mais sadia pelo bom senso convencional do autor (Bosi, 1994). A melhor obra teatral de **Gonçalves Dias**, *Leonor de Mendonça*, encontra-se na linha europeia do drama histórico. Escrita em prosa no lugar do verso e fazendo uma leitura do modelo shakespeariano, não obteve o mesmo sucesso que **Joaquim Manuel de Macedo** com sua sofrível "ópera em dois atos" *O primo da Califórnia*. José de Alencar, com suas peças *Verso e reverso* e *Demônio familiar*, insistiu na dose de "brasilidade" que o drama de costumes deveria conter. Em *Mãe*, há o elogio à figura materna, maior até que a nobreza da negra escrava extremamente dedicada ao filho e altruísta. Para Bosi (1994), há autores que trabalharam o tema da escravidão de modo mais direto e cortante que Alencar. *Calabar*, de Agrário de Meneses (1843-1863) é um drama em que o traidor é identificado ao rebelde. Paulo Eiró (1836-1871), com *Sangue limpo*, retrata o preconceito com firmeza.

Síntese

Como demonstramos neste capítulo, o romantismo apresentava características difusas que foram se acentuando na tentativa de consolidar o movimento estético que partisse do sentimentalismo exagerado e foi ganhando contornos mais aprofundados com a legitimização do sentimento de dor, do subjetivismo expresso na melancolia e no escapismo, do historicismo e da busca da figura arquetípica do herói, que passou a representar o caráter de um povo ou uma nação, que não está imune à crítica social. Foi o nascimento de um movimento mais consciente, dotado de razão e emoção.

Atividades de autoavaliação

1. Qual desses autores não é representante do romantismo nos Estados Unidos?
   a. Walt Whitman.
   b. Herman Melville.

c. Emily Dickinson.
d. Daniel Defoe.

2. Qual é o tema da obra *Os sofrimentos do jovem Werther*, de Goethe?
a. A história de amor impossível entre um garoto e uma garota que têm famílias inimigas.
b. A história do amor impossível entre um rapaz e uma mulher comprometida.
c. A luta desesperada de um garoto em busca de ascensão social.
d. A luta de uma mãe para salvar seu pobre filho doente.

3. Segundo Antonio Candido (1981, p. 224), assim como

Walter Scott fascinou a imaginação da Europa com os seus castelos e cavaleiros, Alencar fixou um dos mais caros modelos da sensibilidade brasileira: o índio ideal [...]. As Iracemas, Jacis, Ubiratãs, Ubirajaras, Aracis, Peris, que todos os anos, há quase um século vão semeando em batistérios e registros civis a "mentirada gentil" do indianismo, traduzem a vontade profunda do brasileiro de perpetuar a convenção, que dá a um país de mestiços o álibi duma raça heroica, e a uma nação de história curta, a profundidade do tempo lendário.

Assinale a única alternativa que **não** ilustra as palavras de Antonio Candido sobre *Iracema*:

a. "Iracema, a virgem dos lábios de mel, que tinha os cabelos mais negros que a asa da graúna, e mais longos que seu talhe de palmeira."

b. "De primeiro ímpeto, a mão lesta caiu sobre a cruz da espada; mas logo sorriu. O moço guerreiro aprendeu na religião de sua mãe, onde mulher é símbolo de ternura e amor. Sofreu mais d'alma que de ferida."
c. "O vulto de Caubi enche o vão da oirta; suas armas guardam diante dele o espaço de um bote do maracajá."
d. "Mas nação alguma jamais vibrou o arco certeiro, como a grande nação pitinguara; e Poti é o maior chefe, de quantos chefes empinharam a inúbia guerreira."

4. Embora romântico, sua obra se destaca pela historiografia e pelo rigor crítico. Sua poesia era contida e, em seus romances, embora criativos e dotados de lirismo, dedicava especial atenção ao panorama histórico. Estamos nos referindo a:
a. Camilo Castelo Branco.
b. Almeida Garrett.
c. Alexandre Herculano.
d. Antero de Quental.

5. Relacione as informações a seguir e indique a sequência correta:
a. Stendhal   ( ) *Os miseráveis*
b. Victor Hugo   ( ) *Moby Dick*
c. Jane Austen   ( ) *Histórias extraordinárias*
d. Hermann Melville ( ) *Orgulho e preconceito*
e. Edgar Allan Poe ( ) *O vermelho e o negro*

Atividades de aprendizagem

Questão para reflexão

1. Que relação se pode estabelecer entre o romance histórico, cultivado no romantismo português, e a figura do índio, presente no romantismo brasileiro?

Atividade aplicada: prática

1. Visualize no YouTube o quarto movimento da 9ª Sinfonia de Beethoven em uma versão legendada, que contenha a letra do *Hino à alegria*, ou *Ode à alegria*, de Johann Christoph Friedrich von Schiller. Desfrute da música, atente para a letra e faça uma lista com as palavras e expressões utilizadas que indicam as características do movimento romântico.

2. Observe a clássica representação de *Liberdade guiando o povo*, de Eugène Delacroix (1798-1863), e identifique ideais românticos nessa obra.

Indicações culturais

Filme

OS MISERÁVEIS. Direção: Tom Hooper. Reino Unido; EUA: Paramount Pictures, 2012. 158 min.

Jean Valjean rouba um pão para alimentar a irmã mais nova e acaba sendo preso por isso. Solto tempos depois, ele tentará recomeçar sua vida e se redimir, ao mesmo tempo em que tenta fugir da perseguição do inspetor Javert. Versão do musical da Broadway elaborado com base na obra de Victor Hugo.

Livro

GUINSBURG, J. **O romantismo**. São Paulo: Perspectiva, 1978.

Obra de rara beleza que reúne textos a respeito do romantismo na filosofia, na linguística, na arte, no teatro, na música e na literatura, elaborados por vários autores, entre eles Otto Maria Carpeaux e Alfredo Bosi.

um o início da literatura universal: da oralidade aos primeiros textos
dois literatura e religiosidade: período medieval
três os movimentos estéticos: barroco, Iluminismo e neoclassicismo
quatro romantismo
cinco realismo, simbolismo, parnasianismo e modernismo
seis mudança de foco no mundo contemporâneo: a queda das certezas

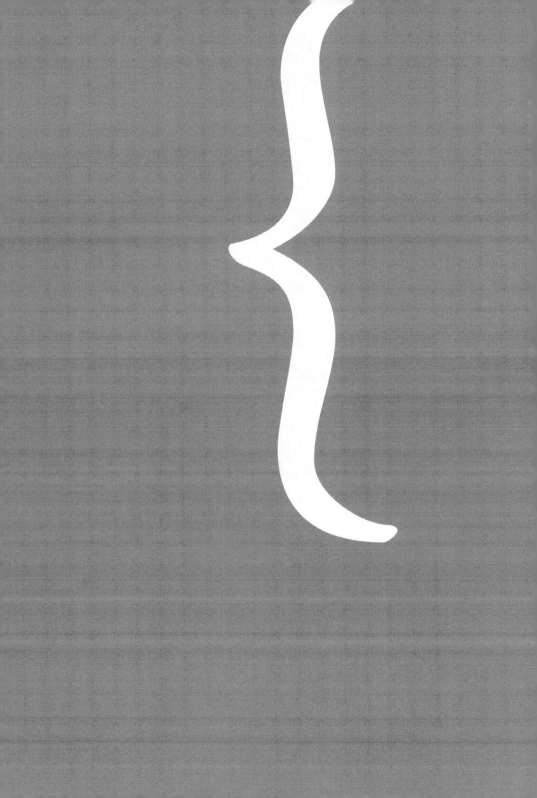

❰ DEPOIS DA CARGA dramática oferecida pelo sentimentalismo dos românticos, a razão novamente se impôs para explicar as mazelas da realidade e fazer compreender qual é o papel do ser humano no mundo, que ficou mais complexo que os homens, pois os avanços científicos levaram a rumos inesperados, exigindo dos indivíduos explicações mais detalhadas e convincentes. Procuraremos mostrar esse novo mundo por meio dos autores abordados neste capítulo.

> ## Para lembrar
>
> - Ano de 1858 – As obras destinadas à construção do canal de Suez tiveram início.
> - Ano de 1861 – Unificação da Itália.
> - Ano de 1862 – Otto von Bismarck promove a unificação da Alemanha.
> - Ano de 1867 – Karl Marx publica *O capital*.
> - Ano de 1871 – Guilherme I torna-se imperador do território alemão.
> - Ano de 1876 – Graham Bell transmite mensagem utilizando o telefone.
> - Ano de 1879 – Thomas Edison inventa a lâmpada.
> - Ano de 1885 – Karl Benz dirige o primeiro automóvel a gasolina.
> - Ano de 1895 – Invenção do cinema.

O realismo é um movimento estético que eclodiu na segunda metade do século XIX, em meio a descobertas científicas e avanços industriais, que privilegiava o pensamento objetivo e científico e o apelo à razão. Surgiu na França, em 1857, com a publicação de *Madame Bovary*, de Gustave Flaubert (1821-1880); e, em 1867, com a publicação de *Thérèse Raquin*, de Émile Zola (1840-1902), instaurou-se o **naturalismo**, "metamorfose avançada da estética realista", segundo Moisés (1986, p. 164). Há de se diferenciar *realismo* de *naturalismo*. A primeira diferença é cronológica – os romances naturalistas foram posteriores aos realistas –, não só na França como também em Portugal: o primeiro romance realista, *O crime do padre Amaro*, de Eça de Queirós (1845-1900), foi publicado em 1875; o naturalismo, por sua vez, tem seu marco em 1891, com a obra *O barão de Lavos*, de Abel Botelho (1855-1917). No romance realista, a base ideológica aparece antes, como preparação e fonte de argumentação; no naturalista, está antes e durante. O primeiro caracteriza-se pela perspectiva estética dos problemas sociais; o segundo, pela abordagem científica. Além disso, é possível afirmar que todo naturalista é realista, mas nem todo realista é naturalista.

É preciso esclarecermos também que o realismo inseriu-se num contexto sócio-político-econômico-filosófico-científico próprio: revoluções sociais, novas filosofias, o "identificismo", o aparecimento de várias correntes científico-filosóficas como o **positivismo**, de Auguste Comte (1798-1857), o **determinismo**, criado por Hippolyte Taine (1828-1893), e o **darwinismo**, de Charles Darwin (1809-1882). Esse contexto tinha como característica o **antirromantismo**, antissubjetivo e adepto da objetividade, pois o que interessa é o objeto, aquilo que está fora de nós ou diante de nós, o "não eu".

Os escritores das duas correntes caracterizavam-se pelo uso da razão e da inteligência, conhecido como *racionalismo*. Nessa época, também se acirrou o combate às três instituições hegemônicas: a Igreja, a família e a monarquia; daí uma atitude negativa em relação à crença religiosa, ao cristianismo. Preferia-se uma busca pela verdade universal e impessoal e o interesse por fatos observáveis, isto é, o que pressupunha uma base científica, revelando o condicionamento do homem ao meio físico e social. A obra literária passou a assumir compromissos sociais, demandar transformações e propor o ativismo social. A arte deixou de ser ornamento e tornou-se combativa. Surgiu então o romance de tese ou romance experimental, uma tentativa de provar certas teorias, demonstrando a procedência de uma tese defendida pela ciência, como ao mostrar o determinismo para caracterizar certas personagens, que, vivendo em tal meio ou circunstância e carregando uma carga genética, necessariamente teriam de se comportar do modo determinado pelo meio.

O realismo expôs as contradições do modo de vida capitalista e apresentou suas críticas a esse sistema que se impõe de forma cruel sobre as classes desprivilegiadas, escancarando suas mazelas. Seus principais representantes são, na França, além de Flaubert e Zola, Honoré de Balzac (1799-1850), Alexandre Dumas, pai (1802-1870) e Alexandre Dumas, filho (1824-1895). Na poesia destacam-se Arthur Rimbaud (1854-1891) e Charles Baudelaire (1821-1867), que ofereceram a interpretação do realismo na poesia com o movimento conhecido como *simbolismo* e deram início ao processo de modernização da poesia. Moisés (1986) explica que, em 1886, Jean Moréas (1856-1910) publicou no *Le Figaro Littéraire* o artigo/manifesto "Un manifeste littéraire", no qual definiu, pela primeira vez, o termo *simbolismo*, substituindo o decadentismo (os decadentes são os seguidores de Baudelaire): "inimiga do ensinamento, da declamação, da falsa sensibilidade, da descrição objetiva, a poesia simbolista procura vestir a Ideia duma forma sensível" (Moisés, 1986, p. 263). Na Inglaterra, o realismo tem seus representantes em Charles Dickens (1812-1870) e nas irmãs Charlotte Brontë (1816-1855) e Emily Brontë (1818-1848); na Rússia, Fiódor Dostoiévski (1821-1881) e Leon Tolstói (1828-1910); nos Estados Unidos, Mark Twain (1835-1910); em Portugal, Eça de Queirós, Cesário Verde (1855-1886), Antero de Quental (1842-1891), Eugênio de Castro (1869-1944) e Camilo Pessanha (1867-1926), sendo estes dois últimos também simbolistas; e, no Brasil, destacamos nosso maior talento literário, Machado de Assis (1839-1908) e, entre os naturalistas, Aluísio de Azevedo (1857-1913).

Gustave Flaubert, um dos mestres do realismo, foi influenciado pelas teorias científicas, pela Revolução Industrial e pela linha filosófica de Auguste Comte. Marcou a literatura francesa pela profundidade de suas análises psicológicas, seu senso de realidade, sua lucidez sobre o comportamento social e pela força de seu estilo em grandes romances, tais como *L'Éducation sentimentale*, *Salammbô* e *Madame Bovary*, sua obra-prima, inspirada na obra *A mulher de trinta anos*, de Balzac, na qual retrata Emma Bovary, personagem caracterizada por uma ingenuidade romântica que lhe rende um amargo fim. Flaubert chegou a ser processado pelo conteúdo do livro, na época considerado imoral.

Émile Zola é considerado o representante mais expressivo da escola literária naturalista e era também defensor da liberdade e da justiça. Foi assassinado por desconhecidos pouco tempo após ter publicado o famoso artigo *J'accuse*, em que acusava os responsáveis pela condenação injusta, motivada por xenofobia, da qual o  oficial judeu Alfred Dreyfus foi vítima. Também se inspirou na obra *A comédia humana*, de Balzac, para levar adiante seu grande projeto: a série *Os Rougon-Macquart*, à qual deu o subtítulo de *História natural e social de uma família sob o segundo império*, composta por 20 romances de cunho naturalista, escritos entre 1871 e 1893, dos quais se destacam *Nana* e *Germinal*, sua obra-prima, que apresenta a estética naturalista com descrições realistas e cruas ao retratar as condições subumanas de vida de uma comunidade de trabalhadores de uma mina de carvão na França, os quais, após terem contato com ideias socialistas que circulavam pela classe operária europeia, revoltam-se contra a opressão e organizam uma greve geral, exigindo melhores condições de vida e de trabalho. A manifestação é reprimida e neutralizada; entretanto, permanece viva a esperança de luta e conquista. Para compor sua obra, Zola trabalhou na extração de carvão, viveu com os mineiros, comeu e bebeu nas mesmas tavernas para se familiarizar com o meio, sentindo na carne o trabalho sacrificado e as péssimas condições às quais os trabalhadores estavam submetidos.

Honoré de Balzac é considerado o fundador do realismo na literatura moderna. Trabalhou muito, por talento e necessidade, e deixou uma vasta obra na qual apresenta suas agudas observações psicológicas e faz um retrato crítico e detalhado da sociedade francesa da época, inaugurando a "crítica de costumes" e exercendo influência em seus contemporâneos e em muitos que vieram depois. Seus romances mais prestigiados estão reunidos em *A comédia humana* e são: *A mulher de trinta anos*; *Eugènie Grandet*, que conta a história de um jovem que herda o espírito de avareza do pai – apresenta uma escrita simples, mas com uma caracterização dinâmica e complexa dos personagens; *O pai Goriot*, uma transposição da história de Rei Lear a uma decadente Paris da década de 1820, cujo personagem-título não ama ninguém, apenas o dinheiro; e *As ilusões perdidas*, história de um jovem poeta que se esforça para ganhar a vida, mas fica preso às armadilhas das piores contradições sociais.

Alexandre Dumas, pai começou escrevendo artigos para revistas e também peças para teatro. Após o período turbulento causado pelos protestos em busca de mudanças promovidos por republicanos frustrados e trabalhadores urbanos empobrecidos, e com a estabilização econômica promovida pela industrialização e o fim da censura à imprensa, seu trabalho passou a ser valorizado; Dumas passou a dedicar-se aos folhetins publicados nos jornais e aos romances, que continham muita aventura e estimulavam a imaginação do público francês e de outros países nos idiomas para os quais foram traduzidos. Entre eles, podemos citar *O Conde de Monte Cristo*, *Os irmãos Corsos*, *O Visconde de Bragelonne* (do qual faz parte *O homem com a máscara de ferro*) e o mais famoso deles, *Os três mosqueteiros*. Todas essas obras se tornaram muito populares e até hoje são adaptadas para o cinema e outras mídias.

Alexandre Dumas, filho é filho ilegítimo de Alexandre Dumas, pai, que o reconheceu e ofereceu-lhe boa educação, mas o tirou de sua mãe, uma costureira, cujo sofrimento o inspirou a traçar perfis femininos sofredores, como a cortesã de sua mais famosa obra, *A dama das camélias*.

Jean-Nicolas Arthur Rimbaud é considerado um dos precursores da poesia moderna. Teve uma vida errante e aventureira, sendo famoso seu caso homossexual com o poeta Paul Verlaine (1844-1896), o que chocou a sociedade da época. Em meio à sua vida tumultuada, escreveu sua obra-prima, o livro de poemas

Everett Historical/Shutterstock

Uma estação no inferno, que influenciou vários poetas modernos e muitos movimentos da contracultura do século XX. Seu estilo é simbolista e sua linguagem é permeada de riqueza sonora e de imagens, conferindo um caráter sensorial aos versos. Sua outra obra é *Iluminações*. O poeta deixou de escrever aos 20 anos, decidido a se tornar negociante na África, onde ficou doente de um fatal tumor no joelho, falecendo aos 37 anos.

Charles Baudelaire, poeta, dândi e teórico da arte francesa, é considerado um dos precursores do simbolismo e do decadentismo, reconhecido internacionalmente como o fundador da tradição moderna em poesia. Sua obra-prima é o livro de poemas *As flores do mal*, que contém 100 poemas, dos quais 6 foram censurados. Sua poesia é marcada pela expressão de imagens cotidianas, incluindo a mudança radical provocada pela metrópole sobre a sensibilidade, pois é por meio dos sentidos que se apreende a realidade.

Embora sua obra não se enquadre no movimento realista por sua opção estética de fazer "arte pela arte", o irlandês Oscar Wilde (1854-1900) é considerado um dos maiores autores de língua inglesa. Sua obra é variada e ele é mundialmente reconhecido pelo romance *O retrato de Dorian Gray*, no qual conta a história do jovem rico e belo Dorian, que opta por uma vida desregrada, repleta de prazeres, sempre dividido entre os conselhos de Lord Henry e as advertências de Basil, pintor do retrato que envelheceu por ele, mantendo-o jovem. Dorian talvez represente o alter-ego de Wilde, também abastado e adepto de uma vida de prazeres, chocando a Inglaterra vitoriana que o condenou à prisão e ao banimento da sociedade. Por suas críticas e opção sexual, ocupou papel de vanguarda, mas também sofreu drásticas consequências.

Entre os romancistas ingleses, Charles Dickens é o mais típico da Inglaterra vitoriana na época do realismo inglês. Além dos populares romances, escreveu contos, peças e artigos jornalísticos. Criticou, em suas obras, os horrores dos asilos, escolas e prisões, além de fazer denúncias nem tão veladas sobre as injustiças sociais, as péssimas condições de trabalho e a corrupção. Autor, entre vários outros, de "Conto de Natal", amplamente adaptado em várias mídias, e do popular *Oliver Twist*, em que narra as desventuras do pequeno Oliver em sua peregrinação pelas ruas e no orfanato (Nova Enciclopédia..., 2001a).

Charlotte Brontë, a mais velha das três irmãs Brontë, publicou o seu romance mais conhecido, *Jane Eyre*, sob o pseudônimo de Currer Bell. Após uma infância triste, Jane Eyre resolve se tornar governanta e trabalhar para um misterioso e frio patrão, por quem se apaixona, apesar de os segredos do homem ator-

mentarem a personagem. Apesar de populares, seus romances foram considerados vulgares pelos críticos.

Emily Brontë é autora de *O morro dos ventos uivantes*, que também recebeu críticas na época de seu lançamento e hoje é considerado um clássico da literatura mundial, recebendo várias versões oficiais no cinema e inúmeras adaptações. Na fazenda que dá nome ao livro, um casal de amigos de infância se apaixona, mas é cruelmente separado pelo destino, estrelando uma surpreendente história de amor.

Fiódor Dostoiévski é o fundador do realismo russo. Era epilético e teve sua primeira crise depois de saber que seu pai fora assassinado, fato que o marcou profundamente. Foi condenado à prisão por participar de reuniões subversivas e fez o relato dessa experiência no pungente *Recordações da casa dos mortos*. Manteve produtiva a atividade política e demonstrou suas opções ideológicas em seus romances, como *Os irmãos Karamázov* e, principalmente, *Crime e castigo*, sua obra mais célebre, que narra a história de Raskólnikov, um jovem estudante, pobre e desesperado, que perambula pelas ruas de São Petesburgo até cometer um crime que tenta justificar por meio de uma teoria: grandes homens, como César e Napoleão, foram assassinos absolvidos pela história. Esse ato desencadeia uma narrativa labiríntica por becos, tabernas e pequenos cômodos, povoados de personagens que lutam para preservar sua dignidade contra as várias formas da tirania e conduzem o leitor a um grande dilema moral.

Leon Tolstói foi um dos homens mais importantes da Rússia em seu tempo, chegando a ser tratado como profeta. Engajado e humanista, também traçou um retrato de sua época em *Guerra e paz*, uma das maiores obras literárias de todos os tempos, que aborda as guerras napoleônicas. Sua obra mais popular é o romance psicológico *Anna Karênina*, que tem um dos inícios mais conhecidos da literatura mundial: "Todas as famílias felizes são iguais. As infelizes o são cada uma à sua maneira". A trama gira em torno do caso extraconjugal da personagem que dá título à obra, uma aristocrata que, a despeito de parecer ter tudo (beleza, riqueza, popularidade e um filho amado), sente-se vazia até encontrar um impetuoso oficial. No decorrer da obra, também são tratadas questões importantes da vida no campo na Rússia da época, onde algumas personagens debatem a respeito das melhores maneiras de gerir suas propriedades de terras, bem como o tratamento com os camponeses.

Samuel Clemens, mais conhecido por seu pseudônimo Mark Twain, é autor do popular *As aventuras de Tom Sawyer* e do grande clássico *As aventuras de Huckleberry Finn*, que finalmente oferece autenticidade à literatura americana ao empregar um estilo calcado na fala vigorosa, realista e coloquial, sem a imitação da pompa inglesa. Para Twain, o realismo não era apenas uma técnica literária: era uma maneira de falar a verdade e detonar antigas convenções. Portanto, era profundamente libertador e potencialmente hostil à sociedade. O exemplo mais conhecido desse estilo é o personagem-título Huckleberry Finn, menino pobre que decide seguir a voz da consciência e ajudar um escravo negro, Jim, a fugir para a liberdade, apesar de pensar que isso o condenaria ao inferno por infringir a lei. A história de Huck e Jim e sua busca pela liberdade encantou gerações e paira em *On the Road: Pé na estrada*, de Jack Kerouac (1922-1969).

cincopontoum
O realismo em Portugal

Em 1865, o poeta Antero de Quental publicou seu livro de poemas *Odes modernas*, obra que deu início ao realismo em Portugal e desencadeia a polêmica Questão Coimbrã, primeiro sinal de renovação ideológica e literária em que se defrontam dois grupos antagônicos de poetas portugueses: os conservadores, liderados por Castilho (1800-1875); e os adeptos da nova corrente, os jovens de Coimbra, liderados por Antero de Quental.

Castilho, em posfácio à obra *Poema da mocidade*, de Pinheiro Chagas, critica duramente no grupo de Quental o exibicionismo e o cultivo de temas impróprios à poesia. Quental respondeu a Castilho com uma carta aberta, em forma de panfleto, intitulado *Bom senso e bom gosto*, em que defende a independência dos jovens escritores e seu comprometimento em difundir o pensamento novo, revolucionário, em oposição à futilidade, à insignificância e ao provincianismo da poesia de Castilho.

A Questão Coimbrã evidenciou não uma discordância pessoal entre Castilho e Quental, mas sim uma divergência entre românticos e realistas, definindo a crise de cultura que iniciou o realismo português. Ao final da polêmica, os moços de Coimbrã já haviam se firmado como a "Geração Realista", "Geração Coimbrã" ou "Geração de 70".

> Os principais representantes do realismo português são Antero de Quental, na poesia e Eça de Queirós, na prosa.

Antero de Quental, como dito anteriormente, foi o líder intelectual da geração realista que deu início ao realismo em Portugal. Mais do que renovar a poesia, o objetivo do poeta era modernizar Portugal. Sua poesia passa por três fases: 1) lirismo-amoroso, erotismo e religiosidade, cujas principais obras são *Raio de extinta luz* e *Primaveras românticas*; 2) poesia realista de ação social e irreverência, que pode ser exemplificada com *Odes modernas*; e 3) poesia metafísica, como em *Sonetos*, oposta à poesia do cotidiano de Cesário Verde (1855-1886) e que se caracteriza pela preocupação com questões filosóficas eternas do ser humano, uma visão pessimista. Além das poesias, Quental escreveu a prosa filosófica, que retrata a consciência do autor sobre a luta dramática com o seu interior. Em 1891, o autor se suicidou.

Eça de Queirós é considerado o mais importante romancista do realismo português, mas também cultivou várias tendências literárias, como no conto, no jornalismo e na historiografia. Suas obras demonstram a divisão linguística entre a tradição e a modernidade.

A rica produção literária de Eça de Queirós pode ser agrupada em três momentos: o primeiro é marcado por indecisões – é um estágio primário e a fase menos importante; no segundo, Eça aderiu aos ideais realistas, passando a escrever contra a monarquia, a Igreja e a burguesia. Com linguagem original, rigorosa precisão e naturalidade, expôs o quadro político dos anos 1870. A terceira é a fase da maturidade, em que passou a ser idealista, refletindo sobre a existência do ser humano.

Seus principais romances são: *O crime do padre Amaro*, uma crítica violenta à vida social portuguesa, à corrupção do clero e à hipocrisia dos valores burgueses; *O primo Basílio*, romance influenciado por *Madame Bovary* de Flaubert, que aborda o adultério feminino e a fragilidade da moral de uma família da média burguesia de Lisboa, e *A cidade e as serras*, obra matura, de conteúdo mais reflexivo.

cincopontodois
O simbolismo em Portugal

Em Portugal, o surgimento do simbolismo deveu-se a Eugênio de Castro e à publicação de seu primeiro livro de poesias, *Oaristos*, em 1890. De acordo com Moisés (1986, p. 258- 260), o simbolismo é,

> antes de tudo, antipositivista, antinaturalista, e anticientificista. Isto significa que, contrariando o caráter objetivo e realista destas tendências, a poesia simbolista prega e busca efetuar o retorno à atitude de espírito assumida pelos românticos, e que se traduzia no seu egocentrismo: volta ao "eu", opondo-se ao culto do "não eu". [...] Os simbolistas criam os meios de expressão apropriados: uma gramática psicológica, uma sintaxe psicológica e um vocabulário adequado, mesmo recorrendo a neologismos, inusitadas combinações vocabulares, arcaísmos, [sic] etc.

Mesmo assim, as palavras não eram suficientes, e os simbolistas buscam então a sugestão: "as palavras deviam evocar e não descrever, sugerir e não definir, o que acabou desaguando no símbolo" (Moisés, 1986, p. 259) – não no sentido tradicional da palavra *símbolo*: era uma representação, mas com a tentativa de simbolizar por meio de metáforas, de sugerir, de induzir; para o referido teórico, "o símbolo é um esforço de apreensão do impalpável e, por isso, funciona como múltiplo e rápido sinal luminoso duma complexa realidade espiritual" (Moisés, 1986, p. 260).

Os simbolistas cultivavam o vago, o oculto, o mistério, a ilusão, tudo que lhes permite sondar além da realidade tangível. O mesmo Moisés (1986, p. 260) complementa: no tocante à métrica

> *defendem o verso livre, os metros sonoros, coloridos, evocativos, com sinestesias, isto é, imagens compostas da colaboração de todos os sentidos, e a musicalidade do verso. É a busca da 'poesia pura', sem contato com o mundo material, a criação de um mundo como uma 'floresta de símbolos', intuído por vias místicas ou metafísicas.*

Eugênio de Castro, Antonio Nobre e Camilo Pessanha são os principais representantes da poesia simbolista portuguesa.

Eugênio de Castro viveu em Paris, onde entrou em contato com a poesia decadentista. No seu regresso, lançou a revista *Os insubmissos* e publicou *Oaristos*. O escândalo provocado pelo texto prosseguiu em *Horas*, na qual Eugênio de Castro apresenta alguns expedientes formais caros às poesias decadentista e simbolista. Após os primeiros livros, começou a predominar em sua poesia um declarado neoclassicismo (mais próprio do seu temperamento), em tudo antagônico a suas pretensões simbolistas. Assim, para Moisés (1986, p. 267), "apesar de alguns momentos de realização simbolista, pela presença do vago e do simbólico, o poeta caminha inteiramente para o neoclassicismo parnasiano", por exemplo, em *Saudades do céu* e *Constança*, esta última talvez sua maior obra.

Antonio Nobre (1867-1900), ao falecer aos 33 anos, deixou publicado um único livro, *Só*, e alguns inéditos que vieram a constituir dois volumes: *Despedidas* e *Os primeiros versos*. Moisés (1986, p. 269) explica que, dada sua refinada sensibilidade, era um romântico por excelência: "sentimental, emotivo, introspectivo", que se evadiu totalmente do mundo que o cercava. O tempo também é outra força motriz de sua poesia: tempo quase sempre passado, com lembranças autobiográficas, no culto mórbido à saudade; o saudosismo é a característica de quase todos os poemas de *Só*, sua principal obra.

Camilo Pessanha, diferentemente dos demais poetas, enquadra-se de modo nítido, justo, na estética simbolista. Sua obra poética caracteriza-se pelo alto sentido abstrato, vago, difuso. É conhecido como "poeta da Dor" – seu tema preferido, tratando-o como causa e efeito, princípio e fim. Assim, ele refletiu, com nitidez, o clima de degenerescência geral de que o simbolismo e o decadentismo eram as mais evidentes expressões literárias.

cincopontotrês
Realismo, simbolismo e parnasianismo no Brasil

A produção romântica já descrevia um Brasil em crise. Os fatos históricos, como a ruptura com o regime escravocrata e a formação de um partido liberal, a chegada de imigrantes, a república e a democracia, são determinantes no plano da invenção ficcional e poética. Os temas românticos cedem a um processo de crítica na literatura dita "realista". Para Bosi (1994, p. 167),

> Há um esforço, por parte do escritor antirromântico, de acercar-se impessoalmente dos objetos, das pessoas. E uma sede de objetividade que responde aos métodos científicos cada vez mais exatos nas últimas décadas do século. Os mestres dessa objetividade seriam, ainda uma vez, os franceses: Flaubert, Maupassant, Zola e Anatole, na ficção; os parnasianos, na poesia; Comte, Taine e Renan, no pensamento e na História. Em segundo plano, os portugueses, Eça de Queirós, Ramalho Ortigão e Antero de Quental, que travavam em Coimbra uma luta paralela no sentido de abalar as velhas estruturas mentais. No caso de Machado de Assis, foi a busca de um veio humorístico que pesou sobre a sua eleição de leituras inglesas.

A atitude de aceitação da existência, tal qual ela se dá aos sentidos, ocorre em dois planos: o ideológico, fundamentado no determinismo, e o estético, na vontade de criar um objeto novo, imperecível e imune às pressões humanas, revestido de pessimismo e submetido às "leis naturais" – daí o naturalismo. Na poesia, o rigor estético criou o parnasianismo.

O realismo ficcional aprofundou a narração de costumes da época, na quais se desvendavam as mazelas da vida pública e os contrastes da vida íntima; buscavam-se causas naturais (raça, clima, temperamento) ou culturais (meio, educação), que limitam a liberdade do indivíduo – daí o determinismo. Trata-se de um estilo caracterizado por um aprofundamento psicológico e por uma procura pelo típico que levava, às vezes, ao patológico. O feio, o grotesco, o anômalo, a ciência, a estrutura impessoal e a disciplina séria foram outros aspectos explorados pelos realistas.

Machado de Assis é o ponto mais alto e equilibrado da prosa realista brasileira. Quando jovem, indignou-se ante os males de uma política obsoleta; na maturidade, foi mudando o sentido do combate. Tentou ser não convencional, encarou as dificuldades de ser mulato, gago, epilético e tímido e teve como armas  o humor, as ambivalências, a oculta sensualidade e a ironia. *Memórias póstumas de Brás Cubas* é o marco divisor de sua obra. O defunto-autor Brás Cubas exibe as peças de cinismo e indiferença com que via montada a história dos homens. Livros anteriores, como *A mão e a luva* e *Iaiá Garcia* introduzem o papel social na formação do "eu". A passagem para as *Memórias* se concretizou no alerta para que nada de piegas, nada de enfático, nada de idealizante se pusesse entre o criador e as criaturas. Mas Machado não se perdeu no determinismo. *Quincas Borba* e *Dom Casmurro* estão à altura dos mestres europeus. Em suas últimas obras, prevalece a moral da indiferença. Sua ficção constituiu um dos caminhos da prosa brasileira em direção à profundidade.

Raul Pompeia (1863-1895) partilhava com Machado o dom do memorialista e a finura da observação moral, mas *O ateneu* mal pode ser definido como realista, estando mais para impressionista ou expressionista. Na obra encontram-se traços do passado do autor, que passou por interpretações psicanalíticas. Para Bosi (1994), se não fosse seu talento de artista, Raul Pompeia teria naufragado no puro romance de tese.

A influência de Zola e Eça é palpável em Aluísio Azevedo. Escritor profícuo, vivia à custa de sua pena, o que talvez explique o desnível entre seus romances sérios (*O mulato, Casa de pensão, O cortiço*) e os pastelões melodramáticos (*Condessa Vésper, Girândola de amores, A mortalha de Alzira*) e também o abandono das letras  aos 40 anos, quando entrou na carreira diplomática. Aprimorou a técnica de caracterização do tipo em *O mulato*, primeiro romance naturalista brasileiro. *O cortiço* foi um passo adiante na história de nossa prosa, com seu léxico concreto e sintaxe correta.

Inglês de Souza (1853-1918) tem postura positivista. Em *O missionário*, romance de tese, expõe os mínimos aspectos da evolução moral. Sóbrio e meticuloso em excesso, não consegue transmitir o sentimento de conjunto da paisagem tropical.

Do Ceará vieram outros naturalistas, que dariam à região da seca e do cangaço uma fisionomia literária bem marcada e capaz de prolongamentos tenazes até o romance moderno. *Luzia-Homem*, de Domingos Olímpio Braga Cavalcanti (1851-1906), "é uma ingênua e bela história de uma retirante de 77 anos, cujos modos másculos ocultavam sentimentos bem femininos" (Bosi, 1994, p. 195). *A fome, Os brilhantes* e *O paroara*, de **Rodolfo Teófilo** (1853-1932), são livros atulhados de jargão científico do tempo, mas são bons retratos do pesadelo da seca e da imigração. *Aves de arribação*, de **Antônio Sales** (1868-1940), ainda hoje é de leitura agradável. O melhor do grupo, **Manuel de Oliveira Paiva** (1861-1892), teve sua obra *Dona Guidinha do poço* publicada meio século depois de escrita.

A fortuna crítica de **Coelho Neto** (1864-1934) conheceu os extremos do desprezo e da louvação. *A capital federal* é uma crônica romanceada. *Miragem* utiliza os meios com sobriedade e é uma narração convincente da vida doméstica. Em *Inverno em flor*, há uma coloração naturalista. *O morto* é um romance todo documental e *A conquista*, uma autobiografia. A patologia da vida doméstica é o tema de *Tormento*. De estilo sincrético, mistura a intenção documental com o brilho da palavra plástica e sonora.

A obra de **Afrânio Peixoto** (1876-1947) é menor e seu realismo sertanejo é relativamente romântico. Tinha personalidade alheia à violência, observadora, maliciosa sem fel, tolerante e epicurista. Autor de *Maria bonita, Fruta do mato, Bugrinha* e *Sinhazinha*, seu último romance.

Alguns autores, alheios à moda que as elites urbanas importavam, pesquisaram a linguagem e o folclore do interior e precederam, em contexto diferente, o vivo interesse dos modernos pela realidade brasileira total. Histórias e quadros sertanejos constituem o grosso de *Pelo sertão*, de **Afonso Arinos** (1868-1916), cujo brilho descritivo não se ofusca pela linguagem minuciosa e pedante. Sua capacidade de análise histórica conferiu à obra *O contratador de diamantes* aspectos nítidos de romance histórico.

O mesmo Bosi (1994, p. 211) explica que **Valdomiro Silveira** (1873-1941), "caipira de coração e cultura, este juiz e homem público sem mácula, consagrou o melhor de seu talento na expressão do meio caboclo, logrando alcançar efeitos de aderência à vida e ao falar sertanejo e, verdades admiráveis" em *Os caboclos*.

Simões Lopes Neto (1865-1916) é o patriarca das letras gaúchas, narrador singelo, "exemplo mais feliz de prosa regionalista do Brasil antes do Modernismo" (Bosi, 1994, p. 212); autor de *Lendas do sul* e *Contos gauchescos*. Alcides Maya (1878-1944), também gaúcho, retratava um regionalismo falacioso. É autor de *Ruínas vivas* e *Tapera*. **Hugo de Carvalho Ramos** (1895-1921) é o narrador da vida dos tropeiros goianos; hipersensível, suicidou-se aos 26 anos. É o autor de *Tropas e boiadas*.

O papel que <u>Monteiro Lobato</u> (1882-1948) exerceu na cultura nacional transcende sua inclusão entre os contistas regionalistas. Intelectual participante, moralista e doutrinador aguerrido, é autor de *Urupês*, *Cidades mortas* e *Negrinha* (em ficção), e famoso pelo *Sítio do Pica-Pau Amarelo*. Seus riscos, na literatura adulta,

foram o ridículo arquitetado dos contrastes e o paroxismo patético dos finais imprevistos e sinistros, aliás, quase os únicos efeitos em função dos quais se articulavam suas histórias.

O conservadorismo romântico caiu e a nova poesia participante, de ritmo hugoano (de Victor Hugo), teve em Sílvio Romero (1851-1914), Teófilo Dias (1854-1889), Valentim Magalhães (1859-1903), Afonso Celso (1860-1938) e Fontoura Xavier (1856-1922) seus representantes. O veio realista-parnasiano teve origem em Baudelaire. É da convergência de ideias antirromânticas que surgiu a nova poética parnasiana. Seu nome veio de Paris, inspirado na antologia *Parnasse Contemporain*, cujos traços são: o gosto pela descrição nítida, as concepções tradicionalistas sobre metro, ritmo e rima e o ideal de impessoalidade que partilhavam com os realistas do tempo. Os nomes mais expressivos são de Alberto de Oliveira (1857-1937), que afirmou em *Meridionais* o culto à forma; Raimundo Correia (1859-1911), menos fecundo e mais sensível, sua poesia de sombras e luares misturava-se a meditações desenganadas; **Olavo Bilac** (1865-1918), o mais antológico de nossos poetas, eloquente, autor de *Via Láctea*, era obcecado pelo efeito. Entre outros parnasianos temos Augusto de Lima (1859-1934), Fontoura Xavier e Múcio Teixeira (1857-1926). Especial destaque merecem Francisca Júlia (1871-1920), Artur de Azevedo (1855-1908) – irmão de Aluísio, que usa o tom humorístico em sua poesia –, e Vicente de Carvalho (1866-1924).

Segundo Bosi (1994, p. 233), "a poesia neoparnasiana traduz a persistência de uma concepção estética obsoleta, que o simbolismo europeu já ultrapassara, abrindo caminho para as grandes correntes estéticas do nosso século: futurismo, surrealismo, expressionismo". Seu representante é **Raul de Leoni** (1895-1926), poeta de formas antigas e inteligência ousadamente moderna.

No teatro, o nome de **Artur Azevedo** impõe-se como o de continuador ideal de Martins Pena (1815-1848). Autor fértil, o sucesso tornou-o grande comunicador. França Jr. (1838-1890) também escreveu comédias, mas foi Machado de Assis que se destacou, desde as primeiras comédias às últimas, mais fluentes e com cortes de cenas mais precisos.

Surpresa na dramaturgia gaúcha, José Joaquim de Campos Leais (1829-1883), ou **Qorpo-Santo**, é um corpo estranho. Explorou o *nonsense* e o absurdo (de Pirandello, Jarry, Ionesco) como fenômenos ideológicos e estéticos válidos em si.

Quanto ao simbolismo, o parnaso legou aos simbolistas a paixão do efeito artístico. O **símbolo** assume a função-chave de vincular as partes ao todo universal que confere a cada uma seu verdadeiro sentido. A função relevante dos simbolistas era a de demonstrar o mal-estar profundo que enervava a civilização industrial e o fato de terem oferecido remédios inúteis, tornando-os impotentes e carentes de ideologia.

No Brasil, o simbolismo não exerceu a função relevante que o distinguiu na literatura europeia: encravado no longo período realista que o viu nascer e sobreviveu a ele, teve algo de surto epidêmico e não pôde romper a crosta da literatura oficial. "O movimento, enquanto atitude de espírito, passava ao largo dos maiores problemas da vida nacional" (Bosi, 1994, p. 268). A expressão dos grupos simbolistas no início do século correu paralela à do parnasianismo.

Os nomes de Medeiros e Albuquerque (1867-1934) e Wenceslau de Queirós (1863-1921) costumam ser lembrados como precursores do simbolismo brasileiro. Eles "interessam como ponte do Parnaso para o Simbolismo, construída com materiais tomados de um poeta ambivalente como Baudelaire. Nada [...] se compara em força e originalidade à irrupção dos *Broquéis* com que Cruz e Sousa renova a expressão poética em língua portuguesa" (Bosi, 1994, p. 270). A sublimação, da libido ao sofrimento, a confissão de impotência expressiva, o ritmo, a cadência marcada, os processos sinestésicos, a obsessão pela cor branca e o tom de confiança absoluta na salvação pelo exercício da "vida obscura" e pelo percurso da "via dolorosa" estão presentes nos seus mais belos sonetos.

De Cruz e Sousa (1861-1898) para Alphonsus de Guimaraens (1870-1921), há uma "descida de tom". A poesia do autor de *Kyriale* aparece iluminada por uma luz igual e suave, constante no seu nível, quase sem surpresa na sua temática, mas única; a morte da amada. *Kyriale* é um dobre de finados pela atmosfera pesada. Assim, em suas outras obras, há novo arranjo rítmico.

O mais original dos poetas brasileiros entre Cruz e Sousa e os modernistas foi Augusto dos Anjos (1884-1914), poeta de um só livro, *Eu*, de grande tiragem graças ao "caráter original, paradoxal, até mesmo chocante de sua linguagem, tecida de vocábulos esdrúxulos e animado de uma virulência pessimista sem igual em nossas letras" (Bosi, 1994, p. 288), cuja dimensão cósmica e angústia moral são evidentes.

Os decadentes percorreram os vários caminhos da prosa: romance, conto, crônica e crítica. Alguns exemplos dessa vertente são Coelho Neto (1864-1934), com sua prosa ornamental; Nestor Victor (1868-1932), cujo enredo de sua novela *Os sapos* lembra *A metamorfose*, que Kafka (1883-1924) escreveria 20 anos depois, e os contos fantásticos de Lima Campos. Há tentativas de romances antirrealistas, como *No hospício*, de José Francisco de Rocha Pombo (1857-1933).

cincopontoquatro
Modernismo (1910 a 1930): fuga do tradicional

> **Para lembrar**
>
> - Ano de 1906 – Primeiro voo motorizado é realizado por Santos Dumont, em seu célebre 14 Bis.
> - Ano de 1913 – Harry Brearley inicia a produção de aço inoxidável na Inglaterra.
> - Ano de 1914 – Início da Primeira Guerra Mundial.
> - Ano de 1917 – Início da Revolução Russa.
> - Ano de 1922 – Criação da União das Repúblicas Socialistas Soviéticas (URSS). Benito Mussolini toma o poder na Itália, com o apoio do movimento nazista.
> - Ano de 1928 – Alexander Fleming descobre a penicilina.
> - Ano de 1933 – Adolf Hitler torna-se chanceler na Alemanha, abrindo espaço para a inserção do nazismo no cenário do poder.
> - De 1936 a 1939 – Guerra Civil Espanhola.
> - De 1939 a 1945 – Segunda Guerra Mundial.

Os escritores dessa época negavam e evitavam os tipos formais e tradicionais. Foi um momento de revolução e busca de novos caminhos e novos formatos literários: a grande onda cultural do modernismo, que surgiu na Europa e depois se espalhou para os Estados Unidos nos primeiros anos do século XX e expressava um desejo de ruptura brusca com o passado. À medida que as máquinas modernas mudavam o ritmo, a atmosfera e a aparência da vida diária no início do século XX, muitos artistas e escritores, com graus variados de sucesso, reinventavam formas artísticas tradicionais e buscavam radicalmente outras novas — eco estético do que as pessoas haviam passado a chamar de "era da máquina".

Alguns dos principais representantes em língua inglesa desse período são Ernest Hemingway (1899-1961), Gertrude Stein (1874-1946), William Faulkner (1897-1962), T. S. Eliot (1888-1965), F. Scott Fitzgerald (1896-1940), Ezra Pound (1885-1972), Virginia Woolf (1882-1941), James Joyce (1882-1941). Em outras línguas, destacamos Bertold Brecht (1898-1956), Franz Kafka (1883-1924), Thomas Mann (1875-1955), Pablo Neruda (1904-1973), Marcel Proust (1871-1922), Rainer Maria Rilke (1875-1926), Vladimir Maiakóvski (1893-1930), Antoine de Saint-Exupéry (1900-1944), Mário de Sá-Carneiro (1890-1916), Fernando Pessoa (1888-1935) e Mario de Andrade (1893-1945).

A vida de Ernest Hemingway poderia ter saído de um de seus livros. Participou da Primeira Guerra, morou em Paris, cobriu a Segunda Guerra como jornalista e conviveu com a elite cultural de sua época. Recebeu o Prêmio Pulitzer em 1953 e, no ano seguinte, o Prêmio Nobel. Devastado pelos problemas familiares, pela doença e por acreditar que estava perdendo o dom de escrever, suicidou-se com um tiro em 1961. Hemingway é considerado o mais popular romancista americano. Seus temas são basicamente apolíticos e humanísticos e, nesse sentido, ele é universal. Seus personagens não são sonhadores, mas toureiros, soldados e atletas durões. Se intelectuais, são profundamente marcados e desiludidos. Sua marca registrada é o estilo claro desprovido de palavras desnecessárias. Ficou famoso com o romance *O sol também se levanta*. Usou suas experiências de aventureiro no breve e belo romance poético *O velho e o mar*, sobre um pobre e velho pescador, cujo peixe imenso pescado em mar aberto é perdido, não lhe rendendo nenhuma glória. Entre suas obras está também a história que gerou o clássico filme *Por quem os sinos dobram*.

Gertrude Stein passou grande parte de sua vida em Paris, onde praticamente administrava a vida cultural da cidade ao lado de sua companheira, Alice, que se tornou mundialmente conhecida a partir do livro *A autobiografia de Alice B. Toklas*, escrito por Gertrude, mas com Alice como narradora. Atuou praticamente como mecenas por incentivar efusivamente a arte e é considerada a criadora da expressão *lost generation* (geração perdida), que se referia aos escritores americanos (Ezra Pound, T. S. Eliot, Hemingway e Fitzgerald) refugiados na Europa entre a Primeira Guerra Mundial e a Crise de 1929.

As obras de William Faulkner caracterizam-se por uma narrativa marcada pela melancolia e por uma visão ácida sobre a decadência física e mental do sul norte-americano, o racismo e a violência na primeira metade do século XX. Entre suas produções de maior projeção estão *O som e a fúria* (título retirado da peça *Macbeth*, de Shakespeare), de abordagem marcadamente histórica do período tratado, e *Enquanto agonizo*. Os dois textos se destacam pelas inovações narrativas (ao dar voz a figuras marginalizadas, crianças e analfabetos), e pelo emprego do fluxo de consciência. *Absalom, Absalom!* narra a ascensão e queda de um fazendeiro (Nova Enciclopédia..., 2001b).

Thomas Stearns Eliot, ou T. S. Eliot, teve acesso a uma educação de primeira linha. Como outros escritores de sua época, procurou inspiração no Velho Mundo, onde travou conhecimento com vários artistas de sua geração.

Seu estilo prima pela emoção artística e pela renovação das estruturas formais. A atuação na crítica literária também lhe rendeu notoriedade (Nova Enciclopédia..., 2001a). Os questionamentos de fundo existencial, que buscam respostas que a vida moderna não oferece, e o mau gosto das cidades são temas que evocam seu grandioso poema *A terra desolada*.

Francis Scott Key Fitzgerald poderia ter a vida ideal: muito jovem conheceu o sucesso e o amor ao lado de Zelda Scott, mas ambos não souberam lidar com a fama: Zelda tornou-se mentalmente instável e Fitzgerald tornou-se alcoólatra. Mesmo assim, foi porta-voz de uma geração ao captar o esplendor e o desespero dos anos 1920 e deixou maravilhas como *Este lado do paraíso*, *Suave é a noite* e *Contos da era do jazz*, no qual se encontra a história recentemente filmada com grande sucesso *O curioso caso de Benjamim Button*. Sua obra-prima, que recebeu duas grandiosas versões no cinema, *O grande Gatsby*, é uma história escrita com brilhantismo e economicamente estruturada sobre o sonho americano do homem que se fez sozinho (*self-made man*). O protagonista, o misterioso Jay Gatsby, descobre o preço devastador do sucesso em termos de realização pessoal e do amor.

Ezra Pound é famoso por sua poesia vanguardista; graças às suas muitas viagens, entrou em contato com a poética chinesa e japonesa. Encabeçou o movimento dos imagistas, cuja produção poética se caracteriza por poemas pouco romantizados e com imagens precisas. Em 1924, impressionou os leitores com seus primeiros *Cantos*, marcados pelo hermetismo e pela abstração (Nova Enciclopédia..., 2001a). Suas propostas inspiraram o que viria a se tornar a poesia concreta. Outro movimento criado por ele, em busca de novas possibilidades para a harmonia das formas, é o **vorticismo**. Assim, firmou-se como um dos principais representantes do modernismo. Teve uma incursão desastrosa pela política, aderindo ao fascismo italiano. Seus colegas optaram por ignorar esse erro em nome de sua genial contribuição para a poética moderna do século XX, sua obra-prima, *Cantos*, que escreveu de 1917 a 1972, mas não conseguiu concluir, em virtude de sua morte. Esse épico, tentativa do autor de criar uma *A divina comédia* contemporânea, está repleto de referências históricas e ainda hoje é uma publicação controvertida.

Virginia Woolf fez parte do grupo Bloomsbury, círculo de intelectuais ingleses sofisticados que, passada a Primeira Guerra Mundial, investiram contra as tradições literárias, políticas e sociais da era vitoriana. Suas principais obras são *Orlando*, fantasia histórica que evoca com brilho e humor a Inglaterra da era elisabetana, *As ondas* e *Rumo ao farol*, em que um passeio da família Ramsay a um farol, frustrado pelo mau tempo, torna-se imagem da sensação de perda que percorre a obra: logo após irrompe a Primeira Guerra e a morte atingirá os Ramsay. A autora proferiu também famosas conferências para estudantes dos grandes colégios femininos de Cambridge, nas quais mostrou sua verve feminista. Dedicou toda sua vida à literatura. Em 1941, vítima de grave depressão, Woolf se suicidou.

As primeiras experiências literárias do irlandês <u>James Joyce</u> foram variadas, chegando a pertencer ao movimento imagista de Pound. Seu apuro com a linguagem foi o prenúncio do estilo que definiu o modernismo e foi empregado em sua obra mais famosa, *Ulisses*, um divisor de águas da literatura, é carcaterizado pelo  fluxo de consciência, por solilóquios e pensamentos de foro íntimo (Nova Enciclopédia..., 2001c) para caracterizar seus personagens, Stephen Dedalus, Leopold Bloom e Molly Bloom, que enfrentam situações correspondentes aos episódios da *Odisseia*, de Homero. O livro é o relato de um dia, 16 de junho de 1904 (atualmente, o Bloomsday, dia comemorado com leitura de trechos da obra em várias partes do mundo), e narra o dia das personagens em Dublin. Também incorpora teorias da psicanálise freudiana sobre o comportamento sexual. O livro foi proibido no Reino Unido e nos Estados Unidos, onde só foi liberado em 1936. Deixou também *Retrato do artista quando jovem*, reminiscências de sua infância e adolescência em Dublin, e sua última obra é *Finnegans Wake*, na qual leva às últimas consequências as inovações estéticas e linguísticas apresentadas em *Ulisses*.

Eugen **Bertholt** Friedrich **Brecht** é um dos nomes mais expressivos do teatro moderno. Suas peças, impregnadas de consciência política e humanismo, despertam reflexões profundas até hoje. Talvez por isso nunca saiam de cena, como *Baal*, *Mãe Coragem e seus filhos*, *A vida de Galileu*, *O círculo de giz caucasiano*, *A boa alma de Setzuan* e *A Ópera dos Três Vinténs*, entre tantas outras. Brecht também é lembrado por sua poesia política, cujos versos ressoam até hoje:

> [...]
> Seria mais simples o governo
> Dissolver o povo
> E escolher outro?
> (Brecht, 2000, p. 326).

O chileno **Pablo Neruda** é considerado um dos maiores poetas da língua castelhana. Sua obra tomou um rumo modernista com a publicação dos livros *O habitante e sua esperança* e *Tentativa do homem infinito*. É bastante conhecida sua opção política pelo comunismo; Neruda abriu mão de sua candidatura à presidência da república do Chile em favor do socialista Salvador Allende, que tinha as mesmas afinidades ideológicas do poeta. Faleceu em 1973, após a queda de Allende e a instauração da ditadura chilena, e até hoje especula-se se ele pode ter sido assassinado pelo regime ditatorial de Augusto Pinochet. Depois de sua morte, foram publicadas suas memórias com o título *Confesso que vivi*.

Franz Kafka teve sua infância e adolescência marcadas pela figura dominadora do pai, comerciante de sucesso. Em sua obra, a figura paterna aparece associada tanto à opressão quanto à aniquilação da vontade humana, explicitamente na célebre *Carta ao pai*, escrita em 1919, e metaforicamente ao caracterizar a figura repugnante de Gregor Samsa, transformado em inseto prestes a ser esmagado pela bota do pai em *A metamorfose*. A perpetuação de sua obra se deve ao grande amigo, posteriormente biógrafo, Max Brod, que publicou as obras-primas *O processo* (1925) e *O castelo* (1926) após a morte de Kafka. Nessas obras, a temática do absurdo existencial, marcada pela desesperança e alienação, ultrapassam os limites do *universo kafkiano* (termo até hoje empregado ao se referir a algo absurdo ou sem sentido). Exerceu influência em vários movimentos artísticos, como o surrealismo, o existencialismo e o teatro do absurdo.

    Thomas Mann conseguiu refletir de forma original e particular o espírito de seu tempo. É autor de *Morte em Veneza*, um

dos clássicos da literatura moderna, em cujas entrelinhas constam seus questionamentos quanto à própria sexualidade. *Os Buddenbrooks* é seu primeiro romance publicado (1900). Narra a trajetória de uma família de comerciantes protestantes, em Lübeck, cidade natal do autor. Permeada por reflexões sobre a arte e a criação, a obra é inspirada na história da família do escritor: por um lado, a origem familiar e o ambiente da ética protestante de Lübeck; por outro, a voz interior e a influência de sua mãe brasileira, que o fazia interessar-se menos pelos negócios e mais pela literatura.

Apesar de suas dúvidas sexuais, casou-se com a judia Katia Pringshein, filha de um rico industrial, com quem teve seis filhos e por ela deixou a Alemanha nazista. Em 1924, escreveu A *montanha mágica*, em que faz um relato de uma Europa em ebulição, no prenúncio da Primeira Guerra Mundial. Em *Doutor Fausto*, compôs uma biografia imaginária do compositor alemão Adrian Leverkühn, escrita por seu amigo Serenus Zeitblom durante o desenrolar da Segunda Guerra Mundial. Nela, o autor, para recontar o pacto fáustico com o diabo, se vale de aspectos da vida de Nietzsche, da teoria dodecafônica de Schoenberg e do auxílio teórico do filósofo Adorno. Recebeu o Prêmio Nobel em 1929.

Marcel Proust tinha família abastada e saúde frágil.

Seus primeiros textos, pequenos relatos e poemas em prosa, foram reunidos no volume *O prazer e os dias*, em 1896, e valeram-lhe a reputação de mundano. Sua grande obra, *Em busca do tempo perdido*, é composta por sete partes, publicadas separadamente – *No caminho de Swan*, *À sombra das raparigas em flor*, *O caminho de Guermantes*, *Sodoma e Gomorra*, *A prisioneira*, *A fugitiva* e *O tempo redescoberto*. Foi concluída em 1922 e seus três últimos volumes foram publicados postumamente. Essa grande obra, comparada a uma catedral gótica, representa um painel da vida social da alta burguesia francesa da época de Proust, analisada por meio da introspecção subjetiva do narrador, que se confunde com o personagem principal e com o próprio Proust. Seu maior legado para os estudos literários é a percepção do tempo psicológico, pelo qual ações e sentimentos voltam continuamente ao passado, seja involuntariamente, seja conscientemente. Nessa percepção, "o tempo da vida, que parece irremediavelmente perdido, se recupera por meio da obra de arte" (Nova Enciclopédia..., 2001d, p. 342). Dela extrai-se a famosa imagem das *madeleines*, bolinhos franceses com o formato de conchas e massa bem leve, que, ao serem degustados pelo narrador, evocam as lembranças perdidas no tempo, fazendo-se valer da memória gustativa.

Nascido em Praga, <u>Rainer Maria Rilke</u> publicou aos 19 anos poemas de amor intitulados *Vida*

e canções. Ao conhecer Lou Andreas-Salomé, escritora russa que depois se tornaria psicanalista e se apaixonaria por ele, viajou para a Rússia e se encantou com a religiosidade. A desilusão que caracterizou a primeira metade do século XX perpassa a obra lírica da autora, que instiga o leitor a pensamentos de natureza existencialista, a uma ligação metafísica entre o ser humano e o mundo. No começo do século XX, afastou-se do simbolismo francês e passou a escrever em um estilo mais realista. Sua obra foi influenciada pelo expressionismo e também repercutiu na criação de muitos autores e intelectuais de diversas partes do mundo. Publicou *O livro das imagens* e a série de versos *O livro das horas*, entre outras obras. Seu texto mais famoso, que lhe rendeu glórias, é *Cartas a um jovem poeta*, uma troca de correspondências entre Rilke e um jovem poeta chamado Franz Kappus, que pediu conselhos ao já famoso escritor. Ao responder aos questionamentos do rapaz, ofereceu também suas opiniões sobre o que considerava essencial na vida, como a criação artística, a necessidade de escrever, Deus, o sexo e o relacionamento entre os homens, além do valor nulo da crítica e a solidão inelutável do ser humano, resultando em belas páginas.

Vladimir Maiakóvski é o "o poeta da revolução", imbuindo em seus poemas o tom panfletário próprio de sua ação política ligada ao movimento revolucionário russo e às ideias socialistas, acreditando em uma renovação social. Seu tom arrebatador transbordou em seus poemas, de linguagem simples e veemente, transformando-o em símbolo dos movimentos reivindicatórios. Sua obra, profundamente revolucionária na forma e nas ideias que defendeu, apresenta-se coerente, original, veemente, una, segundo Campos, Campos e Schnaiderman (1985, p. 167).

Antoine Jean-Baptiste Marie Roger Foscolombe, ou simplesmente Antoine de Saint-Exupéry, além de escritor, foi um aviador francês e trabalhava como piloto, voando pelo céu de grande parte do mundo. Há relatos de que ele esteve no Brasil. Escreveu em estilo delicado e poético, e sua obra-prima é o grande sucesso *O pequeno príncipe*, durante anos visto como literatura menor ("livro de cabeceira de misses"). Recentemente redescoberto, por ocasião dos 70 anos de sua publicação, tornou-se parte do domínio público, tendo sido reeditado por várias editoras, e ganhou muitas homenagens. O livro conta a história de um principezinho solitário que o autor encontra no deserto e diz que vem de um planetinha distante. Ao conversar com o principezinho, consegue resgatar emoções de sua infância e compreender alguns mistérios do mundo, como expressa a famosa frase "o essencial é invisível para os olhos". Graças ao seu apelo poético e filosófico, visto que a narrativa está repleta de elementos simbólicos, o livro se tornou muito popular, sendo inclusive adotado por escolas e adaptado para o cinema e outras áreas de entretenimento.

5.4.1 O modernismo em Portugal

O modernismo português surgiu em 1915, com a publicação da revista *Orpheu*. Sofreu influências dos movimentos de vanguarda que surgiam na Europa e da Primeira Guerra Mundial. Nessa época, Portugal atravessou um período conturbado politicamente: continuando uma tendência que vinha desde o realismo, aumentou a onda de insatisfação contra o regime monárquico, até que o

Rei D. Carlos e seu filho são assassinados, o que provocou uma crise política e a consequente proclamação da república em 1910. Anos conflituosos se seguem até culminar com a Ditadura de Salazar (de 1928 até 1974).

Na literatura, as gerações modernistas dividem-se na geração da revista *Orpheu*, com Fernando Pessoa, Mário de Sá-Carneiro, Almada Negreiros; na geração da revista *Presença*, cujo principal representante é José Régio (1901-1969); e no neorrealismo e nas tendências contemporâneas após 1930, como a literatura social, documental combativista e reformadora de Ferreira de Castro.

Fernando Pessoa foi o principal escritor modernista português, e, ao lado de Camões, é considerado o maior poeta português de todos os tempos. Trata-se do caso mais complexo, senão único, dentro da literatura portuguesa. Dono de uma insólita personalidade e uma obra carregada e com densa problemática, "Fernando Pessoa integrou em sua personalidade tudo quanto constituía conquista válida do lirismo tradicional, aquele que, a largos traços, tem seus pontos altos nas cantigas de amor, em Camões, Bocage, Antero, João de Deus, Cesário Verde, Camilo Pessanha, etc...", afirma Moisés (1986, p. 297). No entanto, Fernando Pessoa fez mais do que simples integração: com sua genialidade, conseguiu superar e hierarquizar a velha herança recebida. Ele refletiu em sua obra as grandes inquietações humanas das primeiras décadas do século XX e sua poesia tornou-se uma espécie de gigantesco painel de registro sismográfico das comoções históricas em torno da guerra de 1914. Sua singularidade e sua criatividade são incomparáveis em toda a literatura universal em razão da intrigante questão da heteronímia.

Fernando Pessoa não foi apenas criador de obras literárias, mas também um criador de escritores. Ele concebeu vários "poetas" com biografias, traços físicos, profissões, ideologias e estilos próprios – são os chamados *heterônimos*. Mediante esse processo, o poeta se habilitava a ver o mundo como os outros o veem, viram e verão, explicando e transcendendo o caos geral, para atingir alguma verdade absoluta. O suporte, portanto, de sua cosmovisão, é constituído por uma tentativa de compreensão global, em uma totalidade possível e para além da limitação individual, como ele próprio afirma pela voz de Álvaro de Campos, no poema "Passagem das horas": "Multipliquei-me, para me sentir, / Para me sentir, precisei sentir tudo, / Transbordei-me, não fiz senão extravasar-me" (Pessoa, 1986a, p. 279).

Álvaro de Campos é engenheiro de profissão, é o poeta moderno, do século XX, que do desespero extrai a própria razão de ser e não foge de sua condição de homem sujeito à monarquia e à cegueira dos semelhantes, tudo transfundido numa revolta em tempo atual e perene, próprio dos espíritos inconformados. A seguir, temos um fragmento de um dos mais belos poemas da língua portuguesa, "Tabacaria", que Pessoa atribuiu a Campos:

> *Não sou nada.*
> *Nunca serei nada.*
> *Não posso querer ser nada.*
> *À parte isso, tenho em mim todos os sonhos do mundo.*
> *[...]*

Estou hoje vencido, como se soubesse a verdade.
Estou hoje lúcido, como se estivesse para morrer,
E não tivesse mais irmandade com as coisas
Senão uma despedida, tornando-se esta casa e este lado da rua
A fileira de carruagens de um comboio, e uma partida apitada
De dentro da minha cabeça,
E uma sacudidela dos meus nervos e um ranger de ossos na ida.
Estou hoje perplexo, como quem pensou e achou e esqueceu.
(Pessoa, 1986a, p. 296-297)

Alberto Caeiro é o mestre dos demais e o poeta que está em contato com a natureza; defende a simplicidade da vida e a sensação como único meio válido para a obtenção do conhecimento. Para ele, as coisas devem ser simples; deve-se procurar viver como as flores, os regatos, as fontes etc., que são felizes apenas porque, faltando-lhes a capacidade de pensar, não sabem que o são. Caeiro pensa com os sentidos.

Ricardo Reis formou-se em Medicina. É monarquista e autoexilou-se no Brasil. Estudioso da cultura clássica (latim, grego, mitologia), sua poesia é neoclássica, horaciana, de gozar o momento (*carpe diem*), já que a vida se resume a breves momentos. É pagão, fatalista e nota-se a presença do fado, o destino, em sua poesia.

Fernando Pessoa, ele mesmo, ou Fernando Pessoa ortônimo, é o poeta lírico, dialético, de gosto levemente barroco, esteta, que escreve seus versos, segundo Moisés (1986), "à beira mágoa".

> Sua poesia saudosista-nacionalista tem seu ponto alto no livro *Mensagem*, que apresenta 44 poemas, divididos em 3 partes, "Brasão", "Mar português" e "O encoberto". É uma volta ao passado, retomando a formação de Portugal, a identificação com o mar, o período das grandes navegações, D. Sebastião e o sonho de um império grande e forte. O poema "Mar português" é um dos mais belos de sua obra, no qual temos seus versos mais citados: "Ó mar salgado, quanto do teu sal / São lágrimas de Portugal! [...] Valeu a pena? Tudo vale a pena / Se a alma não é pequena".

Mário de Sá-Carneiro nasceu em Lisboa, em 1890, e suicidou-se em 1916, em Paris. Juntamente com Fernando Pessoa, participou do lançamento da revista de vanguarda *Orpheu*, em 1915. Escreveu poesias (*Dispersão* e *Indícios de oiro*), prosas poéticas (*Princípio*, *Céu em fogo* e *A confissão de Lúcio*) e teatro (*Amizade*). Inadaptado, não encontrando lugar no mundo, constitui um exemplo raro de absoluta identidade entre a vida e a arte.

José Régio é o pseudônimo de José Maria dos Reis Pereira. A principal característica da poesia dele é o conflito entre Deus e o Diabo, o bem contra o mal, o amor espiritual e o amor carnal. Os poemas em que essas marcas aparecem nitidamente estão em *Cântico negro* e *Painel*.

Florbela Espanca (1894-1930) tem sido considerada muito justamente a figura feminina mais importante da literatura portuguesa. Sua poesia, produto duma sensibilidade exacerbada por fortes impulsos eróticos, corresponde a um verdadeiro diário íntimo; trata-se duma poesia-confissão, que só encontra semelhança nas cartas de amor de Sóror Mariana Alcoforado. Mal compreendida pela sociedade em seu anseio de amor erótico e emocional, tinha uma obsessiva e poderosa capacidade de amar.

O neorrealismo, um movimento contrário às ideias da revista *Presença*, surgiu no jornal *O diabo*, com relativa pobreza doutrinária, cuja ideia principal era implantar uma ação transformadora a serviço dos homens injustiçados pela luta de classes – projetos de reconstrução social. **Ferreira de Castro**, seu melhor representante, produz romance social, documentário e reportagem com o testemunho contemporâneo das classes inferiores em luta dentro da moderna organização social. A publicação, em 1928, de *Emigrantes*, fruto de experiências pessoais, deu-lhe imenso e sólido prestígio, dentro e fora de Portugal.

5.4.2 O modernismo no Brasil

O que a crítica nacional chama de *modernismo* refere-se à Semana de Arte Moderna, realizada em fevereiro de 1922, em São Paulo, cujos promotores traziam ideias estéticas originais em relação aos agonizantes parnasianismo e simbolismo, marcados pelas situações socioculturais e correntes de vanguarda europeia. Havia uma consciência dividida entre a sedução da "cultura ocidental" e as exigências do povo brasileiro, múltiplo nas raízes históricas e na dispersão geográfica. Pode-se chamar de *pré-modernismo* tudo o que, nas primeiras décadas do século, problematiza a nossa realidade social e cultural.

É possível apontar em Euclides da Cunha, manipulador do verbo, a semelhança dos contemporâneos de Rui Barbosa e Coelho Neto. Bosi (1994, p. 308) aponta:

> é na semelhança que repontará a diferença: onde o orador loquaz e o palavroso literato buscavam o efeito pelo efeito, o homem de pensamento, adestrado nas ciências exatas, perseguia a adequação do termo à coisa, e a sua frase será densa e sinuosa quando assim o exigir a complexidade linguística extrema.

Há uma paixão real em *Os sertões*, manifestada no desejo de encontrar a expressão exata. Em uma relação dicotômica que prevê ciência e paixão, análise e protesto, traçam-se as páginas que alternam a certeza do fim das "raças retrógradas" e a denúncia do crime que a carnificina de Canudos representou.

Ao lado de Euclides, destacamos ensaístas como Alberto Torres, Manuel Bonfim e Oliveira Viana, todos preocupados com programas de organização sociopolítica. "Já João Ribeiro representa em sua longa parábola que vai de poeta parnasiano a crítico literário, de filósofo a historiador, o tipo exemplar do humanista moderno" (Bosi, 1994, p. 314). Pela independência e irreverência, foi considerado o profeta do nosso modernismo.

Bosi (1994, p. 316) afirma que "a biografia de Lima Barreto explica o húmus ideológico de sua obra: a origem humilde, a cor, a vida penosa de jornalista pobre [...] motivaram aquele seu socialismo maximalista" e a opção pelo romance social. O mesmo Bosi (1994, p. 316, grifo do original) salienta que "em *Recordações do escrivão Isaías Caminha* há uma nota autobiográfica ilhada e exasperada nos primeiros capítulos" e que "*Triste fim de Policarpo Quaresma* é um romance em terceira pessoa, em que se nota maior esforço de construção e acabamento formal", e no qual a personagem não é mera projeção de amarguras pessoais. O Major Quaresma é pessoa viva, além do seu nacionalismo. Suas reações revelam o entusiasmo de homem ingênuo, quixotesco. O drama da pobreza e do preconceito social constitui o núcleo de *Clara dos Anjos*, romance inacabado. Com *Os Bruzundangas*, o escritor concebeu uma obra satírica por excelência.

Bosi (1994) aponta como os maiores expoentes da ficção pré-modernista Lima Barreto e Graça Aranha. Os escritores, além de terem origens sociais muito distintas, também traçaram suas trajetórias com perspectivas estéticas diferentes. No entanto, ambos expressaram uma atitude espiritual antipassadista e premonitória da revolução literária dos anos 1920 e 1930. "Há duas faces a considerar no caso de **Graça Aranha**: o romancista de *Canaã* e de *A viagem maravilhosa* e o doutrinador de *A estética da vida* e *Espírito moderno*" (Bosi, 1994, p. 326, grifo nosso e do original).

"Para que acontecesse a Semana de Arte Moderna, tudo já estava preparado. A coesão do grupo paulista, os contatos com alguns intelectuais do Rio e a adesão de Graça Aranha significavam que o modernismo poderia lançar-se como movimento" (Bosi, 2012, p. 359). Mario de Andrade escreveu a *Pauliceia desvairada* entre 1920 e 1921, mas só a publicou no ano da Semana. Ela foi, ao mesmo tempo, o ponto de encontro das várias tendências que desde a Primeira Guerra se vinha formando em São Paulo e no Rio e a plataforma que permitiu a consolidação de grupos, a publicação de livros, revistas e manifestos. As revistas *Klaxon* e *Estética*, o *Manifesto Pau-Brasil*, de Oswald de Andrade, o *Verde-amarelismo*, o grupo das revistas *Anta, Antropofágica* e *Festa* devem ser lembrados.

De São Paulo e Rio de Janeiro, o processo de atualização caminhou para outros núcleos urbanos. Em Belo Horizonte, citamos *A revista* e *Verde*. Em Porto Alegre, podemos destacar *Giraluz*, de Augusto Meyer, além de Pedro Vergara, Vargas Neto e Manuelito Ornelas. No Nordeste, apesar da resistência de Gilberto Freyre e José Lins do Rego, consolidaram-se Jorge de Lima e a prosa social de José Américo de Almeida, autor de *A bagaceira*.

Em seu ápice, o modernismo caracterizou-se por inúmeras aventuras experimentais tanto no terreno poético como no da ficção, que se inspiraram em criações formais da literatura europeia a partir de Mallarmé, Rimbaud e Laforgue, atingindo o fértil momento pós-simbolista com Apollinaire, Valéry, Max Jacob, Cocteau, Marinetti e outros, como Ungareti, Klebnikov, Maiakóvski, Gertrude Stein, Joyce, Pound e Pessoa, que reestruturaram radicalmente o modo de conceber o texto literário.

Mario de Andrade é o autor da Semana de 22 cuja poética oscilou entre as demandas de sua vida pessoal e o desafio da construção do objeto estético. A *Pauliceia desvairada* inicia-se com o "Prefácio interessantíssimo", no qual o poeta declara ter fundado o desvairismo, usando a escrita automática dos surrealistas, considerada capaz de liberar o lado escuro do psiquismo.

Nele encontram-se a desconfiança para com o puro racional e certo "antinaturalismo" próprio do século XX.

Em *Macunaíma*, a mediação entre o material folclórico e o tratamento literário moderno retorna à interpretação psicanalítica freudiana dos mitos e dos costumes primitivos. O protagonista, "herói sem nenhum caráter", é uma espécie de molde, ainda amorfo, que o prazer e o medo vão mostrando os caminhos a seguir. Há três tipos de narrar na obra: um estilo de lenda, épico-lírico, solene; um estilo de crônica, cômico, despachado, solto; e um estilo de paródia. Na *Lira paulistana*, a cidade é sentida pelo poeta maduro, que abandonou o pitoresco e trata dos cansaços do homem afetuoso e solitário e a miséria do pobre esquecido no bairro fabril.

Oswald de Andrade "representou com seus altos e baixos a ponta de lança do 'espírito de 22', a que ficaria sempre vinculado, tanto nos seus aspectos felizes de vanguardismo literário quanto nos seus momentos menos felizes de gratuidade ideológica" (Bosi, 1994, p. 355-356). Da sua obra narrativa espantosamente desigual já se disse que carrega o melhor o pior do modernismo. No limite inferior, as prosas de *Os condenados*, *A estrela de absinto* e *A escada vermelha*. O ponto alto está no "romance informal" de *Memórias sentimentais de João Miramar* e do "grande não livro" *Serafim Ponte Grande*. Mais feliz foi sua produção poética de *Pau-Brasil*. Sua incursão pelo teatro (*O rei da vela*, *O homem e o cavalo*) parece contraditória, assim como sua personalidade.

Manuel Bandeira um dia denominou-se "poeta menor", uma injustiça a si próprio. A presença do biográfico é constante em sua obra. Em *Libertinagem* temos o núcleo daquele seu *não-me-importismo* irônico e, no fundo, melancólico. O livro oscila entre um fortíssimo anseio de liberdade vital e estética e a interiorização cada vez mais profunda dos vultos familiares e das imagens brasileiras. Segundo Bosi (2006), o poeta

> *conviveu intimamente com o melhor do que lhe poderia dar a literatura de todos os tempos e países. Tradutor de várias línguas, mestre de cultura hispano-americana, autor de uma fina Apresentação da poesia brasileira, deixou uma notável bagagem de prosa crítica, havendo ainda muito o que aprender em seus ensaios sobre nossos poetas, lidos não só de um ponto de vista histórico, mas internamente, como às vezes só um outro poeta sabe ler.* (Bosi, 2006, p. 365)

Cassiano Ricardo foi neossimbolista em *Dentro da noite* e neoparnasiano em *A fonte de Pã*. A partir de 1926, com *Vamos caçar papagaios*, o escritor entrou no seu primeiro núcleo de inspiração realmente fecundo: o Brasil tupi e o Brasil colonial, sentidos como estados de alma primitivos e cósmicos, na linha sempre ressuscitável do paraíso perdido habitado por bons selvagens. É também o autor de *Deixa estar, Jacaré* e *Martim-Cererê*.

Menotti del Pichia construiu obra singular no contexto modernista, aproximando-se do popular e da cultura de massa após o brilhante *Juca mulato*. Empregou o ritmo prosaico da crônica e cedeu aos estereótipos dos tipos.

Raul Bopp, com sua rapsódia amazônica, *Cobra Norato*, é o necessário complemento do Manifesto Antropófago. A estrutura da obra é épico-dramática e o poeta pôde extrair dela coros para um bailado. Narram-se as aventuras de um jovem na selva amazônica depois de ter estrangulado a Cobra Norato e ter entrado no corpo do monstruoso animal. Cruzam a história descrições mitológicas de um mundo bárbaro sob violentas transformações.

Quanto a Plínio Salgado,

> *costuma-se distinguir um primeiro momento de interesse pela nova ficção e pela literatura (o romance O estrangeiro) da carreira ideológica e política que se lhe seguiu. Mas a verdade está no todo: o indianismo mítico dos escritos iniciais e a xenofobia do Manifesto da Anta não estavam infensos aos ideais reacionários que selariam o homem público na década de 1930, fundador do integralismo.* (Bosi, 1994, p. 370)

Guilherme de Almeida pertenceu ao movimento de 1922 de forma episódica, não encontrando nele traços definitivos de referência estética. Sua formação, seu brilhantismo, suas vocações morais vinham do passado e lá se conservaram. Autor de *Simplicidade, Na cidade da névoa, Suave colheita, Os simples* e *Meu*. Os livros posteriores retomaram antigos caminhos – o pré-modernismo –, quer estruturados em cancioneiros (*Encantamento, Acaso, Você*), quer na linha do malabarismo verbal, que o levou a reviver estilos mortos, como o dos trovadores (*Cancioneirinho*) ou da lírica renascentista (*Camoniana*).

Alcântara Machado foi quem primeiro se mostrou sensível à viragem da prosa ficcional, aplicando seus esforços a renovar a estrutura e o andamento da história curta. É nos contos de *Brás, Bexiga e Barra Funda* que se vão encontrar exemplos de uma ágil literatura citadina, realista. Suas páginas são leves e o populismo literário é ambíguo: sentimental, mas intimamente distante. Sua obra narrativa "prolongou-se nos quadros cheios de verve de *Laranja da China* e no romance *Mana Maria*, em que deu forma convincente a um drama familiar fechado no pequeno mundo da burguesia paulista" (Bosi, 1994, p. 375).

Síntese

Apresentamos neste capítulo as estéticas do realismo e do modernismo, que levaram o homem muito longe: o que a ciência do realismo não explicou, a imaginação do modernismo criou. O diálogo se estabeleceu entre movimentos estéticos: o realismo, com sua crença na ciência e sua objetividade caracterizou-se como uma antítese do romantismo, sentimental e subjetivo. Com uma seriedade contrastante com o vigor experimentalista do modernismo, o realismo buscou novos formatos para se expressar, revolucionando a linguagem; não recusava a máquina, como os românticos, mas aceitava-a como inevitável e aliada da pressa de tudo conhecer e experimentar. A ideia de escapismo surgiu por conta da guerra, mas não se fugiu para o campo, e sim para Paris, onde tudo acontecia.

Atividades de autoavaliação

1. Qual desses autores manifestou em sua obra a imagem opressora do pai?
   a. F. Scott Fitzgerald.
   b. Franz Kafka.
   c. Thomas Mann.
   d. Pablo Neruda.

2. Qual dos autores a seguir não pertence ao período modernista?
   a. Vladimir Maiakóvski.
   b. Gertrude Stein.
   c. James Joyce.
   d. Geoffrey Chaucer.

3. Leia, a seguir, o poema "Ocidente", de Fernando Pessoa:

   Com as duas mãos – o Ato e o Destino –
   Desvendamos. No mesmo gesto, ao céu
   Uma ergue o facho trêmulo e divino
   E a outra afasta o véu.
   Fosse a hora que haver ou a que havia
   A mão que o Ocidente o véu rasgou.

> *Foi alma a Ciência e corpo a Ousadia*
> *Da mão que desvendou.*
> *Fosse Acaso, ou Vontade, ou Temporal*
> *A mão que ergueu o facho que luziu,*
> *Foi Deus a alma e o corpo Portugal*
> *Da mão que o conduziu.*
> (Pessoa, 1986a, p. 14)

Extraído do livro *Mensagem*, o poema pode ser considerado nacionalista, na medida em que o eu lírico:

a. retrata Portugal como uma nação decadente, que não honra seu passado de heroísmo e glórias.
b. volta-se ao passado de brilhantismo do povo português que, no presente, já não acredita na sua história.
c. enaltece o desejo de o povo português glorificar seus atos, o que não foi possível até o seu presente.
d. revive a idealização de uma da nação grandiosa, cantando um Portugal por Deus por seus feitos gloriosos.

4. A partir de 1922, o Modernismo surgiu como um movimento literário que propôs uma ruptura com as manifestações artísticas que vigoravam até então. Em seu início, uma das obras que representa as primeiras inovações desse movimento foi:

a. *Jubiabá*, de Jorge Amado.
b. *Fogo morto*, de José Lins do Rego.
c. *Macunaíma*, de Mario de Andrade.
d. *A hora da estrela*, de Clarice Lispector.

5. Relacione as informações a seguir e indique a sequência correta:

a. Manuel Bandeira ( ) *Cobra Norato*
b. Alcântara Machado ( ) *Macunaíma*
c. Raul Bopp ( ) *Libertinagem*
d. Mario de Andrade ( ) *Canaã*
e. Graça Aranha ( ) *Brás, bexiga e barra funda*

Atividades de aprendizagem

Questão para reflexão

1. Alguma vez você já passou pela experiência de ter uma lembrança despertada após comer algum alimento? Se sim, sua lembrança renderia um romance como *Em busca do tempo perdido*, de Proust? Justifique sua resposta.

Atividade prática

1. Assista ao filme *A maçã*, dirigido por Samira Makhmalbaf, e leia o poema "A maçã", de Manuel Bandeira. Pense na simbologia bíblica da maçã e faça uma análise do filme e do poema sob uma perspectiva modernista.

Indicações culturais

Filme

MEIA-NOITE em Paris. Direção: Woody Allen. EUA: Paris Filmes, 2011. 94 min.

> *São tantas as adaptações das obras citadas que se torna difícil indicar apenas uma, mas um filme que sintetiza bem a vida dos grandes escritores da literatura americana do início do século XX é Meia-noite em Paris, dirigido pelo icônico Woody Allen.*

Livro

MIRANDA, A. A última quimera. São Paulo: Companhia das Letras, 1995.

> *Biografia romanceada de Augusto dos Anjos, que alterna realidade e ficção para oferecer um retrato de nosso mais emblemático poeta e uma rica contextualização histórica. O título se refere a um fragmento de seu cultuado poema intitulado "Versos íntimos".*

um	o início da literatura universal: da oralidade aos primeiros textos
dois	literatura e religiosidade: período medieval
três	os movimentos estéticos: barroco, Iluminismo e neoclassicismo
quatro	romantismo
cinco	realismo, simbolismo, parnasianismo e modernismo
seis	**mudança de foco no mundo contemporâneo: a queda das certezas**

❡ AS INOVAÇÕES TRAZIDAS pelos avanços tecnológicos já não seduzem tanto o homem contemporâneo, chocado com os horrores das guerras e a capacidade do ser humano de se voltar para o mal. As mudanças políticas do século XX trouxeram incertezas e a Guerra Fria levou a humanidade a um estado de permanente de apreensão. Além disso, o mundo dividido ideologicamente força o indivíduo a tomadas de opções e atitudes e, com a queda de suas certezas, o homem vê-se perplexo. Quando pensa que o engajamento político irá preenchê-lo, o homem percebe-se perdido em um mundo que se fragmenta cada vez mais – na contemporaneidade, o ser humano torna-se absurdamente complexo: é místico, racional, sentimental, experimental e virtual.

seispontoum
Década de 1940: a fase pessimista

> ### Para lembrar
>
> - Ano de 1940 – Ocupação de Paris pelos alemães.
> - Ano de 1941 – Invasão da Alemanha na União Soviética. Entrada dos Estados Unidos na guerra, após o ataque japonês a Pearl Harbor.
> - Ano de 1942 – Entrada do Brasil na Segunda Guerra Mundial.
> - Ano de 1944 – Dia D (desembarque dos aliados na Normandia, França).
> - Ano de 1945 – Lançamento da bomba atômica no Japão, criação da Organização das Nações Unidas (ONU) e rendição da Alemanha.
> - Ano de 1946 – Declaração oficial do fim da Segunda Guerra Mundial.
> - Ano de 1948 – Implantação do Plano Marshall na Europa e criação do Estado de Israel. Assassinato de Gandhi.
> - Ano de 1949 – Aclamação da República Popular da China, liderada por Mao Tsé-tung. Estabelecimento das duas Alemanhas.

O pessimismo e o medo gerados pela Segunda Guerra Mundial foram grandes influências desse período. O existencialismo do casal de filósofos e escritores franceses Jean-Paul Sartre (1905-1980) e Simone de Beauvoir (1908-1986) e, sobretudo, de Albert Camus (1913-1960), também inspiraram os autores da época. Na Inglaterra, George Orwell (1903-1950) faz uma amarga e triste profecia do futuro na obra *1984*.

Jean-Paul Sartre foi influenciado pelas ideias dos filósofos alemães Kant (1724-1804), Hegel (1770-1831) e Heidegger (1889-1976) e é autor de várias obras filosóficas e literárias. Uma delas é *A náusea*, romance publicado pela primeira vez em 1938 sobre Antoine Roquentin, um historiador que pode personificar o lado pessimista do existencialismo, corrente filosófica segundo a qual a existência precede a essência e o homem é livre para fazer suas escolhas; contudo, Roquentin se depara com o absurdo, o que o faz questionar a existência e sua falta de sentido. Sua peça *Entre quatro paredes*, que obteve enorme sucesso e é encenada com frequência, trata da alegoria de outra teoria do existencialismo, a de que "o inferno são os outros, pois os outros que limitam minha liberdade, mas dependo deles para poder me conhecer e agir no mundo".

O autor também escreveu *Os caminhos da liberdade*, romances que englobam *A idade da razão*, *Sursis* e *Com a morte na alma*, nos quais o autor traça reflexões sobre a guerra e suas consequências e anuncia sua opção pelo humanismo, transitando do intelectual contemplativo para o escritor politicamente ativo, tema também da peça *As mãos sujas*. Em 1964, o escritor publicou suas memórias na irônica *As palavras*, sua última obra de cunho literário. Nesse mesmo ano, foi agraciado com o Prêmio Nobel de Literatura, que, no entanto, se recusou a receber, explicando que em toda sua vida renegou as distinções oficiais e não poderia ir contra seus princípios. Fez o mesmo com uma medalha de condecoração francesa da Ordem Nacional da Legião de Honra e uma cátedra no prestigiado Collège de France. Segundo o pensador, tais reconhecimentos o privariam da sua liberdade como escritor.

Fez oposição à Guerra do Vietnã (1954-1975) e, em 1966, colaborou para a instituição do Tribunal Bertrand Russell, que denunciou os crimes de guerra norte-americanos. Participou dos protestos estudantis de Paris de 1968 e apoiou o comunismo chinês e a Revolução Cubana (1953-1959), mas rompeu as relações com Fidel Castro na década de 1970 por discordar das técnicas empregadas pelo stalinismo, revendo suas posturas ideológicas, porém mantendo-se politicamente engajado até seus últimos dias.

<u>Simone de Beauvoir</u> teve sua inclinação literária incentivada pelos pais, muito cultos, e se graduou em Filosofia, em 1929, ano em que conheceu Sartre, com quem manteve um relacionamento por toda sua vida. Mesmo determinada a ser escritora, a filósofa passou a lecionar como meio de sobrevivência. É autora de O *segundo sexo*, clássico do movimento feminista. Na obra *A convidada*, de 1943, a francesa aborda a degeneração das relações entre um homem e uma

mulher, motivada pela convivência com outra mulher, hóspede na residência do casal. Uma de suas publicações mais conhecidas é *Os mandarins*, de 1954, na qual a escritora flagra os esforços dos intelectuais no período pós-guerra em deixarem a alta burguesia letrada e finalmente se engajarem na militância política. Em *A cerimônia do adeus*, Simone narra o fim da existência de Sartre, com quem manteve um relacionamento aberto e controvertido, pois ambos cultivavam relações com outros parceiros e compartilhavam entre si as experiências adquiridas nesse e em outros campos da existência.

Albert Camus aprendeu cedo a lidar com os contrastes em sua Argélia, sempre iluminada pelo sol, que alternava entre miséria e exuberância natural, o que o levou à consciência do que existe de mais trágico na condição humana: o absurdo, essa irremediável incompatibilidade entre as aspirações e a realidade. Seu livro *O estrangeiro* descreve a desesperança de uma época sombria. Meursault, o protagonista, é um homem indiferente a todas as normas sociais, impermeável a todos os valores morais. Ao matar um árabe numa praia, alega ter cometido o assassinato "por causa do sol" e se recusa a se defender para não participar de um jogo com o qual não concorda, e, contrariando as expectativas, acaba sendo condenado mais pela falta de sensibilidade por não ter chorado no enterro da mãe que pelo assassinato em si, abrindo espaço para sua teoria do absurdo. A respeito do absurdo, no prefácio da edição de *Estado de Sítio/O estrangeiro*, o escritor e filósofo António Quadros (1979, p. XI, grifo do original) afirma que

> *A sensação de absurdo que dita o comportamento de Meursault é analisada num ensaio,* O Mito de Sísifo, *que poderia ter como subtítulo a seguinte pergunta: a vida vale a pena ser vivida? O absurdo consiste na incompatibilidade entre um anseio humano de explicação para o mundo e o mistério essencial desse mundo inexplicável, entre a consciência da morte e o desejo de uma impossível eternidade, entre o sonho de felicidade e a existência do sofrimento, entre o amor e a separação dos amantes.*

A obra-prima de Camus é *A peste*. Nela o autor trata da destruição de Orã provocada pela peste bubônica e das consequências dela nas vidas dos personagens. Segundo Quadros (1979, p. XII, grifo do original):

> *A peste [é] considerada pela maioria dos críticos como uma alegoria do nazismo e, por extensão, de todo regime totalitário. Conta a história de uma cidade, Orã, subitamente tomada por uma epidemia de peste bubônica. Diante da calamidade, cada habitante reage individualmente, preocupado apenas com a própria salvação. Poucos resolvem enfrentar o mal em nome*

de todos. Entre esses defensores, figura o Dr. Rieux, que honestamente acredita na necessidade de lutar até o fim contra a peste, por mais inútil que possa parecer essa batalha: uma vida que se salve será uma pequena batalha ganha. No fim, a vitória pertence a ele – e aos que tiveram vergonha de encontrar a felicidade sozinhos. Trata-se de uma vitória essencialmente humana; Deus não foi invocado, pois, "uma vez que a ordem do mundo é regulada pela morte, talvez seja melhor para Deus que não se acredite Nele, e que se lute com todas as forças contra a morte, sem levantar os olhos para o céu, onde Ele se cala".

Camus também é autor das peças *Calígula*, *O mal-entendido*, *Estado de sítio* e *Os justos*, além dos ensaios *O verão*, *Reflexões sobre a pena capital* e *O homem revoltado*, este talvez seu escrito mais complexo, que complementa o quadro teórico de sua posição filosófica. Segundo Quadros (1979, p. XIV, grifo do original), o

> homem revoltado *é aquele que diz não a tudo o que força os seus limites, a tudo o que o violenta e o priva de exercer livremente o que considera seus direitos, mas sabe que sua revolta também deve respeitar alguns limites. Há fundamentalmente dois tipos de revolta: a metafísica, contra o absurdo do mundo e a histórica, à qual o autor dedica a maior parte do ensaio.*

> Simone de Beauvoir e Sartre foram amigos íntimos de Albert Camus até 1951, quando este publicou *O homem revoltado* e se afastou dos ideais comunistas.

George Orwell, pseudônimo de Eric Arthur Blair, inglês naturalizado (nascido na Índia), teve aulas com o escritor Aldous Huxley (1894-1963) no Eton College. Engajou-se nas campanhas socialistas, mas, decepcionado com os rumos tomados pelo comunismo russo, retratou os dirigentes soviéticos em sua obra mais popular, *A revolução dos bichos*, na qual os animais de uma fazenda se rebelam contra seus donos e tomam o poder. Apesar de ambicionarem criar uma "sociedade" igualitária, logo se instala uma ditadura, a dos porcos, que submetem os demais bichos, como faziam os donos humanos. Outro livro conhecido em várias línguas é seu romance *1984*, sátira pessimista sobre a ameaça de tirania política no futuro, cujo personagem principal, Winston Smith, é atormentado pela figura onipresente do Grande Irmão.

A década marcada pelo medo e pela percepção da enorme estupidez que foi a Segunda Guerra se encerrou com um gosto amargo, capaz de provocar a náusea sartriana diante de uma existência que se demonstrava absurda e cujas perspectivas se tornaram sombrias ao vislumbrar as sociedades totalitaristas que tomavam do ser humano seu maior bem – a liberdade.

6.1.1 A década de 1940 em Portugal

No neorrealismo português, é possível perceber os ecos das transformações sociais próprias da época, que exigiam uma abordagem mais engajada, de combate às injustiças sociais e que se espelhava na produção brasileira de Graciliano Ramos (1892-1953) e Raquel de Queiroz (1910-2003). Também destacamos Fernando Namora (1919-1989), Manuel da Fonseca (1911-1993), Carlos de Oliveira (1921-1981) e Vergílio Ferreira (1916-1996). Outro importante autor foi Joaquim Soeiro Pereira Gomes (1909-1949), autor de *Esteiros*, romance que pode ser colocado ao lado de *Gaibéus*, de António Alves Redol (1911-1969), como um dos introdutores do movimento neorrealista em Portugal; nas obras de ambos, pode ser observada a importância do impacto da ficção do brasileiro Jorge Amado (1912-2001) – que também é sentida em Faure da Rosa (1912-1985), Manuel Ferreira (1917-1992), Alexandre Cabral (1917-1996), Alexandre Pinheiro Torres (1923-1999), entre outros.

6.1.2 A década de 1940 no Brasil e a Geração de 45

A realidade econômica, social, política e cultural que se estruturou depois de 1930 no Brasil fez a literatura do país sair do estado adolescente do modernismo para se firmar em uma fase adulta, despertada pelo Estado Novo e pela Segunda Guerra, que originou obras-primas como *A rosa do povo*, de Carlos Drummond de Andrade (1902-1987), *Poesia liberdade*, de Murilo Mendes (1901-1975), e *Memórias do cárcere*, de Graciliano Ramos.

Novos temas foram surgindo, como a Guerra Fria e as teorias estruturalistas e formalistas, e, com a Geração de 45 e o prenúncio do concretismo e da poesia práxis, novas tendências de vanguarda despontaram. Os decênios de 1930 e 1940 são lembrados como a "era do romance brasileiro" – não apenas da ficção regionalista, que nos revelou nomes hoje canonizados na literatura brasileira, como Graciliano Ramos, José Lins do Rego (1901-1957), Jorge Amado e Erico Verissimo (1905-1975), mas também da prosa cosmopolita de José Geraldo Vieira (1897-1977) e das páginas de sondagem psicológica e moral de Lúcio Cardoso (1912-1968), Cornélio Penna (1896-1958), Otávio de Faria (1908-1980) e Cyro dos Anjos (1906-1994).

Podem-se demarcar quatro tendências do romance brasileiro moderno: 1) o **romance de tensão mínima**, cujo conflito ocorre no plano sentimental, como nas histórias populistas de Jorge Amado (*Capitães da areia*); 2) o **romance de tensão crítica**, cujo herói opõe-se e resiste agonicamente às pressões da natureza e do meio social, como nas obras maduras de José Lins do Rego (*Usina*, *Fogo Morto*) e em toda a obra Graciliano Ramos; 3) o **romance de tensão interiorizada**, no qual o herói não se dispõe a enfrentar a antinomia eu/mundo pela ação – evade-se, no entanto, subjetivando o conflito, como nos romances psicológicos de

Otávio de Faria, Lúcio Cardoso, Osman Lins (1924-1978) e Lygia Fagundes Telles (1923-), em suas várias modalidades (memorialismo, intimismo, autoanálise etc.); e 4) o **romance de tensão transfigurada**, no qual o herói procura ultrapassar o conflito que o constitui existencialmente pela transmutação mítica ou metafísica da realidade que tem como exemplos as experiências radicais de Guimarães Rosa (1908-1967) e Clarice Lispector (1920-1977).

Entre os autores e as obras desse período, temos José Américo de Almeida (1887-1980), autor de *A bagaceira*; Raquel de Queiroz e seu imprescindível *O quinze*; José Lins do Rego, que tem no *Ciclo da cana-de-açúcar* sua mais alta expressão literária; Graciliano Ramos, segundo Bosi (1994, p. 400), "o ponto mais alto de tensão entre o eu do escritor e a sociedade que o formou", autor de maravilhas como *Caetés, Angústia, Vidas secas, São Bernardo* e *Infância*; Jorge Amado, fecundo contador de histórias regionais ou, como ele próprio afirmava, "apenas um baiano romântico e sensual", autor, entre muitos outros livros, de *Mar Morto, Gabriela, cravo e canela, Terras do sem fim* e *Dona Flor e seus dois maridos, Capitães da areia*. Erico Verissimo, autor de obras como *Clarissa, O tempo e o vento* e *Olhai os lírios no campo*, partilha com Jorge Amado o sucesso de público e as reservas da crítica. Autor de *A estrela sobe* e *O espelho partido*, Marques Rebelo (1907-1973) efetiva a prosa urbana moderna.

Em *A ladeira da memória*, de José Geraldo Vieira, temos um exemplo de obra urbana refinada. Lúcio Cardoso, em *Maleita*, indica a propensão para a criação de atmosferas de pesadelo, contudo, em sua obra-prima *Crônica da casa assassinada*, fixa as angústias de um amor incestuoso. Cornélio Penna, por sua vez, é lembrado pelo registro psicológico bruto de *A menina morta*. Outros narradores intimistas devem ser lembrados, como, Dyonélio Machado (1895-1985), João Alphonsus (1901-1944), Telmo Vergara (1909-1967), Otto Lara Resende (1922-1992), Fernando Sabino (1923-2004), Carlos Heitor Cony (1926-), Antonio Callado (1917-1997), Dalton Trevisan (1925-), Dinah Silveira de Queiroz (1911-1982), Ricardo Ramos (1929-1992), Murilo Rubião (1916-1991), Aníbal Machado (1894-1964), Pedro Nava (1903-1984) e Clarice Lispector, que usou intensivamente a metáfora insólita, o fluxo da consciência e a ruptura com o enredo factual. Segundo Bosi (1994, p. 424), "Há, na gênese dos seus contos e romances, tal exacerbação do momento interior que, a certa altura do seu itinerário, a própria subjetividade entra em crise".

A chamada *Geração de 45* foi composta pelos poetas que amadureceram durante a Segunda Guerra Mundial e deram menos valor às novidades do modernismo ao proporem um estilo fundamentado no existencialismo europeu com viés surrealista. Desse grupo, destacam-se Manoel de Barros (1916-2014), João Cabral de Melo Neto (1920-1999) e José Paulo Paes (1926-1998).

seispontodois
O pós-modernismo

> ## Para lembrar
> - Ano de 1951 – O processo de colonização africana tem início.
> - Ano de 1954 – Têm início as transmissões de TV a cores no território americano.
> - Ano de 1956 – Revolução húngara é reprimida pela União Soviética.
> - Ano de 1957 – O Sputnik, primeiro satélite artificial do planeta, é lançado pela União Soviética.
> - Ano de 1959 – Fidel Castro lidera a Revolução Cubana.

Ainda é difícil conceituar o pós-modernismo. Ele pode designar todas as profundas modificações que têm se desenrolado nas esferas científica, artística e social, da década de 1950 até os dias atuais. Também pode ser chamado de *pós-capitalismo*, expressão que contém em si a previsão da derrocada de seus valores e o enterro de todas as certezas. Nada mais é certo, tudo é relativo e impreciso. Apesar disso, esse momento é, sem dúvida, caracterizado pela avalanche de inovações tecnológicas, pela subversão dos meios de comunicação e da informática – com a crescente influência do universo virtual – e pelo desmedido apelo consumista que ainda seduz o homem pós-moderno.

6.2.1 Década de 1950: censura, crítica ao consumismo e fantasia

As obras literárias dos anos 1950 faziam crítica aos valores tradicionais e ao consumismo exagerado imposto pelo capitalismo, principalmente o norte-americano. O poeta **Allen Ginsberg** (1926-1997) teve seu poema *Uivo*, lançado em 1956, censurado pelos americanos, que o acusaram de obscenidade. Apreendido pela polícia de San Francisco, sob a acusação de se tratar de uma obra obscena, depois de um agitado julgamento, o poema foi liberado e obteve alta vendagem, sendo referência para aqueles que querem conhecer sua temática e percorrer o lado negro da América. O romancista **Jack Kerouac** (1922-1969) é autor de *On the Road: Pé na estrada*, marco da Geração *Beat* na década de 1950, que revolucionou a linguagem e os valores literários e inspirou a contracultura e as rebeliões juvenis dos anos de 1960 e 1970. Sal Paradise, escritor sagaz e cativante, conhece o sedutor andarilho Dean Moriarty, amante, como ele, de literatura e *jazz*, e ambos decidem colocar o "pé na estrada" (tradução do livro em português), atravessando os Estados Unidos de costa a costa, em uma viagem que mostra paisagens e personagens variados, e que também é um exercício de autoconhecimento.

O americano **Henry Miller** (1891-1980) chocou a crítica com sua apologia à liberdade sexual na trilogia *Sexus, Plexus* e *Nexus*. Já o russo Vladimir Nabokov (1899-1977) fez sucesso com o romance *Lolita*, publicado pela primeira vez em 1955, que narra com sensibilidade o que hoje seria um crime de pedofilia.

> ## Para saber mais
>
> Grande sucesso de vendas, *Lolita* ganhou diversas adaptações em vários âmbitos artísticos, sendo duas delas no cinema.
>
> A primeira, dirigida pelo icônico cineasta Stanley Kubrick, estreou em 1962 e foi amplamente aclamada pelos críticos. A segunda, de 1997, dirigida por Adrian Lyne, tem maior apelo comercial.
>
> LOLITA. Direção: Adrian Lyne. EUA; França: AMLF, 1997. 137 min.
>
> _____. Direção: Stanley Kubrick. EUA: MGM, 1962. 152 min.

Outros clássicos desse período são *As crônicas de Nárnia*, encantadora coletânea de histórias infanto-juvenis de C. S. Lewis (1898-1963), com toque platônico revelado pela menção literal ao "mundo das ideias"; *Crônicas marcianas* e *Fahrenheit 451*, talvez o mais inquietante livro para amantes de livros, do americano Ray Bradbury (1920-2012); *O apanhador no campo de centeio*, de J. D. Salinger (1919-2010), obra que retrata com doçura e sensibilidade o vazio da classe média americana e os dilemas típicos da adolescência nos anos 1950 por meio da história do jovem Holden Caulfield, que vaga sem rumo por Nova York. Na França, *Memórias de Adriano*, de Marguerite Yourcenar (1903-1987), traz provavelmente o mais belo relato do amor entre dois homens ao situar a história no século II d.C., quando, em carta, o imperador romano Adriano, próximo da morte, faz um balanço de sua existência ao jovem Marco Aurélio (que não é o objeto de seu amor, apenas seu interlocutor). No teatro, *Esperando Godot* mostra o retrato do absurdo por Samuel Beckett (1906-1989), temática extrapolada por Eugène Ionesco (1909- 1994), que preferia nomeá-la de insólita, em peças como *A cantora careca* e *Rinoceronte*. Nos Estados Unidos, a dramaturgia carregou com cores mais fortes o clima do pós-modernismo e os conflitos econômicos, psicológicos e sexuais. Destacam-se Tennessee Williams (na verdade Thomas Lanier Williams III, 1911-1983) e suas várias peças, até hoje encenadas (e filmadas), entre elas, *Um bonde chamado desejo* (que conta com uma das falas mais cultuadas do teatro, saída da boca de Blanche Dubois: "Não quero realismo. Eu quero magia."), *Gata em teto de zinco quente* e *De repente, no último verão*. Arthur Miller (1915-2005), mais realista que mágico, deixou, entre outras, *A morte de um caixeiro viajante*, peça na qual o fracasso econômico desencadeia vários conflitos. Desse período, também podemos destacar a fantasia da Terra Média na trilogia *O senhor dos anéis*, de J. R. R. Tolkien (1892-1973); o sabor da infância em *O menino do dedo verde*, de **Maurice Druon** (1918-2009); a angústia inquietante e a temática do nazismo em *O tambor*, do alemão **Günter Grass** (1927-1979); e a poesia exuberante em *Grande sertão: veredas*, de **Guimarães Rosa**.

6.2.2 A década de 1950 em Portugal

Em Portugal, a década de 1950 foi a época do **movimento dos surrealistas dissidentes**, liderado por António Pedro (1909-1966), ao lado de António Maria Lisboa (1928-1953), Alexandre O'Neill (1924-1986) e Natália Correa (1923-1993), que propuseram a recolocação do "eu profundo" dos poetas no lugar das questões sociais.

6.2.3 A década de 1950 no Brasil: a crônica, o relato pitoresco e o concretismo na poesia

O tenso regionalismo das décadas de 1930 e 1940 foi substituído, por volta dos anos 1950, pela **crônica**, com destaque para Paulo Mendes Campos (1922-1991), Fernando Sabino e, principalmente, **Rubem Braga** (1913-1990), dono de um estilo que funde prosa e poesia e de uma sensibilidade ímpar, capaz de dar um "sentido solene e alto às palavras de todo dia", como ele mesmo entrega em sua crônica "O mistério da poesia" (Fabrino, 2001, p. 11).

Outro subgênero que surgiu foi o **relato pitoresco** mesclado à vaga reivindicação política, como é o caso dos romances amazonenses *Pussanga* e *Matupá*, de Peregrino Júnior (1898-1983), e das obras de Osvaldo Orico (1900-1981), Raymundo de Moraes (1872-1941) e Dalcídio Jurandir (1909-1979). O multitalentoso Josué Montello (1917-2006), por sua vez, representa o Maranhão. Do Nordeste também vieram clássicos do **neorrealismo** com Herberto Sales (1917-1999), Amando Fontes (1899-1967), José Condé (1917-1971), entre outros. Outros importantes autores que devem ser lembrados são Adonias Filho (1915-1990), José Cândido de Carvalho (1914-1989), Walter Campos de Carvalho (1916-1998), com sua obra surrealista *A lua vem da Ásia*, e Ariano Suassuna (1927-2014), com sua colossal *A pedra do reino* e o consagrado *Auto da Compadecida*.

O contexto mineiro-goiano foi trabalhado por Mário Palmério (1916-1996), Bernardo Élis (1915-1997) e Antonio Callado. Romances acerca da vida rural paulista foram escritos por Maria de Lourdes Teixeira (1907-1989) e Hernâni Donato (1922-2012). A Região Extremo-Sul é representada por Darcy Azambuja (1903-1970), Viana Moog (1906-1988) e Cyro Martins (1908-1995).

Um caso à parte é o do artista demiurgo **Guimarães Rosa**. Segundo Bosi (1994, p. 430, grifo do original),

> *Grande sertão: veredas* e as novelas de *Corpo de baile* incluem e revitalizam recursos da expressão poética: células rítmicas, aliterações, onomatopeias, rimas internas, ousadias mórficas, elipses, cortes e deslocamento de sintaxe, vocabulário insólito, arcaico ou de todo neológico, associações raras, metáforas, anáforas, metonímias, fusão de estilos e oralidade.

Guimarães Rosa procurou fixar a musicalidade da fala sertaneja, o que fica bem evidente em *Grande sertão: veredas*, obra situada no sertão do norte de Minas Gerais, em que o jagunço Riobaldo narra sua história como guerreiro e o afeto que sente por Diadorim, seu companheiro, mas que na realidade é uma mulher que se passa por homem para poder vingar a morte do pai. Guimarães Rosa recria a linguagem oral com uma musicalidade pontuada de neologismos e poesia ao recontar os mitos do interior do país, esboçando uma imagem épica e transcendental do sertão.

O poeta que antecipou a experiência concreta foi Mário Faustino (1930-1962), por dominar como poucos as formas tradicionais e ser grande inventor de linguagens novas. O concretismo impôs-se a partir de 1956 como a expressão mais viva e atuante da vanguarda estética brasileira. Explorou ideogramas, trocadilhos, polissemia, *nonsense*, ruptura com a sintaxe da proposição, neologismos, siglas, aliterações, assonâncias, não linearidade e ausência de sinais de pontuação. O movimento se caracterizava pela proposta de incorporar à poesia os signos da sociedade moderna em seu aspecto formal (semântico, sonoro e visual) com criticismo. Desse movimento, destacam-se os irmãos Haroldo de Campos (1929-2003) e Augusto de Campos (1931-), Décio Pignatari (1927-2012) e José Lino Grünewald (1931-2000).

Como desdobramento do concretismo, temos a poesia-práxis de Mário Chamie (1933-2011), que vincula a palavra e o texto extralinguístico. Sebastião Uchoa Leite (1935-2003) agregou à sua obra algumas características da poesia concreta, mas manteve um estilo próprio, destrutivo e autoirônico. Posteriormente, outros poetas que foram influenciados pelo concretismo são Régis Bonvicino (1955-), Nelson Ascher (1958-), Duda Machado (1944-), Carlos Ávila (1955-) e Frederico Barbosa (1961-).

seispontotrês
A literatura contemporânea

As décadas de 1960 e 1970 foram marcadas pela presença de regimes totalitários em muitos países, principalmente na América do

Sul, obrigando seus autores a buscar a liberdade em um campo que não está à mercê do ditador: a imaginação.

> ## Para lembrar
>
> - 1961 – O Muro de Berlim, isolando as Alemanhas Ocidental e Oriental, é construído. Início da Guerra do Vietnã. O soviético Yuri Gagarin é o primeiro astronauta a chegar ao espaço sideral.
> - 1967 – Guerra dos Seis Dias entre Israel e Estados árabes.
> - 1968 – A Tchecoslováquia é invadida pela URSS. Movimentos estudantis irrompem em território francês.
> - 1973 – Crise do petróleo provocada pela disparada vertiginosa do preço do produto. Guerra do Yom Kippur, entre israelenses e árabes.
> - 1974 – A Revolução dos Cravos encerra a ditadura em Portugal.
> - 1975 – Estados Unidos finaliza a retirada de seu exército do Vietnã.
> - 1976 – A consciência sobre os problemas ambientais se consolida na sociedade.

Em meio à Guerra Fria e às conquistas escapistas, como a chegada do homem à Lua e a crescente onda de manifestações decorrentes da Guerra do Vietnã, e envolto em um clima de inexplicável euforia durante a década de 1970, surgiu na literatura, ainda de caráter pós-moderno, o **realismo fantástico**, que pode ser visto na ficção dos argentinos Jorge Luis Borges (1899-1986) e Julio Cortázar (1914-1984). Já na obra do colombiano Gabriel García Márquez (1927-2014) misturam-se o realismo fantástico e o romance de caráter épico. São considerados épicos também alguns dos livros da chilena Isabel Allende (1942-), como *Inés da minha alma*. Do Peru, a obra de Mario Vargas Llosa (1936-) ganhou prestígio internacional. No México, destacam-se Juan Rulfo (1917-1986) e Carlos Fuentes (1928-2012) no romance e Octavio Paz (1914-1998) na poesia.

A preocupação com a linguagem e a possibilidade de explorar novos efeitos fizeram com que a literatura mudasse o foco do interesse, trocando as relações entre o homem e o mundo por uma crítica à natureza da própria ficção. Um dos mais importantes escritores a incorporar essa nova concepção na literatura foi o italiano Ítalo Calvino (1923-1985). Nos Estados Unidos, destacamos John Updike (1932-2009). Em Portugal, foi o grande momento de Saramago (1922-2010) e, no Brasil, citamos Autran Dourado (1926-2012), Dalton Trevisan (1925-), Ferreira Gullar (1930-2016) e o fenômeno de vendas Paulo Coelho (1947-), entre muitos outros. Vamos tratar brevemente da obra desses principais autores.

Jorge Luis Borges, argentino, poliglota, extremamente culto, obcecado por enciclopédias e pelo tema do labirinto, publicou três livros de poesia na década de 1920 e, a partir da década seguinte, os contos que lhe dariam fama universal. Sua obra se destaca por abordar temáticas como a filosofia (e seus desdobramentos matemáticos), a mitologia e a teologia, em narrativas fantásticas em que figuram os delírios do racional, expressos em labirintos lógicos e jogos de espelhos.

Entre seus contos mais famosos, podemos citar "A biblioteca de Babel", "O jardim dos caminhos que se bifurcam", "Pierre Menard, autor do Quixote" (para muitos o ponto alto de sua literatura) e o fantástico "As ruínas circulares", em que mistura criador e criatura, provocando um efeito estético maravilhoso, todos do livro *Ficções*. A partir da década de 1950, afetado pela progressiva cegueira, Borges passou a se dedicar à poesia e, mesmo quase cego, produziu obras notáveis como *A cifra*, *Atlas* (um esboço de geografia fantástica) e *Os conjurados*, sua última obra. Seu imenso reconhecimento internacional começou em 1961, quando recebeu, junto com Samuel Beckett, o prêmio Formentor dos International Publishers – o primeiro de uma longa série. Outras obras de destaque são *O Aleph*, *O fazedor*, *História universal da infâmia* e *O livro dos seres imaginários*.

<u>Julio Cortázar</u> é o autor dotado de sagacidade para compor os contos mais inusitados e originais de seu tempo, com pleno domínio do conto curto e da prosa poética, aproximando-se de Jorge Luis Borges e Edgar Allan Poe (1809-1849). Criou uma nova forma de fazer literatura, rompendo os moldes clássicos mediante narrações que escapam da linearidade

temporal e nas quais os personagens adquirem autonomia e profundidade psicológica inéditas. Há quem afirme que ele é considerado um escritor menor na Argentina, seu país natal, mas no Brasil é intensamente admirado.

Seu livro mais conhecido é *O jogo da amarelinha*, de 1963, que permite várias leituras orientadas pelo próprio autor, mas o mais encantador é *Histórias de cronópios e de famas*, que oferece uma espécie de reinvenção do mundo através de seus personagens, que são os cronópios, os famas e as esperanças, os quais alcançam sensibilidade e fascínio à medida que traduzem a psicologia humana. Os cronópios são criaturas verdes e úmidas, distraídas, e sua força é a poesia. Eles cantam como as cigarras, dançam espera e, indiferentes ao cotidiano, esquecem tudo, são atropelados, choram, perdem o que trazem nos bolsos e, quando saem em viagem, perdem o trem. Os famas, pelo contrário, são organizados e práticos, prudentes, fazem cálculos e embalsamam suas lembranças; dançam trégua e catala e, quando fazem uma viagem, mandam alguém na frente para verificar os preços e a cor dos lençóis, mas os cronópios sentem por eles uma compaixão infinita. As esperanças "são sedentárias e deixam-se viajar pelas coisas e pelos homens, e são como as estátuas, que é preciso ir vê-las, porque elas não vêm até nós", como explica o próprio Cortázar (1983, p. viii).

Seus contos são inquietantes e, no livro *Bestiário*, destacamos um dos mais impressionantes, "Carta a uma senhorita em Paris" e a metáfora do país sitiado em "Casa tomada". Cortázar inspirou o cineasta italiano Michelangelo Antonioni, cujo longa-metragem *Blow-up* foi criado com base no conto "As babas do diabo" (do livro *As armas secretas*).

Gabriel García Márquez foi o primeiro colombiano a receber o Prêmio Nobel de Literatura, em 1982, pelo conjunto de sua obra. Em 1962, ganhou o Prêmio Esso de Romance, na Colômbia, com *O veneno da madrugada*. Estudou Direito e Ciências Políticas na Universidade Nacional da Colômbia, em Bogotá, mas não concluiu o curso. Trabalhou em vários jornais, foi correspondente internacional na Europa e em Nova York. Pela sua amizade com Fidel Castro e suas críticas aos exilados cubanos, foi perseguido pela CIA. Foi acusado também de colaborar com a guerrilha na Colômbia e exilou-se no México, onde escreveu várias obras. Iniciou sua carreira literária com a publicação de contos, nos quais retratou um mundo fantástico que caracteriza toda a sua obra.

Em 1967, publicou *Cem anos de solidão*, considerado um marco da literatura latino-americana. O livro é uma saga que narra a história da família Buendia, na cidade fictícia de Macondo: um universo mágico habitado por desejos, sonhos e paixões, descrito com insuperável talento poético. Entre suas obras estão *A terceira resignação*, *A mulher que chegava às seis*, *Relato de um náufrago*, *A incrível e triste história de Cândida Erêndira e sua avó desalmada* – filmada em 1983 pelo cineasta Ruy Guerra –, *Crônica de uma morte anunciada*, *Doze contos peregrinos*, *Do amor e outros demônios*, *O general em seu labirinto*, *Notícia de um sequestro*, *Viver para contar*, *Memórias de minhas putas tristes* e *Eu não venho fazer um discurso*. O autor recebeu vários prêmios.

Isabel Allende, sobrinha do presidente chileno Salvador Allende, nasceu no exterior, mas tem nacionalidade chilena. Trabalhou como jornalista em periódicos, em revistas femininas e na televisão antes de publicar seus livros. Seu primeiro romance,

A casa dos espíritos, mistura crônicas familiares à política numa atmosfera de realismo mágico. Foi adaptado para cinema por Bille August em 1993. Seu romance seguinte, *De amor e de sombra*, segue a mesma temática. Depois vieram *Eva Luna*, *Histórias de Eva Luna* (contos), *Paula* (sobre a doença e morte de sua filha), *Plano infinito*, *Afrodite* (histórias e receitas afrodisíacas), *Filhas da fortuna* e seu último romance, *O jogo de Ripper*. Como escritora e refugiada, tornou-se palestrante requisitada nos Estados Unidos, onde mora, e na Europa. É considerada a mais famosa romancista contemporânea da América Latina.

Mario Vargas Llosa é peruano, jornalista, dramaturgo, ensaísta, crítico literário e escritor consagrado internacionalmente. Ganhou notoriedade literária com a publicação do premiado romance *A cidade e os cães*. Mudou para Paris nos anos 1960 e lecionou em diversas universidades americanas e europeias. Sua vasta produção literária inclui peças teatrais, ensaios, memórias e, sobretudo, romances, entre eles *Conversa no Catedral*, que se passa em Lima, Peru, em meados da década de 1960: Santiago Zavala, jornalista e filho de uma família de classe média alta, e Ambrosio, antigo motorista de seu pai, se encontram num pequeno bar chamado Catedral. Enquanto bebem cervejas, relembram passagens de suas vidas e as de seus amigos, recompondo o agitado momento político peruano nos anos 1950. Vargas Llosa recria os mais diversos segmentos da sociedade peruana com riqueza de detalhes. Seus outros livros mais prestigiados são *Pantaleão e as visitadoras*, *Tia Júlia e o escrevinhador*, *A guerra do fim do mundo*, *Quem matou Palomino Molero?* e *Cartas a um jovem escritor*. Venceu os prestigiosos Prêmios Cervantes, Príncipe de

Astúrias, PEN/Nabokov e Grinzane Cavour. Numa incursão ao mundo da política, candidatou-se, em 1990, à presidência do Peru, perdendo a eleição para Alberto Fujimori. Publicou em 2013 o ensaio *A civilização do espetáculo*, retomando discussões já clássicas sobre o tema. O autor vive entre Londres, Paris, Madrid e Lima.

Juan Rulfo, mexicano, dedicou grande parte de sua vida à fotografia, deixando uma obra extensa. Como escritor, é considerado o maior autor de ficção de seu país, tendo publicado dois livros em vida. O romance *Pedro Páramo* mostra o fantástico encontro com a morte numa obra que prenuncia o "realismo mágico". Conta a história de Juan, que chega a Comala em busca do paradeiro do pai, Pedro Páramo. Mas, ao descobrir que o povoado é habitado apenas por mortos, Juan morre aterrorizado. Enterrado, outros fantasmas irão lhe contar a vida de seu pai. Seu outro livro é a reunião de contos *El llano em llamas*. Era grande conhecedor da bibliografia histórica, antropológica e geográfica do México, tema central de sua obra fotográfica e literária.

Carlos Fuentes, mexicano naturalizado, um dos maiores romancistas em língua espanhola na América Latina, juntamente com Vargas Llosa, Gabriel Garcia Marquez e Octavio Paz, foi também novelista e ensaísta. Formou-se em Direito pela Universidade Nacional Autônoma do México e em Economia pelo Instituto de Altos Estudos Internacionais de Genebra, na Suíça. Foi professor em Harvard, Cambridge, Princeton e outras universidades americanas. Exerceu atividades diplomáticas na França, representando o governo mexicano. Empregou em sua obra o mesmo realismo fantástico presente em vários escritores latino-americanos. Suas principais obras são *Aura* e *A morte de*

Artemio Cruz, seu trabalho mais expressivo, no qual relata como Artemio Cruz participa das campanhas da Revolução Mexicana, trai seus ideais, acumula riquezas e poder e, confinado a uma cama de hospital, recorda os episódios essenciais de sua vida. Passado, presente e futuro, como num espelho, se atravessam e dialogam entre si. O livro é considerado um dos clássicos da literatura latino-americana. *Gringo velho* foi adaptado para o cinema por Luis Puenzo em 1989. *O espelho enterrado* é um ensaio em que o autor compara a arte anglo-saxã e a hispânica. Recebeu o Prêmio Miguel de Cervantes em 1987, o Prêmio Príncipe de Astúrias e o título de doutor *Honoris Causa* pela Universidade das Ilhas Baleares, pela qualidade e extensão de sua obra, um dia antes de morrer, em 2012.

Octavio Paz, diplomata mexicano, poeta, ensaísta e tradutor, expressou em sua obra as marcas de sua formação intelectual. Publicou vários livros de poesia e de ensaios de literatura, arte, cultura e política. Aventurou-se no campo da escrita automática, estilo em que o autor evita a escrita consciente, permitindo um fluxo livre do texto e completamente dado ao acaso, criado pelos dadaístas e muito bem absorvido pelos surrealistas. Também foi autor de poesias de vanguarda, mas respeitava o uso preciso da função poética da linguagem.

Tornou-se um dos maiores escritores do século XX e foi agraciado com o Prêmio Nobel de Literatura em 1990. Faleceu oito anos mais tarde, no dia 19 de abril de 1998, em sua cidade natal. Entre suas obras mais expressivas estão: *O labirinto da solidão, Aparência desnuda, Os filhos do limo, O ogro filantrópico* e *Pequenas crônicas de grandes dias* e, na teoria da poesia, o essencial *O arco e a lira*.

Ítalo Calvino, italiano, fez doutorado em Letras com uma tese sobre Joseph Conrad. Engajou-se na Resistência italiana contra os nazistas e filiou-se ao comunismo, desligando-se do movimento em 1957. Seu primeiro livro foi inspirado em sua participação na Resistência. A partir dos anos 1950, começou a escrever as obras que o tornaram famoso internacionalmente. Seus primeiros grandes sucessos são *O visconde partido ao meio*, *O barão nas árvores* e *O cavaleiro inexistente*. Em 1972, publicou *Cidades invisíveis*, no qual o viajante veneziano Marco Polo descreve para o Imperador Kublai Khan as cidades que visitou. São lugares imaginários, sempre com nomes de mulheres: Pentesileia, Cecília, Leônia. Os relatos curtos são agrupados por blocos: as cidades e a memória, as cidades delgadas, as cidades e as trocas, as cidades e os mortos, as cidades e o céu. As descrições se baseiam em muitas fontes e a cidade deixa de ser um conceito geográfico para se tornar o símbolo complexo e inesgotável da existência humana. Traduzido para inúmeras línguas, tem lugar de destaque no repertório da literatura pós-moderna da Europa. Calvino morreu em 1985, consagrado como um dos mais importantes escritores italianos do século 20. Entre seus livros incluem-se *Seis propostas para o próximo milênio*, *Amores difíceis* e *O castelo dos destinos cruzados*.

John Updike, americano, é considerado escritor de costumes com suas narrativas ambientadas nos bairros de classe média, assuntos domésticos, reflexões sobre o tédio e a melancolia. É mais conhecido por *As bruxas de Eastwick*, filmado em 1987 por George Miller, com Jack Nicholson como protagonista; e pela tetralogia *Rabbit* (no Brasil, *Coelho*), cujo personagem Harry

"Coelho" Angstrom mostra um retrato da vida norte-americana nas últimas quatro décadas e rendeu fama e prêmios ao seu autor. O primeiro volume, *Coelho corre* é um reflexo dos anos 1950, apresentando Angstrom como um jovem marido descontente e sem rumo. *Coelho em crise* retrata a contracultura da década de 1960, por um Angstrom que permanece indeciso e sem perspectivas para escapar da mediocridade. Em *O Coelho cresce*, consta o relato de como Harry se transforma em um empresário de sucesso em 1970, quando a preocupação com o Vietnã passava a diminuir. O último romance, *Coelho cai*, mostra Angstrom em harmonia com a vida, antes de morrer, vitimado por um ataque cardíaco, retratando a década de 1980. A crítica trata Updike como o autor de estilo mais cintilante entre todos os outros de sua época e sua obra reflete seu brilho e engenhosidade.

6.3.1 Décadas de 1960 e 1970 em Portugal

Entre os autores portugueses que estrearam na década de 1960, destacam-se os nomes de Luiza Neto Jorge (1939-1989), Fiama Hasse Pais Brandão (1938-2007), Gastão Cruz (1941-), Maria Teresa Horta (1937-) e Casimiro de Brito (1938-), incluídos no grupo Poesia 61, surgido em Faro e que teve Gastão Cruz como mentor.

Depois de Poesia 61, surgiu a poesia experimental, com destaque para figuras como E. M. de Melo e Castro (1932-), Ana Hatherly (1929-2015) e Salette Tavares (1922-1994). Simultaneamente às correntes de vanguarda, consolidou-se nos anos 1960 uma nova onda neorrealista, reunindo nomes bem conhecidos como Fernando de Assis Pacheco (1937-1995), José Carlos de Vasconcelos (1940-) e Manuel Alegre (1936-).

Dentro das outras vertentes poéticas, destacam-se José Gomes Pereira (1900-1985), Jorge de Sena (1919-1978), Sofia de Melo Breyner-Andersen (1919-2004), Eugênio de Andrade (1923-2005), Herberto Hélder (1930-2015), David Mourão-Ferreira (1927-1996), Antônio Manuel Couto Viana (1923-2010), Pedro Tamen (1934-), Antônio Gedeão, pseudônimo de Rômulo de Carvalho (1906-1997), Rui Belo (1933-1978) e João Rui de Sousa (1928-).

Na geração de 1970 destacam-se Antônio Osório (1933-), Armando Silva Carvalho (1938-2017), Vasco Graça Moura (1942-2014), entre outros. Entre os citados, um nome que, sem dúvida, destaca-se é o de Vasco Graça Moura, falecido em 2014, poeta não só erudito mas também estudioso das formas da poesia, que transitava com facilidade pelas formas fixas de longa duração, como a sextina e o soneto – tradicional e à inglesa – e praticava as artes da intertextualidade, dialogando com poetas canonizados como Camões [ca. 1524-1580], Dante (1265-1321), Shakespeare (1564-1616), além de ser romancista de primeira qualidade e autor de ensaios e peças de teatro.

6.3.2 Décadas de 1960 e 1970 no Brasil

A situação política do país, com seus sucessivos governos militares e a censura, fortaleceu os romances-reportagens, como os de José Louzeiro (1932-), e as obras que têm como pano de fundo a realidade brasileira, como *Quarup*, de Antônio Callado. São também retratos da época livros como *Zero*, de Ignácio de

Loyola Brandão (1936-), e *A festa*, de Ivan Ângelo (1936-). Outro autor importante é Raduan Nassar (1935-), com sua linguagem apurada em toda a sua produção literária (segundo ele, de "um livro e meio"), mas que na verdade são três, os clássicos romances *Lavoura arcaica* (1975) e *Um copo de cólera* (1978) e o livro de contos *Menina a caminho e outros textos* (1997), que lhe rendeu a honra de ser agraciado em 2016 pelo Prêmio Camões, principal prêmio literário da língua portuguesa, que homenageia os autores pela obra completa. Lygia Fagundes Telles (1923-) publicou contos e romances de grande penetração psicológica e foi indicada em 2016 para receber o Prêmio Nobel de Literatura. No gênero romance intimista, há o destaque para o estilo sofisticado de Autran Dourado (1926-2012), com *Sinos da agonia*, e ao intrincado discurso de Osman Lins (1924-1978) em *Avalovara*. Os contos de Dalton Trevisan (1925-), o "vampiro de Curitiba", mesclam o grotesco ao cotidiano. A prosa memorialista de Pedro Nava (1903-1984) ganhou grandes proporções. Ferreira Gullar (1903-2016) abandonou a poesia concreta e passou a compor uma obra mais engajada. No final dos anos 1970, surgiu a *Geração Mimeógrafo*, que, em plena época da ditadura, produziu uma poesia marginal, vitalista, de "desbunde". Seus principais representantes foram Cacaso (1944-1987) e Ana Cristina Cesar (1952-1983), autora homenageada na Flip de 2016.

Na poesia, as décadas de 1960 e 1970 testemunharam o nascimento de novas dimensões temáticas: a política em Carlos Drummond de Andrade (1902-1987) e Murilo Mendes (1901-1975); a religiosa, no mesmo Murilo e em Jorge de Lima (1893-1953), Augusto Frederico Schmidt (1906-1965) e Cecília Meireles

(1901-1964). Também se impôs nesse período a busca de uma linguagem essencial, afinada às experiências metafísicas e herméticas de certo veio rilkeano da lírica moderna, e que se reconhece na primeira fase de Vinicius de Moraes (1913-1980) e em Cecília Meireles, Henriqueta Lisboa (1901-1985), Emílio Moura (1902-1971), Dante Milano (1899-1991), Joaquim Cardozo (1897-1978) e Alphonsus de Guimaraens Filho (1918-2008).

Nesse período, João Cabral de Melo Neto (1920-1999) concebeu o melhor de sua produção, cuja poesia deu um exemplo persuasivo de "volta às próprias coisas" como estrada real para apreender e transformar uma realidade que, opaca e renitente, desafia sem cessar a inteligência do leitor. O monumental *Morte e vida severina* é seu poema longo que equilibra o rigor formal e a mesma temática participante também presente em Ferreira Gullar.

seispontoquatro
Anos 1980 e 1990 e a literatura do século XXI

O mundo passa por rápidas transformações e a literatura não consegue captar seus efeitos imediatos, mas a produção literária é farta e variada. O processo de globalização permite novas interações e a tecnologia virtual lança novas formas de produzir e divulgar essa produção. É preciso deixar o grande tempo correr para assimilar o que tem real qualidade literária.

Para lembrar

- De 1980 a 1988 – Guerra entre Irã e Iraque.
- Ano de 1986 – Acidente nuclear de Chernobyl.
- Ano de 1989 – Queda do Muro de Berlim.
- Ano de 1991 – Fim da União Soviética.
- Ano de 2001 – Ataques de 11 de setembro: atentados com aviões destroem o World Trade Center e parte do Pentágono.
- Entre 2003 e 2006 – Saddam Hussein é deposto, condenado à morte e executado na forca.
- Ano de 2010 – Primavera Árabe.
- Ano de 2011 – Terremoto gera *tsunami* no Japão, mata mais de 18 mil pessoas e instaura o pânico em relação às usinas nucleares. Osama Bin Laden é morto por militares dos Estados Unidos.
- 2013 – Morre Hugo Chavez, líder socialista, presidente da Venezuela.
- 2014 – Falecem os escritores brasileiros Ivan Junqueira, João Ubaldo Ribeiro, Rubem Alves, Ariano Suassuna e Manoel de Barros.

Os fatos recentes demonstram como é arriscado fazer previsões sobre os rumos futuros da literatura mundial. Entretanto, os últimos 30 anos já nos legaram alguns autores consagrados, sobre os quais comentaremos a seguir.

Orhan Pamuk (1952-) é um romancista turco, Prêmio Nobel de Literatura em 2006 por encontrar novos símbolos para retratar o choque e o cruzamento de culturas. É autor de *Meu nome é vermelho*, um romance em que fantasia e realidade andam de mãos dadas e no qual o mistério, o amor e a reflexão filosófica se entrelaçam sobre o pano de fundo de uma Istambul do século XVI, onde por vezes irrompe a Istambul dos dias de hoje. Essa obra valeu-lhe o prestigiado International IMPAC Dublin Literary Award de 2003, além de outros dois prêmios.

J. M. Coetzee (1940-), escritor sul-africano e Prêmio Nobel de Literatura em 2003, considerado por muitos o principal autor do mundo contemporâneo. Nasceu na Cidade do Cabo, em 1940, onde estudou até completar dois bacharelados, um em Língua Inglesa e outro em Matemática. Após completar o seu doutorado em Linguística das Línguas Germânicas nos Estados Unidos, o país lhe negou o direito de residência permanente e o fez regressar à África do Sul, onde ensinou na Universidade da Cidade do Cabo, até 2000. Em 2002, emigrou para a Austrália e hoje leciona na Universidade de Adelaide.

Sua carreira literária começou em 1969, mas o seu primeiro livro, *Dusklands*, só foi publicado na África do Sul em 1974. Coetzee recebeu vários prêmios antes do Nobel e foi o primeiro a receber o Booker Prize por duas vezes: primeiro por *O cio da terra: vida e tempo de Michael K*, em 1983, e por *Desonra*, em 1999.

Nadine Gordimer (1923-2014), autora sul-africana de mais de 30 livros, na sua maioria crônicas sobre a deterioração social que afetou a África do Sul durante o regime do *Apartheid*, é uma das mais importantes vozes contra esse regime legal, mas altamente imoral. Desde o romance de estreia, *The Lying Days*, até *The Conservationist*, obra com que foi vencedora do Prêmio Man Booker, dedicou-se a dramatizar as difíceis escolhas morais surgidas numa sociedade marcada pela segregação racial. Recebeu o Nobel de Literatura de 1991 e a Legião da Honra, na França. Alguns de seus livros traduzidos para o português são *O melhor tempo é o presente*, *De volta à vida* e *Ninguém para me acompanhar*.

Doris Lessing (1919-2013) é uma autora britânica que cobre um vasto leque estilístico, indo de novelas, como *The Grass is Singing* e *The Golden Notebook*, à autobiografia e à ficção científica, com claras influências do modernismo. Foi agraciada com o Nobel de Literatura em 2007 por contar a experiência feminina com ceticismo, ardor e grande força visionária, sendo a pessoa mais idosa que o recebeu. Seus principais livros em português são *O verão antes da queda* e *O carnê dourado*.

Umberto Eco (1932-2016), italiano, é famoso mundialmente por seus escritos sobre semiótica, estética medieval, comunicação de massa, linguística e filosofia. Iniciou na literatura em 1980, já com uma obra que o consagrou, *O nome da rosa*, narrativa policial medieval, impregnada de conceitos linguísticos e filosóficos, que foi adaptada para o formato cinematográfico, em 1988, por Jean-Jacques Annaud, no qual o protagonista, Guilherme de Baskerville, foi vivido por Sean Connery. Seguiram-se *O pêndulo de Foucault*, *A ilha do dia anterior* e *Baudolino*. Dedicou-se às pesquisas em torno da arte poética atual e à diversidade de interpretações, expondo suas ideias em *Obra aberta*, *Lector in fabula* e *Os limites da interpretação*, entre outros livros.

Kenzaburo Oe (1935-) é um escritor japonês que cresceu de acordo com a tradição milenar japonesa, na época ainda intacta em sua aldeia, e aprendeu a recitar lendas e a pintar com a avó, uma cronista oral de grande reputação no lugarejo. Estreou como contista em 1957, com a publicação de *Shisha No Ogori* e, logo no ano seguinte, viu o seu primeiro romance, *Não matem o bebê*, de 1958, ser recompensado com o Prêmio Literário Akutagawa. Descrevendo o impacto da guerra sobre a mentalidade da juventude rural japonesa, Oe demonstrava claras influências por parte da literatura francesa contemporânea. Agraciado com o Prêmio Nobel da Literatura em 1994, nunca deixou de escrever. Entre suas obras, destacamos *14 contos de Kenzaburo Oe*, *Jovens de um novo tempo, despertai!* e *Uma questão pessoal*.

Mia Couto (1955-) é moçambicano, biólogo, jornalista e autor de mais de 30 livros, entre prosa e poesia. Seu romance *Terra sonâmbula* é considerado um dos dez melhores livros africanos do século XX. Recebeu uma série de prêmios literários e, em 2013, foi vencedor do Prêmio Camões, o mais prestigioso da língua portuguesa. É membro correspondente da Academia Brasileira de Letras. Seu estilo é muito parecido com o de Guimarães Rosa, de quem é admirador declarado. Suas principais obras são *A confissão da Leoa*, *Contos do nascer da terra*, *Estórias abensonhadas*, *O fio das missangas*, *A menina sem palavra* e *O último voo do flamingo*.

Pepetela, nome pelo qual é conhecido o angolano Artur Carlos Maurício Pestana dos Santos (1941-), é outra aclamada voz da literatura em língua portuguesa atualmente. Em sua obra, o autor trata dos conflitos políticos em seu país, como em *Mayombe*, sobre a guerra de libertação da Angola contra as tropas portuguesas e o cotidiano dos guerrilheiros do MPLA (Movimento Popular de Libertação de Angola), do qual Pepetela fez parte. Em 1997, recebeu o Prêmio Camões pelo conjunto de sua obra.

  Paul Auster (1947-), americano, é poeta, tradutor, crítico de cinema e literatura, romancista e roteirista de cinema. Publicou ensaios, memórias, poesia e ficção. Estudou literatura francesa, inglesa e italiana na Columbia University, em Nova York. Viveu em Paris de 1971 a 1975 e, de volta a Nova York, em 1980, mudou-se para o bairro do Brooklyn, onde vive e trabalha até hoje. Boa parte da sua história é contada como se fosse uma autobiografia, como em *Da mão para a boca*. Entre seus livros estão *O caderno vermelho*, *A invenção da solidão*, *Invisível* e *Sunset Park*.

6.4.1 Anos 1980 e 1990 e a literatura do início do século XXI em Portugal

O grande nome da literatura portuguesa contemporânea é José Saramago. Por sua atualidade e importância no cenário literário, vale a pena apresentarmos adequadamente sua vida e obra. O *site* da Fundação José Saramago assim apresenta sua biografia, que levemente abreviamos:

> *Filho e neto de camponeses, José Saramago nasceu na aldeia de Azinhaga, província do Ribatejo, no dia 16 de Novembro de 1922, se bem que o registo oficial mencione como data de nascimento o dia 18. Os seus pais emigraram para Lisboa quando*

ele não havia ainda completado dois anos. A maior parte da sua vida decorreu, portanto, na capital, embora até aos primeiros anos da idade adulta fossem numerosas, e por vezes prolongadas, as suas estadas na aldeia natal. Não tinha posses e precisava trabalhar para se sustentar. Depois de publicar suas primeiras obras, pertenceu à primeira Direcção da Associação Portuguesa de Escritores e foi, de 1985 a 1994, presidente da Assembleia Geral da Sociedade Portuguesa de Autores. A partir de 1976 passou a viver exclusivamente do seu trabalho literário, primeiro como tradutor, depois como autor.

Casou com Pilar del Río em 1988 e em Fevereiro de 1993 decidiu repartir o seu tempo entre a sua residência habitual em Lisboa e a ilha de Lanzarote, no arquipélago das Canárias (Espanha). Em 1998 foi-lhe atribuído o Prémio Nobel de Literatura. (Fundação José Saramago, 2017)

De sua vasta obra, destacam-se, entre os romances: Memorial do Convento (1982), um romance histórico inovador, cujo personagem principal é o Convento de Mafra. Temos também O Ano da Morte de Ricardo Reis (1984), A Jangada de Pedra (1986), História do Cerco de Lisboa (1989), O Evangelho Segundo Jesus Cristo (1991) e provavelmente o mais conhecido, Ensaio sobre a Cegueira (1995), que conta a história de um homem que fica cego, inexplicavelmente, quando se encontra no seu carro no meio do trânsito. A cegueira alastra e transforma-se em uma cegueira coletiva. As personagens não têm nome, situadas em um tempo inespecífico. Mostra o poder da palavra para abrir os olhos, frente ao risco de uma situação terminal generalizada. Foi filmado por Fernando Meirelles em 2008. Seu último romance foi Caim (2009) e Claraboia, embora tenha sido concluído em 1953, foi publicado postumamente em 2011. José Saramago faleceu em 18 de Junho de 2010.

Outros representantes da prosa portuguesa contemporânea são Luís Forjaz Trigueiros (1915-2001), Nuno Bragança (1929-1985), Antônio Rebordão Navarro (1933-2015), João de Melo (1949-), Antônio Alçada Baptista (1927-2009), Mário de Carvalho (1944-), Paulo Castilho (1944-) e Gonçalo M. Tavares (1970-).

Entre as prosadoras, além das conhecidas Agustina Bessa Luís (1922-), Maria Judite de Carvalho (1921-1998), Yvette K. Centeno (1940-), Maria Isabel Barreno (1939-2016) e Maria Velho da Costa (1938-). Temos ainda Antônio Lobo Antunes (1942-), escritor e psiquiatra, autor do aclamado *Os cus de Judas*; Mário Cláudio (1941-), Dinis Machado (1930-2008), Baptista-Bastos (1934-2017), Antônio Mega Ferreira (1949-) e Fernando Campos (1924-2017), Clara Pinto Correia (1960-), Luísa Costa Gomes (1954-) e Inês Pedrosa (1962-).

6.4.2 Anos 1980 e 1990 e a literatura do início do século XXI no Brasil

A literatura produzida no Brasil a partir da década de 1980 tem como características mais marcantes a heterogeneidade temática e o estilo individualista. Na atualmente nomeada *Geração de 80*, pode-se perceber certa perda de comprometimento político, tão presente nos anos 1970, durante o período militar. Com a transição para a democracia e, por consequência, maior liberdade de expressão, novas experiências foram lançadas. Passou a prevalecer o enfoque urbano e ganharam destaque os estilos individuais e confessionais, como o dos jovens Marcelo Rubens Paiva (1959-), com *Feliz Ano Velho*; Eliane Maciel (1965-), em *Com licença, eu vou à luta*, e Sandra/Anderson Herzer (1962-1982), com *A queda para o alto*. Houve uma renovação nos contos com João Antônio e, principalmente, Rubem Fonseca (1925-) e seus contos violentos, como *Feliz ano novo*. O mesmo Rubem Fonseca se destacou nos romances, nos quais também se encontra certa estetização da violência, como em *A grande arte* (1983), que lhe rendeu um Prêmio Jabuti, tendo sido também agraciado com o Prêmio Luís de Camões, o mais importante da língua portuguesa, pelo conjunto da obra, em 2003. Caio Fernando Abreu (1948-1996), atualmente "queridinho da internet", produziu freneticamente nesse período e sua obra transborda inflexões intimistas, como no livro de contos de grande sucesso *Morangos mofados*, de 1982. João Ubaldo Ribeiro levantou a história da identidade brasileira em *Viva o povo brasileiro*, de 1984, mesmo ano do romance de Nélida Piñon (1937-), *República dos Sonhos*, que trata das aventuras de imigrantes no Brasil. Ana Miranda (1951-) lançou o romance *Boca do Inferno*, sobre a vida de Gregório de Matos e iniciou uma bem-sucedida carreira com o gênero *biografia romanceada de poetas* (a autora também escreveu *A última quimera*, sobre Augusto dos Anjos, e *Dias & dias*, sobre Gonçalves Dias). No romance intimista, destacamos *Relato de um Certo Oriente*, o livro de estreia de Milton Hatoum (1952-), que tem se firmado como o grande nome da literatura brasileira contemporânea. Ele é autor também de *Dois irmãos*. Josué Montello (1917-2006) destacou o universo maranhense em narrativas históricas.

Embora seu nome ainda seja evitado nas discussões acadêmicas, não podemos deixar de mencionar **Paulo Coelho (1947-)** e sua vasta e bem-sucedida carreira literária, iniciada com a publicação de *O diário de um mago*, em 1987.

> *Oitavo ocupante da Cadeira nº 21 [...]. É casado, desde 1981, com a artista plástica Christina Oiticica.*
>
> *Antes de dedicar-se inteiramente à literatura, trabalhou como diretor e autor de teatro, jornalista e compositor. Escreveu letras de música para alguns dos nomes mais famosos da música brasileira, como Elis Regina e Rita Lee. Seu trabalho mais conhecido, porém, foram as parcerias musicais com Raul Seixas, que resultou em sucessos como "Eu nasci há dez mil anos atrás", "Gita", "Al Capone", entre outras 60 composições com o grande mito do rock no Brasil.*
>
> *[...]*
>
> *Seu fascínio pela busca espiritual, que data da época em que, como hippie, viajava pelo mundo, resultou numa série de experiências em sociedades secretas, religiões orientais, etc. Em 1982, editou ele próprio seu primeiro livro, Arquivos do Inferno, que não teve qualquer repercussão. [...]*
>
> *Em 1986, fez a peregrinação pelo Caminho de Santiago, na Espanha, e, a partir dessa experiência marcante, escreveu O Diário de um Mago, em 1987. No ano seguinte, publicou*

O Alquimista, que se transformaria no livro brasileiro mais vendido em todos os tempos. Outros livros se sucederam: *Brida* (1990), *As Valkírias* (1992), *Na Margem do Rio Piedra Eu Sentei e Chorei* (1994), *Maktub* (coletânea das melhores colunas publicadas no jornal Folha de S. Paulo, 1994) [...] *Veronika Decide Morrer* (1998) [...].

[...]

O Alquimista é um dos mais importantes fenômenos literários do século XX. Chegou ao primeiro lugar da lista dos mais vendidos em 18 países. Tem sido elogiado por pessoas tão diferentes como o Prêmio Nobel de Literatura Kenzaburo Oe, o prêmio Nobel da Paz Shimon Peres, a cantora Madonna e Julia Roberts, que o consideram seu livro favorito.

[...]

Paulo Coelho pertence ao Board do Instituto Shimon Peres para a Paz, é Conselheiro Especial da UNESCO para "Diálogos Interculturais e convergências espirituais" [...].

PAULO COELHO entrou duas vezes para o Guiness Book of Records: como autor que mais assinou livros em edições diferentes (dia 9 de outubro de 2003, Feira do Livro de Frankfurt). Em Outubro [sic] 2008, Paulo entrou pela segunda vez no Guiness Book of Records pelo seu livro *O Alquimista* – livro mais traduzido do mundo (69 idiomas).

Mantém o Instituto Paulo Coelho, uma instituição financiada exclusivamente pelos direitos autorais do escritor.

> *Neste momento, o Instituto Paulo Coelho apoia financeiramente pessoas menos favorecidas de Terceira Idade, e é co-patrocinador do projeto Creche Escola Meninos da Luz, Lar Paulo de Tarso (favela Pavão-Pavãozinho, Rio de Janeiro), que cuida de 400 crianças. [Paulo Coelho é um dos 12 Mensageiros da Paz da ONU]. (ABL, 2016, grifos do original)*
>
> Paulo Coelho

Na poesia, a partir da década de 1980, também se vislumbrou uma mudança temática – saíram os ideais políticos de combate à repressão e a busca da paz inspirada nos *hippies* americanos e entraram a era da informação, com o advento dos computadores e das conquistas tecnológicas, e o mesmo viés individualista encontrado na prosa. Foi a chamada "década perdida". O acesso à informação auxiliou na divulgação massiva da cultura *pop* e promoveu a ascensão dos *yuppies*, os jovens e bem-sucedidos profissionais dos novos mercados que se abriram. Despontaram o *rock* nacional e suas letras, que permanecem no tempo, como as das bandas Legião Urbana e Paralamas do Sucesso. O desencanto político, as informações rápidas e os sucessos instantâneos também colaboram para o surgimento do teatro besteirol. Ao mesmo tempo, havia os poetas que buscavam qualidade em sua produção literária e se preparavam técnica e intelectualmente, estudando, lendo e traduzindo os autores clássicos.

Assim, fiel à heterogenia temática própria da década, ao lado de características próprias das vanguardas dos anos 1950 e 1960 e da linguagem fluente da poesia marginal da década de 1970, a produção poética do período caracterizou-se por uma linguagem mais informal, quase lúdica, com poemas curtos, que também traziam reflexões e apuro técnico e intelectual, sem abandonar as emoções nem as novidades do mundo contemporâneo. Entre os nomes de destaque estão o de Glauco Mattoso (pseudônimo de Pedro José Ferreira da Silva – 1951 –, que sofre de glaucoma) e o inspirado casal curitibano Paulo Leminski (1944-1989) e Alice Ruiz (1946). Também podemos citar a reclusa Hilda Hilst (1930-2004), que explorou temas metafísicos e sexuais, fazendo uso do fluxo de consciência. João Gilberto Noll (1946-2017) também trabalhou a sexualidade, aliada ao delírio, em *A fúria do corpo*. Na poesia, José Paulo Paes e Haroldo de Campos (1929-2003) permaneceram fiéis às técnicas inspiradas no concretismo. A poesia de Adélia Prado (1935), que explora o universo feminino e o cotidiano, ganhou destaque, assim como o doce e delicado poeta Manuel de Barros, cujo preciso trabalho estilístico se voltou para os temas da natureza, tendo como inspiração o Pantanal.

Na década de 1990, ao lado da variedade de estilos e técnicas característicos da pós-modernidade, tomaram vulto algumas tendências comuns, como as que se encontram em alguns romances que, motivados pelo fim do milênio, procuraram resgatar a história do país em obras fictícias sobre a história contemporânea. João Silvério Trevisan (1944-) se destaca no romance histórico com *Ana em Veneza*. A ficção baseada em eventos históricos surgiu também nas obras de Zulmira Ribeiro Tavares (*Cortejo em Abril*) e de Moacyr Scliar (*Sonhos tropicais*). Fernando Morais (1946-) utilizou o gênero jornalismo literário em *Chatô* e *Olga*, obras que inspiraram os filmes de mesmo nome (e a polêmica que envolveu a produção do filme *Chatô*). A prosa memorialística, que une relatos pessoais a momentos históricos, se manifesta em Carlos Heitor Cony (*Quase Memória*, 1997) e Modesto Carone (*Resumo de Ana*, 1999). O compositor Chico Buarque de Holanda (1944-) inaugurou sua carreira literária com a narrativa labiríntica e alucinada de *Estorvo* (1991). Na moderna prosa regionalista, Francisco Dantas (1911-2000) descreveu um nordeste em decadência em *Coivara da memória*. Bernardo Carvalho concilia suspense e desconstrução em *Os bêbados e os sonâmbulos* (1996) e *Teatro* (1998). Patrícia Melo, sob notória influência de Rubem Fonseca, publicou *O Matador* (1995). Paulo Lins lançou *Cidade de Deus* (1997), romance que retrata detalhes das classes sociais cariocas e inspirou o filme homônimo de grande sucesso, dirigido por Fernando Meirelles e Katia Lund, em 2002. Silviano Santiago (1936-) versa sobre a decadência familiar em *De cócoras* (1999).

Na poesia, a década de 1990 firmou uma série de tendências que permeavam o debate cultural e a percepção da sociedade, propagando previsões como o fim da utopia e das polarizações ideológicas, destacando os princípios da alteridade, da pluralidade e da diversidade. A produção poética aderiu a essas mudanças e renovou-se, dando outro fôlego a essa manifestação artística nos últimos dez anos do século XX. Mas há ainda reflexos do concretismo e da música popular na obra de Arnaldo Antunes (1960-) – que fazia parte do grupo de rock *Titãs*. Na nova geração de poetas, destacam-se: Alexei Bueno (1963-), Nelson Ascher (1958-), Régis Bonvicino (1955-), Rubens Rodrigues Torres Filho (1942-) e Paulo Henriques Britto (1951-), além do veterano Waly Salomão (1943-2003). Outros autores que ganharam representatividade foram

Fabrício Carpinejar (1972), Antonio Cícero (1945) e Lucinda Persona (1947). Foram também publicados livros de poemas póstumos de Carlos Drummond de Andrade (*Farewell*, 1997) e de Guimarães Rosa (*Magma*, 1998). O veteraníssimo poeta Ferreira Gullar lançou *Muitas vozes* (1999).

6.4.3 Anos 2000

O novo século, em seu início, ainda preservava resquícios da literatura do século anterior. Os primeiros anos da década de 2000 assistiriam a reedições de monstros sagrados como Guimarães Rosa, com direito a exposição no Museu da Língua Portuguesa, em São Paulo, por conta de seu centenário e dos 50 anos do *Grande sertão: veredas*. Aliás, essa foi a década dos grandes eventos literários: houve Bienais do Livro no Rio de Janeiro e em São Paulo; a Festa Literária de Paraty (Flip); e prêmios literários, com destaque para o Portugal Telecom. Surgiu também a inevitável associação à internet, com *sites* de autopublicação e a popularização dos *e-books*.

O principal autor nacional do período foi Milton Hatoum, com *Cinzas do Norte* e *Órfãos do Eldorado*, ao lado de Cristóvão Tezza (1952-), autor do belíssimo *O filho eterno*, que lhe rendeu glória literária e prêmios. Ainda se destacaram, na prosa, Cíntia Moscovich (1958-), Michel Laub (1973-) e Daniel Galera (1979-); na poesia, Paulo Henriques Britto e Douglas Diegues (1965-); e, na crônica, Ricardo Freire (1963), Antonio Prata (1977) e Ana Elisa Ribeiro (1975). Há ainda Daniel Pellizzari (1974) e Clarah Averbuck (1979).

Vários autores já consagrados são agraciados com prêmios, como a edição do Prêmio Jabuti de 2001, que consagrou Patrícia Melo, na categoria Romance, com *Inferno*, cujo tema violento aborda a trajetória de um garoto de 11 anos usuário de *crack*. Na categoria Poesia, venceu Anderson Braga Horta, com *Fragmentos da Paixão*.

Seguindo a cronologia, há o destaque em 2002 para Ariano Suassuna, que recebeu o Prêmio Jorge Amado de Literatura e Arte, na Bahia, pelo conjunto de sua obra; nesse ano também foram comemorados os centenários de Carlos Drummond de Andrade e Sérgio Buarque de Holanda, além dos 100 anos da publicação de *Os Sertões*, de Euclides da Cunha. Em 2003, Adriana Lisboa venceu a 3ª Edição do Prêmio Literário José Saramago, com *Sinfonia em branco*, e Chico Buarque lançou *Budapeste*, tornando-se um dos principais autores contemporâneos, cujo último romance é *O irmão alemão*.

Em 2003 foi criada a Flip, que se tornou um dos eventos mais aguardados do gênero. Trata-se de um festival literário realizado pela organização sem fins lucrativos Associação Casa Azul e ocorre anualmente em Paraty, no Rio de Janeiro. Em quatro dias em média do evento, são realizadas palestras, mesas redondas, encontros entre autores, oficinas literárias e atividades para crianças (Flipinha) e jovens (Flipzona).

A cada ano, um escritor é homenageado pelo festival:

+ 2003 – Vinicius de Moraes;
+ 2004 – Guimarães Rosa;
+ 2005 – Clarice Lispector;

- 2006 – Jorge Amado;
- 2007 – Nelson Rodrigues;
- 2008 – Machado de Assis;
- 2009 – Manuel Bandeira;
- 2010 – Gilberto Freyre;
- 2011 – Oswald de Andrade;
- 2012 – Carlos Drummond de Andrade;
- 2013 – Graciliano Ramos;
- 2014 – Millôr Fernandes;
- 2015 – Mario de Andrade;
- 2016 – Ana Cristina César;
- 2017 – Lima Barreto.

Desde sua criação, vários autores, de vários campos do conhecimento, como o escritor, cantor e compositor Chico Buarque, os escritores Don DeLillo, Paul Auster, Martin Amis, Pepetela, Isabel Allende, Salman Rushdie, o historiador Eric Hobsbawm, o mais eminente crítico literário brasileiro, Antonio Candido, o neurocirurgião Miguel Nicolelis, os cantores David Byrne e Gilberto Gil, os cineastas Eduardo Coutinho e Nelson Pereira dos Santos, os quadrinistas Fábio Moon e Gabriel Bá, entre muitas outras personalidades ilustres, participam de debates, palestras e leituras. O sucesso mundial da Flip, desde seu ano de fundação, se deve, principalmente, ao envolvimento e participação ativa desses autores que são reconhecidos internacionalmente.

A literatura brasileira contemporânea segue efervescente. Vários autores se firmam, como Daniel Galera, vencedor do Prêmio São Paulo de Literatura de 2013 com *Barba ensopada de sangue*, uma narrativa bem elaborada sobre a vida de um professor de natação; Marcelino Freire (1967-), que foi vencedor do Prêmio Jabuti na categoria contos de 2006 com *Contos negreiros*. Outros nomes ganham destaque, como Ricardo Lísias (1975-), com *Divórcio*, e Michel Laub, com *A maçã envenenada*, autores que fazem uso de uma controversa prosa autorreferencial. O esvaziamento político na maioria dos autores é criticado, mas é notado em Nuno Ramos (1960-) e no primeiro romance de Antonio Geraldo Figueiredo Ferreira (1966-), *As visitas que hoje estamos*. Há uma recuperação da temática urbana e do subjetivismo em Luiz Ruffato (1961-), Marçal Aquino (1958-), Joca Reiners Terron (1968-) e Ana Paula Maia (1977-). Outros autores recentes têm ganhado relevância, mas a qualidade de suas produções só será demonstrada com o tempo.

Síntese

Tratamos neste capítulo da literatura no âmbito da contemporaneidade, no qual os meios de comunicação permitem acesso rápido e imediato a uma enorme produção literária e os autores divulgam suas obras com maior facilidade – há público para todos. O diálogo entre autor/leitor é quase imediato, às vezes é até interativo, como se pode observar nas produções "coletivas" na internet (o autor recebe colaboração do público leitor para criar ou desenvolver sua obra). As possibilidades criativas tornam-se infinitas. A literatura passa por uma fase de popularização no Brasil – os vários eventos literários contam com públicos enormes e percebe-se a criação de novos hábitos de leitura – há quem leia no transporte público, há quem leia em qualquer lugar, usando celulares ou *tablets*. Aparentemente, o acesso à literatura está garantido. Vamos torcer pela qualidade dessa literatura.

Atividades de autoavaliação

1. A caracterização de uma sociedade distópica em *1984*, com a previsão de muitos aspectos relacionados à sociedade contemporânea, como a intensa vigilância e a crítica aos sistemas totalitários em *A revolução dos bichos* fazem com que esse autor permaneça atual. Quem é ele?
   a. Jean-Paul Sartre.
   b. Simone de Beauvoir.
   c. Jack Kerouak.
   d. George Orwell.

2. O sol da Argélia, a inquietação do homem diante das constatações absurdas, a percepção de que a vida não faz sentido são características relacionadas a qual autor?
   a. Henry Miller.
   b. Vladimir Nobokov.
   c. Albert Camus.
   d. Allen Ginsberg.

3. Dentre as alternativas a seguir, indique a que apresenta, respectivamente, um romance com temática indianista, um realista, um naturalista, um pré-modernista e um modernista:
a. *O guarani*, *O cortiço*, *Dom Casmurro*, *Os sertões* e *Memórias sentimentais de João Ribamar*.
b. *O guarani*, *Memórias póstumas de Brás Cubas*, *O cortiço*, *Triste fim de Policarpo Quaresma* e *Macunaíma*.
c. *Iracema*, *A carne*, *O mulato*, *Quarup* e *Menino de engenho*.
d. *Iracema*, *O sertanejo*, *A carne*, *Macunaíma* e *Urupês*.

4. Qual é o tema da obra *On the road: Pé na estrada*, de Jack Kerouac?
a. A amizade entre dois homens que partem em busca do autoconhecimento em uma viagem de carro.
b. O isolamento na floresta de um rapaz que busca o autoconhecimento.
c. A luta para a construção da mítica estrada *Route 66*.
d. O amor proibido entre duas garotas.

5. Relacione as informações a seguir e indique a sequência correta:
a. Julio Cortázar ( ) *Cem anos de solidão*
b. Gabriel García Márquez ( ) *A casa dos espíritos*
c. Isabel Allende ( ) *Pedro Páramo*
d. Mario Vargas Llosa ( ) *Conversa no Catedral*
e. Juan Rulfo ( ) *O jogo de amarelinha*

Atividades de aprendizagem

Questão para reflexão

1. É possível prever quais autores contemporâneos farão parte dos clássicos da literatura universal? Quais seriam os critérios que definiriam o que é arte literária e o que é mero produto voltado para o entretenimento imediato e efêmero?

Atividade aplicada: prática

1. Atualmente, nos grandes centros urbanos, têm-se criado estratégias de estímulo e divulgação de leitura, como a proposta de "esquecer" propositadamente um livro em um banco de praça pública ou nos pontos de ônibus. A ideia é a de fazer com que quem encontrou o livro leia-o e depois "esqueça-o", para que outra pessoa possa encontrá-lo e tornar esta prática comum. Procure "esquecer" um livro em algum local público (entrada de prédios, banco de ônibus...), onde você possa observar a reação das pessoas. Faça um relato de sua experiência.

Indicações culturais

Filme

O AUTO da Compadecida. Direção: Guel Arraes. Brasil: Columbia TriStar, 2000. 104 min.

Adaptação da peça homônima de Ariano Suassuna, autor falecido recentemente que, pela grandiosidade de sua obra, é forte candidato a permanecer no grande tempo. Narra as aventuras de João Grilo e Chicó.

Livro

LLOSA, M. V. A civilização do espetáculo. Rio de Janeiro: Objetiva, 2013.

O autor faz um retrato do nosso tempo e de nossa cultura, atualmente baseada em diversão frívola e escapista, bem diferente da cultura grega, que unia traços da realidade e do sagrado para criar a consciência e a compreensão da realidade. Ele retoma a discussão iniciada por T. S. Eliot e Guy Debord para oferecer seu panorama meio desesperador a respeito do que estamos fazendo com a cultura hoje.

considerações finais

Por que ler os clássicos da literatura?

UMA HISTÓRIA DA literatura vai além da mera apresentação de autores e obras em uma linha do tempo – ela também tem a intenção de fazer com que as pessoas leiam as obras que permanecem vivas nos séculos, isto é, no "grande tempo", e participem do diálogo estabelecido nele. Há várias justificativas para incentivar a leitura dos clássicos. Harold Bloom (2011, p. 25) exorta o leitor "a procurar algo que lhe diga respeito e que possa servir de base à avaliação, à reflexão. Leia plenamente, não para acreditar, nem para concordar, tampouco para refutar, mas para buscar empatia com a natureza que escreve e lê". Essa empatia faz com que o leitor sinta a mesma emoção que está sendo descrita pelo autor, que o toca, emociona, e faz fundir o sentimento do escritor com o do leitor, num compartilhamento do belo, causando grande prazer estético.

Talvez o deleite que se tem ao ler algo realmente belo, que agrade, seja o maior motivo para se ler os clássicos. E o mais incrível é que o leitor descobre esse prazer sozinho. Mas nem sempre o que agrada um indivíduo coincide com o que a maioria diz, e o contrário também é verdade, tanto que surgem livros que por vezes confundem crítica literária com gosto particular, como a *História da literatura ocidental: sem as partes chatas*, de Sandra Newman (2014). Há, porém, outras seleções de "melhores clássicos de todos os tempos" que têm a intenção de apresentar livros considerados realmente importantes, minimizando o juízo de gosto pessoal (tanto que não resistimos e apresentamos nossa lista no "Apêndice" ao fim desta obra). Uma sugestão é *90 livros clássicos para apressadinhos*, de Henrik Lange (2010), uma divertida lista de clássicos com pequenos resumos em formato de histórias em quadrinhos.

A questão é: se os clássicos são assim considerados, é porque eles têm um valor que está acima do gosto. E é bom ler um clássico, mesmo que seja para falar mal, mas com propriedade. É realmente difícil ler e entender alguns textos, como os arcaicos – quem nunca sofreu tentando "decifrar" uma cantiga de amigo? No entanto, o prazer da descoberta do sentido, a epifania ou aquele "efeito catártico" do qual falava Aristóteles justificam algumas tentativas que percorrem toda uma vida.

É gastar às vezes anos para superar os obstáculos quantitativos do *Ulisses*, de Joyce, da *Montanha mágica*, de Thomas Mann, e de *Em busca do tempo perdido*, de Proust, ao enfrentar suas numerosas páginas para finalmente ter aquela sensação mágica que faz o leitor ter certeza de que a vida vale a pena, faz sentido e as pessoas/personagens são o que são.

    Difícil é ter de reconhecer que a vida é muito curta para tantas histórias e que algumas deverão ser deixadas de lado. É preciso escolher e ser responsável pelas escolhas erradas e pelas omissões. Complicado também é enfrentar os opositores que não admitem que alguém não goste de *Orgulho e preconceito*, de Jane Austen, ou ame tresloucadamente *A peste*, de Camus, ou *O vermelho e o negro*, de Stendhal. Mas ler é isso e muito mais: é admitir que a saga *Harry Potter* é muito bem escrita e que os livros de Agatha Christie e alguns outros *best-sellers* são simplesmente uma delícia e que, às vezes, não dá para entender algumas passagens de alguns livros considerados imprescindíveis, sendo preciso reler, reler, até um dia entender ou entender de outro jeito. Sempre vale a pena insistir, pois, como diria Jorge Luis Borges, remetendo-se à clássica imagem de Heráclito (não se pode banhar-se no mesmo rio duas vezes), "nenhum livro é lido duas vezes da mesma forma" (Borges, 2002, p. 28).

    Há de se concordar com as justificativas acadêmicas para ler os clássicos: por meio deles é possível obter informação sobre os valores de um povo, colaborar para aumentar o repertório de ideias e oferecer condições de argumentar com maior convicção e profundidade, compreendendo aspectos culturais e ideológicos que reforçam o senso crítico e despertam a consciência. Porém, acreditamos que a grande surpresa que acontece durante algumas leituras é a de nos deparar-nos com nós mesmos, na voz do outro, o que nos leva a indagar: como eu, este ser que parece único, já foi desvendado por tantas pessoas antes? Será que Bakhtin poderia prever que este diálogo literário no grande tempo teria como interlocutores leitores, autores, personagens, críticos, todos nós que, ao nos identificarmos com as histórias, por vezes até parecidas umas com as outras, mas contadas com linguagens tão belas, com descrições de personagens que nos soam tão familiares, em lugares e tempos parecidos com os nossos ou nos quais gostaríamos de estar, faz-nos pensar que elas foram feitas especialmente para nós e, em determinados momentos, até parece que falam de nós...

glossário[*]

ACRÓSTICO – Poema em que a primeira letra de cada verso forma um nome.

AEDO – Cantor que se apresentava acompanhado de instrumentos musicais.

AULÉTICA – Arte de tocar flauta.

CITARÍSTICA – Gênero de música acompanhada por cítara (um tipo de violino).

CUNEIFORME – Em formato de cunha (prisma agudo).

DÍSTICO – Estrofe composta de dois versos.

DISTOPIA – Por oposição a *utopia* (lugar ideal, mas imaginário), a distopia é um lugar opressor e ruim.

DITIRAMBOS – Canto de louvor ao deus grego Dionísio.

EPICURISTA – Seguidor do epicurismo, filosofia que admite o prazer moderado.

EPOPEIA – Longos poemas narrativos em que os acontecimentos históricos protagonizados por um herói são narrados de forma solene e grandiloquente.

---

[*] Este glossário foi elaborado com base em Houaiss; Villar; Mello (2004).

Estoico – Seguidor do estoicismo, filosofia que prega a simplicidade, a disciplina e a aceitação do destino.

Foco narrativo – Perspectiva pela qual o narrador opta por relatar os acontecimentos em primeira pessoa (personagem protagonista ou coadjuvante) ou erceira pessoa (onisciente ou observador).

Glosa – Composição poética em que se desenvolve um mote, tema.

Hegeliano – Próprio do filósofo Hegel, que acreditava que a história segue um fluxo espiral, alternando tese, antítese e síntese.

Laudatório – Em louvor a alguém, elogioso.

Maneirismo – Corrente estética que valoriza a afetação e o exagero.

Mecenato – Proteção que um indivíduo rico oferece às artes.

Menestrel – Artista que recitava e cantava poemas em versos.

Neologismo – Palavra nova, inventada.

Óstraco – Fragmento de cerâmica com inscrições escritas.

Papiro – Rolo de folha com manuscrito.

Pergaminho – Pele de couro própria para se escrever.

Rondó – Poema de forma fixa, como o soneto.

Rupestre – Gravação em rocha ou caverna.

Vernáculo – Língua própria de um país ou de uma região.

referências

A ARTE de furtar. São Paulo: M. Claret, 2009.

A EPOPEIA de Gilgamesh. Tradução de Carlos Daudt de Oliveira. São Paulo: M. Fontes, 2001.

A LENDA de Beowulf. Direção: Robert Zemeckis. EUA: Warner Bros., 2007. 115 min.

ABL – Academia Brasileira de Letras. Disponível em: <http://www.academia.org.br/>. Acesso em: 8 ago. 2017.

_____. Paulo Coelho: biografia. 4 mar. 2016. Disponível em: <http://www.academia.org.br/academicos/paulo-coelho/biografia>. Acesso em: 18 set. 2017.

ACHCAR, F. Lírica e lugar-comum: alguns temas de Horácio e sua presença em português. São Paulo: Edusp, 1994. (Coleção Ensaios de Cultura, v. 4).

ALCOFORADO, S. M. Cartas portuguesas. Porto Alegre: L&PM Editores, 1999. (Série L&PM Pocket Plus).

ALCORÃO. Português. Alcorão Sagrado. São Paulo: Federação das Associações Muçulmanas do Brasil, [S.d.].

ALIGHIERI, D. A divina comédia. São Paulo: Nova Cultural, 2002.

ANDRADE, C. D. de. Reunião: 10 livros de poesia. Rio de Janeiro: J. Olympio, 1973.

ARISTÓTELES. Arte retórica e arte poética. São Paulo: Ediouro, [S.d.].

_____. Poética. São Paulo: Abril, 1973. (Coleção Os Pensadores).

AUERBACH, E. A cicatriz de Ulisses. In: _____. Mimesis. São Paulo: Perspectiva, 1987a. (Coleção Estudos, v. 2). p. 1-20.

_____. Mimesis. São Paulo: Perspectiva, 1987b. (Coleção Estudos, v. 2).

BAKHTIN, M. Estética da criação verbal. São Paulo: M. Fontes, 2003.

BÍBLIA. Português. Bíblia Sagrada. Nova tradução na linguagem de hoje. São Paulo: Edições Paulinas, 2005.

_____. _____. São Paulo: Edições Paulinas, 2011.

BLOOM, H. Como e por que ler. Rio de Janeiro: Objetiva, 2011.

BORGES, J. L. Cinco visões pessoais. Brasília: Ed. da UnB, 2002.

BOSI, A. História concisa da literatura brasileira. São Paulo: Cultrix, 2012.

_____. _____. 2006.

_____. _____. 1994.

BRECHT, B. Poemas 1913-1956. Seleção e tradução de Paulo César de Souza. São Paulo: Ed. 34, 2000.

BUARQUE, C.; PONTES, P. Gota d'água. Rio de Janeiro: Civilização Brasileira, 1975.

BULFINCH, T. O livro de ouro da mitologia: histórias de deuses e heróis. Rio de Janeiro: Ediouro, 2001.

CAMÕES, L. de. Sonetos. Lisboa: Livraria Clássica Editora, [S.d.].

CAMPOS, A.; CAMPOS, H.; SCHNAIDERMAN, B. Poesia russa moderna. São Paulo: Brasiliense, 1985.

CAMUS, A. Estado de sítio/O estrangeiro. São Paulo: Abril, 1979.

CANDIDO, A. Formação da literatura brasileira: momentos decisivos (1750-1836). Belo Horizonte: Ed. Itatiaia; São Paulo: Edusp, 1975a.

_____. _____. 1997. v. 1.

_____. Formação da literatura brasileira: momentos decisivos (1836-1880). Belo Horizonte: Ed. Itatiaia; São Paulo: Edusp, 1975b.

_____. _____. 1981.

CARPEAUX, O. M. História da literatura ocidental. São Paulo: Leya, 2011.

CHALLAYE, F. Pequena história das grandes religiões. São Paulo: Ibrasa, 1970.

CONFÚCIO. Os analectos. São Paulo: Ed. da Unesp, 2012.

CORTÁZAR, J. Final do jogo. Rio de Janeiro: Expressão e Cultura, 1974.

_____. História de cronópios e de famas. Rio de Janeiro: Civilização Brasileira, 1983.

D'ONOFRIO, S. Literatura ocidental: autores e obras fundamentais. São Paulo: Ática, 1990.

DIAS, G. I-Juca Pirama. In: Poesia e prosa completos. Rio de Janeiro: Nova Aguilar, 1998.

DONNE, J. Verso reverso controverso. São Paulo: Perspectiva, 1978.

ELIOT, T. S. Poesia. Rio de Janeiro: Nova Fronteira, l98l.

ENCICLOPÉDIA Britânica. 11. ed. Cambridge: Cambridge University Press, 1911.

ENUMA Elish: o épico da criação. Tradução de L. W. King. Londres: The Book Tree/Luzac and Co., 1999.

ESPANCA, F. Poemas de Florbela Espanca. São Paulo: M. Fontes, 1996.

ÉSQUILO; SÓFOCLES; EURÍPEDES. Tragédias. São Paulo: Abril, 1982.

FABRINO, A. M. J. Rubem Braga e a transfiguração do gênero: a crônica poética. 143 f. Dissertação (Mestrado em Letras) – Universidade de São Paulo, São Paulo, 2001.

FRYE, N. Anatomia da crítica. São Paulo: Cultrix, 1989.

FUNDAÇÃO JOSÉ SARAMAGO. Disponível em: <http://www.jose saramago.org>. Acesso em: 8 ago. 2017.

GILGAMESH, rei dos heróis da Babilônia. Portal dos Mitos, 10 dez. 2012. Disponível em: <http://portal-dos-mitos.blogspot.com.br/2012/12/gilga mesh-rei-dos-herois-da-babilonia.html>.

GRANDE Enciclopédia Larousse Cultural. São Paulo: Nova Cultural, 1998.

GRÜNEWALD, J. L. Escreviver. São Paulo: Perspectiva, 2002.

HAUSER, A. História social da literatura e da arte. São Paulo: Mestre Jou, 1972.

HESÍODO. Teogonia. São Paulo: Roswitha Kempf, 1984.

HOMERO. Odisseia. Tradução de Frederico Lourenço. São Paulo: Companhia das Letras, 2011.

HOUAISS, A.; VILLAR, M. de S.; FRANCO, F. M. de M. Dicionário Houaiss da língua portuguesa. Rio de Janeiro: Instituto Antônio Houaiss; Objetiva, 2001.

ISER, W. O ato da leitura. São Paulo: Ed. 34, 1999.

LANGE, H. 90 livros clássicos para apressadinhos. Rio de Janeiro: Galera Record, 2010.

MAINGUENEAU, D. O contexto da obra literária. São Paulo: M. Fontes, 1995.

MOISÉS, M. A criação literária: poesia e prosa. São Paulo: Cultrix, 2012.

_____. A literatura portuguesa. São Paulo: Cultrix, 1986.

MORETTI, F. (Org.). A cultura do romance. São Paulo: Cosac Naify, 2009. (Série O Romance, v. 1).

NEWMAN, S. História da literatura ocidental sem as partes chatas: um guia irreverente para ler os clássicos sem medo. São Paulo: Cultrix, 2014.

NIETZSCHE, F. Obras incompletas. São Paulo: Abril, 1983. (Coleção Os Pensadores).

NOVA ENCICLOPÉDIA Barsa. São Paulo: Barsa Planeta Internacional Ltda, 2001a. v. 5.

_____. _____. 2001b. v. 6.

_____. _____. 2001c. v. 8.

_____. _____. 2001d. v. 12.

_____. _____. 2001e. v. 13.

O CLÃ DOS BARDOS. Enuma Elish, o mito da criação na mitologia mesopotâmica. Disponível em: <http://www.cladosbardos.com/2013/04/enuma-elish-o-mito-da-criacao-na.html>. Acesso em: 20 jun. 2014.

O FASCÍNIO DO ANTIGO EGITO. O livro dos mortos. <http://www.fascinioegito.sho6.com/livromor.htm>. Acesso em: 8 ago. 2017.

O LIVRO das religiões. Tradução de Bruno Alexander. São Paulo: Globo Livros, 2014.

OVÍDIO. A arte de amar. Sintra: Publicações Europa-América, 1974.

PAULO COELHO. Disponível em: <http://paulocoelho.com/br/>. Acesso em: 8 ago. 2017.

PAZ, O. O arco e a lira. São Paulo: Nova Fronteira, 1988.

PEINADO, F. L. Enuma Elish: poema habilónico de la creación. Madrid: Editorial Trotta, 1994. (Colección Paradigmas).

PESSOA, F. Obra poética. Rio de Janeiro: Nova Aguilar, 1986a.

_____. Obras em prosa. Rio de Janeiro: Nova Aguilar, 1986b.

PLATÃO. A república. Lisboa: Fundação Calouste Gulbenkian, [S.d.].

POESIA moderna da Grécia. Rio de Janeiro: Guanabara, 1986.

PRAMPOLINI, S. Historia universal de la literatura. Buenos Aires: Uteha, 1940.

QUADROS, A. Prefácio. In: CAMUS, A. Estado de sítio/O estrangeiro. São Paulo: Abril, 1979.

SANTANA, A. L. Livro dos mortos. Infoescola. Disponível em <http://www.infoescola.com/civilizacao-egipcia/livro-dos-mortos>. Acesso em: 8 ago. 2017.

SHAKESPEARE, W. Hamlet. São Paulo: Abril S. A. Cultural e Industrial, 1976.

SUN TZU. A arte da guerra. São Paulo: Jardim dos Livros, 2006.

TODOROV, T. Os gêneros do discurso. São Paulo: M. Fontes, 1980.

VIEIRA, P. A. Sermões. São Paulo: Cultrix, 1981.

bibliografia comentada

As referências históricas e a maioria das biografias dos escritores citados ao longo do texto foram extraídas das enciclopédias listadas nas "Referências". Algumas análises podem ser encontradas em prefácios das obras dos autores citados. As preciosas análises de cunho crítico e literário foram extraídas das seguintes obras:

BLOOM, H. Como e por que ler. Rio de Janeiro: Objetiva, 2011.

> Embora usualmente polêmico, o crítico faz nessa obra um apanhado dos textos clássicos, para ele, essenciais, como contos, poemas, romances ou peças teatrais. Empregando uma linguagem fluente e oferecendo informações originais, Bloom desperta no leitor aquele desejo de ler tudo, porque, em meio aos seus comentários, ele se identifica com as personagens e/ou os autores, fazendo-nos querer também nos identificar para descobrir aquilo que nos diz respeito e nos é útil.

BOSI, A. História concisa da literatura brasileira. São Paulo: Cultrix, 1994.

A maioria das informações sobre literatura brasileira foi extraída desse clássico, que sintetiza toda a produção literária brasileira com enorme clareza e elegância ímpar, desde A carta de Caminha até a produção literária brasileira contemporânea, incluindo Manoel de Barros.

CANDIDO, A. Formação da literatura brasileira: momentos decisivos (1750-1836). Belo Horizonte: Itatiaia; São Paulo: Edusp, 1975.

_____. Formação da literatura brasileira: momentos decisivos (1836-1880). Belo Horizonte: Itatiaia; São Paulo: Edusp, 1975.

Grande parte das informações sobre literatura brasileira foram extraídas dessa obra essencial, que, em dois volumes, estuda a formação da literatura brasileira como "síntese de tendências universalistas e particularistas", segundo o próprio autor. Candido destaca que os momentos decisivos tratados em sua obra situam a produção propriamente literária do Brasil, distinguindo-as das manifestações literárias que antecederam esses momentos. Ele destaca três elementos que, juntos, correspondem à literatura: os produtores literários (autores), os receptores (público) e o mecanismo transmissor (a linguagem), que liga os primeiros aos segundos.

CARPEAUX, O. M. História da literatura ocidental. São Paulo: Leya, 2011.

Muitas análises literárias foram extraídas desse monumento sobre a literatura universal. Vale a pena conhecer a fundo seus propósitos, citados na apresentação da obra e seu conteúdo, que aborda desde os clássicos da literatura grega até os beatniks americanos e as novas estéticas literárias que estavam surgindo enquanto o autor era vivo (Carpeaux faleceu em 1978).

HAUSER, A. História social da literatura e da arte. São Paulo: Mestre Jou, 1972.

Há preciosas análises e comentários nessa obra que é um clássico da crítica de arte e literatura. Desvenda as primeiras manifestações artísticas do homem, desde a Pré-História, com as pinturas rupestres, ricamente analisadas, passando pelo Oriente Antigo, Grécia e Roma, bem como pela Idade Média e Renascença, os estilos, até chegar à "Era do filme" e à ideia de democratização da arte.

MOISÉS, M. A criação literária: poesia e prosa. São Paulo: Cultrix, 2012.

O autor apresenta belas análises em poesia e prosa, com ênfase na produção em língua portuguesa. Aborda os conceitos de literatura, gêneros literários, prosa (conto, novela, romance), poesia, prosa poética, ensaio, crônica e teatro, além de outras formas híbridas, como a oratória, o jornalismo, a poesia didática e a historiografia e crítica literária, oferecendo um panorama completo do fazer literário.

_____. A literatura portuguesa. São Paulo: Cultrix, 1986.

Toda a parte dedicada à literatura portuguesa nesta obra foi baseada nesse volume imprescindível, que conta com a figura generosa e competente do autor, professor durante décadas e responsável pela formação de gerações de estudantes de literatura. Trata da história da literatura portuguesa desde o trovadorismo e, nas edições mais recentes (a partir da 33ª), traça um panorama da literatura portuguesa atual.

apêndice 1

A seguir, temos uma lista em ordem cronológica (algumas datas são aproximadas, outras marcam o período em que as obras foram escritas) das obras citadas ao longo do texto, além de outros clássicos imperdíveis da literatura universal*.

- *A epopeia de Gilgamesh*, Anônimo (2750 a.C.)
- *Rigveda*, Anônimo (1700 a.C.)
- *Enuma Elish*, Anônimo (1250 a.C.)
- Gênesis (Bíblia), Anônimo (1200 a.C.)
- *A arte da guerra*, de Sun Tzu (500 a.C.)
- *Anacletos*, de Confúcio (500 a.C.)
- *Odisseia*, de Homero (600 a.C.)

---

* Vale lembrar que muitos títulos já caíram em domínio público e estão disponíveis na internet. Você pode acessá-los pelos seguintes *links*: <http://www.dominiopublico.gov.br> e <http://www.gutenberg.org>.

- *Teogonia*, de Hesíodo (600 a.C.)
- *Medeia*, de Eurípides (431 a.C.)
- *Édipo rei*, de Sófocles (427 a.C.)
- *Eneida*, de Virgílio (19 a.C.)
- *Metamorfoses*, de Ovídio (8 d.C.)
- *Mahabharata*, Anônimo (100 d.C.)
- *Livro das mil e uma noites*, Anônimo (900)
- *A divina comédia*, de Dante Alighieri (1304-1321)
- *Decamerão*, de Giovanni Boccaccio (1348-1353)
- *Os lusíadas*, de Luís de Camões (1572)
- *Hamlet*, de William Shakespeare (1600)
- *Otelo*, de William Shakespeare (1603)
- *O engenhoso fidalgo Dom Quixote de la Mancha*, de Miguel de Cervantes (1605)
- *Tartufo*, de Molière (1664)
- *Paraíso perdido*, de John Milton (1667)
- *Robinson Crusoé*, de Daniel Defoe (1719)
- *As viagens de Gulliver*, de Jonathan Swift (1726)
- *Canções da inocência/Canções da experiência*, de William Blake (1789)
- *Fausto*, de Johann Wolfgang von Goethe (1808)
- *Orgulho e preconceito*, de Jane Austen (1813)
- *O vermelho e o negro*, de Stendhal (1830)
- *Histórias extraordinárias*, de Edgar Allan Poe (1833-1845)
- *Contos*, de Hans Christian Andersen (1835)
- *A comédia humana*, de Honoré de Balzac (1842)
- *Os três mosqueteiros*, de Alexandre Dumas (1844)
- *Moby Dick*, de Herman Melville (1851)

- *Madame Bovary*, de Gustave Flaubert (1857)
- *As flores do mal*, de Charles Baudelaire (1857)
- *Grandes esperanças*, de Charles Dickens (1860)
- *Os miseráveis*, de Victor Hugo (1862)
- *Guerra e paz*, de Leon Tolstói (1865-1869)
- *As aventuras de Alice no País das Maravilhas*, de Lewis Carroll (1865)
- *Crime e castigo*, de Fiódor Dostoiévski (1866)
- *Uma temporada no inferno*, de Arthur Rimbaud (1873)
- *Memórias póstumas de Brás Cubas*, de Machado de Assis (1881)
- *As aventuras de Huckleberry Finn*, de Mark Twain (1884)
- *Folhas de relva*, de Walt Whitman (1885)
- *O retrato de Dorian Gray*, de Oscar Wilde (1890)
- *As três irmãs*, de Anton Tchekhov (1901)
- *A cidade e as serras*, de Eça de Queirós (1901)
- *O imoralista*, de André Gide (1902)
- *O coração das trevas*, de Joseph Conrad (1902)
- *Em busca do tempo perdido*, de Marcel Proust (1913-1927)
- *Retrato do artista quando jovem*, de James Joyce (1917)
- *Seis personagens à procura de um autor*, de Luigi Pirandello (1921)
- *A terra desolada*, de T. S. Eliot (1922)
- *Ulisses*, de James Joyce (1922)
- *A consciência de Zeno*, de Italo Svevo (1923)
- *A montanha mágica*, de Thomas Mann (1924)
- *O grande Gatsby*, de Scott Fitzgerald (1925)
- *O processo*, de Franz Kafka (1925)

- *Rumo ao farol*, de Virginia Woolf (1927)
- *O lobo da estepe*, de Hermann Hesse (1927)
- *Macunaíma*, de Mário de Andrade (1928)
- *O som e a fúria*, de William Faulkner (1929)
- *O homem sem qualidades*, de Robert Musil (1930-1943)
- *Admirável mundo novo*, de Aldous Huxley (1932)
- *A condição humana*, de André Malraux (1933)
- *Mensagem*, de Fernando Pessoa (1934)
- *Trópico de câncer*, de Henry Miller (1934)
- *A náusea*, de Jean-Paul Sartre (1938)
- *Finnegans Wake*, de James Joyce (1939)
- *As vinhas da ira*, de John Steinbeck (1939)
- *O deserto dos tártaros*, de Dino Buzzati (1940)
- *A invenção de Morel*, de Adolfo Bioy Casares (1940)
- *Longa jornada noite adentro*, de Eugene Gladstone O'Neill (1941)
- *O estrangeiro*, de Albert Camus (1942)
- *A vida de Galileu*, de Bertolt Brecht (1943)
- *Ficções*, de Jorge Luis Borges (1944)
- *A revolução dos bichos*, de George Orwell (1945)
- *Um bonde chamado desejo*, de Tennessee Williams (1947)
- *Doutor Fausto*, de Thomas Mann (1947)
- *A peste*, de Albert Camus (1947)
- *Os cantos*, de Ezra Pound (1948)
- *1984*, de George Orwell (1949)
- *Memórias de Adriano*, de Marguerite Yourcenar (1951)
- *O apanhador no campo de centeio*, de J. D. Salinger (1951)
- *O velho e o mar*, de Ernest Hemingway (1952)

- *Esperando Godot*, de Samuel Beckett (1952)
- *Pedro Páramo*, de Juan Rulfo (1955)
- *Grande sertão: veredas*, de Guimarães Rosa (1956)
- *On the road: Pé na estrada*, de Jack Kerouac (1957)
- *Lolita*, de Vladimir Nabokov (1958)
- *O leopardo*, de Tomaso di Lampedusa (1958)
- *Zazie no metrô*, de Raymond Queneau (1959)
- *O rinoceronte*, de Eugène Ionesco (1960)
- *Laranja mecânica*, de Anthony Burgess (1962)
- *O jogo da amarelinha*, de Julio Cortázar (1963)
- *A sangue frio*, de Truman Capote (1966)
- *Cem anos de solidão*, de Gabriel García Márquez (1967)
- *Cidades invisíveis*, de Ítalo Calvino (1972)
- *Memorial do convento*, de José Saramago (1982)
- *Desonra*, de J. M. Coetzee (1999)
- *Reparação*, de Ian McEwan (2001)

apêndice 2

p. 93   BOSCH, I. **Os sete pecados capitais**. 1475-1480. [Detalhe]. 1 óleo sobre madeira: color.; 120 × 150 cm. Museu do Prado, Madri.

p. 108   WAGSTAFF, C. E. Dante Alighieri. 1837. 1 gravura. In: SOCIETY FOR THE DIFUSION OF USEFUL KNOWLEDGE. **The Gallery of Portraits Encyclopedia**: With Memoirs. United Kingdom: Charles Knight, 1837.

p. 110   HART, R. Francesco Petrarca. In: SOCIETY FOR THE DIFUSION OF USEFUL KNOWLEDGE. **The Gallery of Portraits Encyclopedia**: With Memoirs. United Kingdom: Charles Knight, 1833.

p. 119   HOLBEIN, H. **Retrato de Erasmo de Rotterdam**. 1530-1531. 1 óleo e têmpera sobre carvalho: color.; 18,08 × 13,66 cm. David Owsley Museum of Art, Muncie, Indiana.

p. 120 DE BRY, J. T. **Retrato de van Giovanni Pico della Mirandola**. [Depois de Jean Jacques Boissard]. ca. 1597-1599. Gravura. 14,20 × 10,8 cm. Rijksmuseum, Amsterdam.

RYALL, H. T. Sir Thomas More. 1 gravura, 12,9 × 9,5 cm. 1835. In: LODGE, E. **Portraits of Ilustrious Personages of Great Britain**. London: Harding and Lepard, 1835.

p. 122 LASNE, M. **Portrait de Rabelais**. 1553. Bibliothèque nationale de France.

p. 127 WILLIAM Shakespeare, English Poet and Playright. 1864. 1 gravura. In: **Leisure Hour Magazine**, Apr. 1864.

p. 130 PORTRAIT de Louis Camoëns. [s.d.]. 1 gravura. 26,3 × 21,7 cm. Bibliothèque de l'INHA, France.

p. 142 VELÁZQUEZ, D. R. de S. **Luís de Góngora Y Argote**. 1622. 1 óleo sobre tela: color.; 50,2 × 40,6 cm. Museu de Belas Artes de Boston, Boston.

p. 143 FRANCISCO-PACHECO. Retrato de Francisco de Quevedo. 1599. color. In: _____. **El libro de descripcion de verdaderos retratos de ilustres y memorables varones**. 1599.

p. 144 JOHN Donne. [Depois de Isaac Oliver]. [16--]. 1 óleo sobre tela: color.; 53,3 × 44,5 cm. National Portrait Gallery, Londres.

p. 145 JOHN Milton. ca. 1629. 1 óleo sobre tela: color.; 59,7 × 48,3 cm. National Portrait Gallery, Londres.

p. 145 MIGNARD, P. **Moliére**. ca. 1658. 1 óleo sobre tela: color.; 55 × 48,5 cm. Museu Condé, Chantilly.

p. 147 MACKENZIE, E. Miguel de Cervantes Saavedra (1547-1616). 1 gravura. In: SOCIETY FOR THE DIFUSION OF USEFUL KNOWLEDGE. **The Gallery of Portraits Encyclopedia**: With Memoirs. United Kingdom: Charles Knight, 1834. v. III.

p. 149 WESTERHOUT, A. **Vera effigies celeberrimi P. Antonii Vieyra...** ca. 1700-1725. 1 gravura, água-forte e buril, 21 × 15 cm.

p. 151 PORTRAITS de François de Mello, comte d'Azumar. [17--]. 1 gravura [23]. Bibliothèque nationale de France.

p, 152 SÓROR MARIANA; MÉLO, F. M. de. **Cartas de amor; Carta de guia de casados**. Edição conjunta. Porto: Lello & Irmão, 1914. Capa. (Colecção Lusitánia).

p. 156 GARNIER, M. J. Gregorio de Matos. 1 gravura, PB. In: FREIRE, L. (Org.). **Sonetos brasileiros**: edição completa – desenhos dos sonetos. Rio de Janeiro, RJ: F. Briguiet & Cie. Editores, [189-?]. p. 6. v. 1.

p. 161 MOLLISON, J. Voltaire. 1833. 1 gravura. In: SOCIETY FOR THE DIFUSION OF USEFUL KNOWLEDGE. **The Gallery of Portraits Encyclopedia**: With Memoirs. United Kingdom: Charles Knight, 1833. p. 93.

p. 163 LA TOUR, M. Q. de. **Retrato de Jean-Jacques Rousseau**. [final do século XVIII]. 1 pastel sobre papel: color.; 45 × 35,5 cm. Musée Antoine Lécuyer, Saint-Quentin.

p. 164 PHILLIPS, T. **Retrato de Willian Blake**. 1807. 1 óleo sobre tela: color.: 92,1 × 72 cm. National Portrait Gallery, Londres.

p. 166 BINDON, F. **Jonathan Swift**. ca. 1735. 1 óleo sobre tela: color.; 125,70 × 98,30 cm. National Portrait Gallery, Londres.

p. 167 RETRATO de Henry Fielding. 1825. 1 gravura [coleção privada]. In: CRABB, G. **Universal Historical Dictionary**. London: Baldwin and Cradock, Paternoster Row, Dowding, 1833.

p. 168 CARAVAGGIO, M. **A crucificação de São Pedro**. ca. 1600. 1 óleo sobre tela: color.; 230 × 175 cm. Igreja Santa Maria del Popolo, Roma.

p. 169   INGRES, J.-A.-D. **A apoteose de Homero**. 1827. 1 óleo sobre tela: color.; 386 × 512 cm. Museu do Louvre, França.

p. 187   PHILLIPS, T. **George Gordon Byron**. [Réplica de uma obra de 1813]. ca. 1835. 1 óleo sobre tela: color.; 76,5 × 63,9 cm. National Portrait Gallery, Londres.

p. 188   CLINT, A. **Percy Bysshe Sheley**. [Depois Amelia Curran e Edward Ellerker Williams em 1819]. 1829. 1 óleo sobre tela: color.; 59,7 × 49,5 cm. National Portrait Gallery, Londres.

p. 189   HILTON, W. **John Keats**. [Depois de Joseph Severn]. ca. 1822. 1 óleo sobre tela: color.; 76,2 × 63,5 cm. National Portrait Gallery, Londres.

p. 190   STIELER, J. K. **Johann Wolfgang von Goethe**. 1828. 1 óleo sobre tela: color.; 78 × 63,8 cm. Nova Pinacoteca, Munique.

p. 190   KÜGELGEN, G. V. **Friedrich Schiller**. 1808-1809. 1 óleo sobre tela: color.; 73 × 61 cm. Goethe House, Frankfurt.

p. 191   SÖDERMARK, O. J. **Marie-Henri Beyle, conhecido como Stendhal**. 1840. 1 óleo sobre tela: color.; 22,7 × 28,4 cm. Palácio de Versalhes, Paris.

p. 192 ATELIER NADAR. **Victor Hugo (Poète)**. 1910. 1 fot.: PB; 9,3 × 6 cm. Biblioteca Nacional da França.

p. 194 COX. G. C. **Walt Whitman**. 1887. Fotografia: pb; 23 × 18,9 cm. Library of Congress Prints and Photographs Division Washington, D.C.

p. 194 HERMAN Melville, Head-and-Shoulders Portrait, Facing Left. [After Etching of Melville after a Portrait by Joseph O. Eaton]. ca. 1944. 1 fot.: PB. Library of Congress Prints and Photographs, Division Washington, D.C.

p. 196 NORTH, W. C. **Emily Dickinson**. 1847. 1 fot.: PB. Amherst College Library, Archives and Special Collections, Amherst, Mass.

p. 196 MAXHAM, B. D. **Henry David Thoreau**. 1856. fot.: PB, 6,3 × 4,7 cm. National Portrait Gallery, Washington.

p. 198 AUSTEN, C. **Jane Austen**. ca. 1810. 1 gravura: lápis e aquarela; 11,4 × 8 cm. National Portrait Gallery, Londres.

p. 203 RETRATO de Alexandre Herculano. 1 gravura. In: CÁRLOS, A. de (Dir.). **La ilustración española y americana**. Madrid: T. Fortanet, 1870. p. 4.

p. 205 LEMAITRE, A. F. **Antonio Feliciano de Castilho**. 1857. 1 gravura: 24,6 × 16 cm. Bibliothèque Sainte-Geneviève, França.

p. 213 GARNIER, M. J. Alvares de Azevedo. 1 gravura. In: FREIRE, L. (Org.). **Sonetos brasileiros**: edição completa – desenhos dos sonetos. Rio de Janeiro, RJ: F. Briguiet & Cie. Editores, [189-?]. p. 47. v. 1.

p. 214 GARNIER, M. J. Fagundes Varela. 1 gravura. In: FREIRE, L. (Org.). **Sonetos brasileiros**: edição completa – desenhos dos sonetos. Rio de Janeiro, RJ: F. Briguiet & Cie. Editores, [189-?]. p. 71. v. 2.

p. 222 DELACROIX, E. **A liberdade guiando o povo**. 1830. 1 óleo sobre tela: color.; 260 × 325 cm. Museu do Louvre, Paris.

p. 231 ATELIER NADAR. **Gustave Flaubert**. 1875-1895. 1 fot.: PB; 14,5 × 10,5 cm. Biblioteca Nacional da França.

p. 232 ATELIER NADAR. **Émile Zola**. 1894-1895. 1 fot.: PB; 14,5 × 10,5 cm. Biblioteca Nacional da França.

p. 233 ATELIER NADAR. **Honoré de Balzac**. 1890-1910. 1 fot.: PB; 22,3 × 16,2 cm. Biblioteca Nacional da França.

p. 234 ARTHUR Rimbaud. 1870. 1 fot.: PB. Library of Congress Prints and Photographs, Division Washington, D.C.

p. 235 ATELIER NADAR. **Charles Baudelaire**. 1854-1867. 1 fot.: PB; 14 × 10 cm. Biblioteca Nacional da França.

p. 236 POULTON, S. E. **Charles Dickens**. 1866-1868. 1 fot.: albumen carte-de-visite; PB; 9 × 5,9 cm.

p. 237 RICHMOND, G. **Charlotte Brontë**. 1850. 1 gravura, giz: color.; 60 × 47,6 cm. National Portrait Gallery, Londres

p. 237 BRONTË, P. B. **Emily Brontë**. 1833. 1 óleo sobre tela: 54,60 × 34,90 cm. National Portrait Gallery, Londres.

p. 238 PEROV, V. **Fedor Dostoyevsky**. 1872. 1 óleo sobre tela: color.; 99 × 80,5 cm. Galeria Tretyakov, Moscou.

p. 239 BRADLEY, A. F. **Mark Twain**. ca. 1907. 1 fot.: PB. Library of Congress Prints and Photographs, Division Washington, D.C.

p. 242 PHOTOGRAPHIA CONTEMPORANEA. Eça de Queirós em Lisboa. ca. 1882. 1 fot.: PB. In: O CONTEMPORANEO, n. 108, Lisboa, p. 1, 1822.

p. 247 MACHADO de Assis aos 57 anos. 1896. 1 fot.: gelatina; PB; 23,3 × 17,8 cm.

p. 248 GARNIER, M. J. Aluizio de Azevedo. 1 gravura. In: FREIRE, L. (Org.). **Sonetos brasileiros**: edição completa – desenhos dos sonetos. Rio de Janeiro, RJ: F. Briguiet & Cie. Editores, [189-?]. p. 121. v. 3.

p. 250 LOCAL DESCONHECIDO, 08-05-1947: O escritor José Bento Monteiro Lobato regressa a São Paulo, procedente da Argentina.

p. 258 F. SCOTT Fitzgerald. 1928. 1 fot.: PB. Library of Congress Prints and Photographs, Division Washington, D.C.

p. 259 BFERESFORD, G. C. **Virginia Woolf**. 1902. 1 gravura, PB. Impressão de platina, retocada e aumentada: 15,1 × 11 cm. National Portrait Gallery, Londres.

p. 262   FRANZ Kafka. 1910. 1 fot.: PB. In: ENCICLOPÉDIA BRITÂNICA.

p. 262   AGENCE DE PRESSE MEURISSE. **O escritor alemão Thomas Mann**. 1926. fot.: PB; 13 × 18 cm. Biblioteca Nacional da França

respostas

um

Atividades de autoavaliação

1. c
2. b
3. a
4. b
5. b, c, e, a, d.

Atividades de aprendizagem

Questões para reflexão

1. São mitos arquetípicos que fazem parte do inconsciente coletivo. Sim, pois atualiza a obra e a torna conhecida. Não, deturpa a obra e faz uso tendencioso dela.

2. Sim: representa respostas para a busca do sentido da vida. Não: é apenas fantasia, fruto da mente criativa de algumas pessoas e tem o objetivo de entreter.

dois

Atividades de autoavaliação

1. c
2. b
3. d
4. c
5. e, c, b, a, d.

Atividades de aprendizagem

Questões para reflexão

1. As pessoas são movidas por curiosidade ou se deixam encantar.

três

Atividades de autoavaliação

1. d
2. a
3. b
4. d
5. e, d, b, c, a.

Atividades de aprendizagem

Questões para reflexão

1. Vieira é expoente da literatura portuguesa porque escreveu na língua culta e literária de Portugal, lá viveu parte de sua vida e participou das discussões políticas e teológicas que envolviam a corte. Também pertence à literatura

brasileira porque viveu e pregou no Brasil, e um grande número de seus sermões e cartas demonstram sua participação nas questões brasileiras. Sua participação na vida do Brasil do século XVII é importantíssima e seu estilo oratório marcou a obra de muitos oradores e escritores brasileiros.

2. A possibilidade de estudar na Europa, conhecendo melhor os iluministas (Rousseau, Voltaire), formou os intelectuais brasileiros que, inspirados pela Independência, produziram os gêneros públicos (oratória, jornalismo), aumentando a divulgação do conhecimento.

quatro

Atividades de autoavaliação

1. d
2. b
3. b
4. b
5. b, d, e, c, a.

Atividades de aprendizagem

Questões para reflexão

1. A produção de romances históricos no romantismo é consequência do nacionalismo que marcou o movimento. Os românticos europeus foram buscar suas origens nacionais no passado histórico e lendário da Idade Média. Os românticos brasileiros, sobretudo Gonçalves Dias, na poesia, e José de Alencar, na prosa, não podendo recorrer ao passado histórico e lendário medieval, inexistentes no Brasil, utilizaram a figura do índio, que, além de representar aquele que já estava no país antes dos portugueses, correspondia ao apego romântico à natureza e ao exótico.

cinco

Atividades de autoavaliação

1. b
2. d
3. d
4. c
5. c, d, a, e, b.

Atividades de aprendizagem

Questões para reflexão

1. Resposta pessoal.

seis

Atividades de autoavaliação

1. d
2. c
3. b
4. a
5. b, c, e, d, a.

Atividades de aprendizagem

Questões para reflexão

1. É possível arriscar alguns nomes, de acordo com critérios que avaliam a qualidade literária, como coerência e, principalmente, originalidade da trama e da linguagem. Mas apenas o grande tempo definirá quais são esses nomes.

sobre a autora

ANA MARIA JUNQUEIRA FABRINO saiu de Ribeirão Preto, no interior de São Paulo, para estudar Filosofia na Universidade de São Paulo (USP). A maior parte da bibliografia do curso estava em francês, o que incentivou a autora a cursar também Letras Francês/Português. Seguiu carreira acadêmica em Letras: cursou especialização em Língua Portuguesa na Pontifícia Universidade Católica de São Paulo (PUC-SP), fez mestrado em Filologia da Língua Portuguesa e doutorado em Linguística Aplicada ao Ensino de Língua Materna na USP, com estágio na Universidade Stendhal, em Grenoble, na França. É professora e realiza trabalhos técnicos de avaliação, revisão e correção de produções textuais.

Impressão:
Setembro/2017